# わかるをつくる 中学 英語 問題集

GAKKEN PERFECT COURSE ENGLISH

Gakken

PERFECT COURSE

# はじめに

問題集の基本的な役割とは何か。こう尋ねたとき，多くの人がテスト対策や入試対策を一番に思い浮かべるのではないでしょうか。また，問題を解くための知識を身につけるという意味では，「知識の確認と定着」や「弱点の発見と補強」という役割もあり，どれも問題集の重要な役割です。

しかしこの問題集の役割は，それだけにとどまりません。知識を蓄積するだけではなく，その知識を運用して考える力をつけることも，大きな役割と考えています。この観点から，「知識を組み合わせて考える問題」や「思考力・表現力を必要とする問題」を多く収録しています。この種の問題は，最初から簡単には解けないかもしれません。しかし，じっくり問題と向き合って，自分で考え，自分の力で解けたときの高揚感や達成感は，自信を生み，次の問題にチャレンジする意欲を生みます。みなさんが，この問題集の問題と向き合い，解くときの喜びや達成感を持つことができれば，これ以上嬉しいことはありません。

知識を運用して問題を解決していく力は，大人になってさまざまな問題に直面したときに，それらを解決していく力に通じます。これは，みなさんが将来，主体的に自分の人生を生きるために必要な力だといえるでしょう。『パーフェクトコースわかるをつくる』シリーズは，このような，将来にわたって役立つ教科の本質的な力をつけてもらうことを心がけて製作しました。

この問題集は，『パーフェクトコースわかるをつくる』参考書に対応した構成になっています。参考書を活用しながら，この問題集で知識を定着し，運用する力を練成していくことで，ほんとうの「わかる」をつくる経験ができるはずです。みなさんが『パーフェクトコースわかるをつくる』シリーズを活用し，将来にわたって役立つ力をつけられることを祈っています。

学研プラス

PERFECT COURSE

学研パーフェクトコース
わかるをつくる **中学英語問題集**

# この問題集の特長と使い方

## 特長

**本書は, 参考書『パーフェクトコース わかるをつくる 中学英語』に対応した問題集です。**
**参考書とセットで使うと, より効率的な学習が可能です。**
**また, 3ステップ構成で, 基礎の確認から実戦的な問題演習まで,**
**段階を追って学習を進められます。**

## 構成と使い方

### STEP01 要点まとめ

その章で学習する基本的な内容を, 穴埋め形式で確認できるページです。重要語句を書き込んで, 基本事項を確認しましょう。問題にとりかかる前のウォーミングアップとして, 最初に取り組むことをおすすめします。

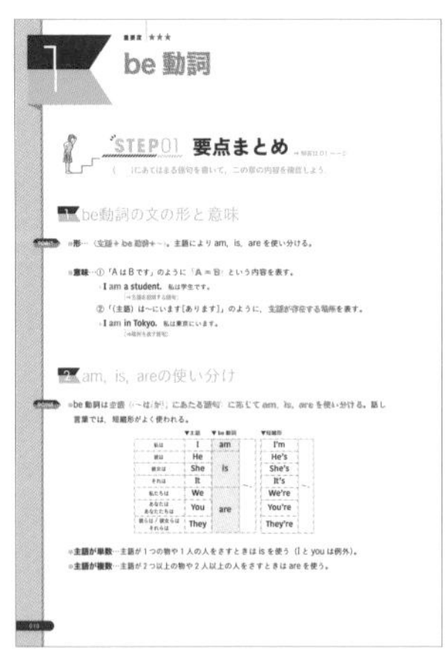
重要度 ★★★

1 be 動詞

STEP01 要点まとめ

1 be動詞の文の形と意味

◎形…〈主語＋be 動詞＋～〉。主語により am, is, are を使い分ける。

◎意味…① 「A は B です」のように「A＝B」という内容を表す。
I am a student. 私は学生です。
② 「(主語) は～にいます[あります]」のように, 主語が存在する場所を表す。
I am in Tokyo. 私は東京にいます。

2 am, is, areの使い分け

◎be 動詞は主語（「～は[が]」にあたる語句）に応じて am, is, are を使い分ける。話し言葉では, 短縮形がよく使われる。

| | ▼主語 | ▼be 動詞 | ▼短縮形 |
|---|---|---|---|
| 私は | I | am | I'm |
| 彼は | He | is | He's |
| 彼女は | She | is | She's |
| それは | It | is | It's |
| 私たちは | We | are | We're |
| あなたは / あなたたちは | You | are | You're |
| 彼らは / 彼女らは / それらは | They | are | They're |

◎主語が単数…主語が1つの物や1人の人をさすときは is を使う（I と you は例外）。
◎主語が複数…主語が2つ以上の物や2人以上の人をさすときは are を使う。

### STEP02 基本問題

その章の内容の理解度を, 問題を解きながらチェックするページです。サイドに問題を解くヒントや, ミスしやすい内容についての注意点を記載しています。行き詰まったときは, ここを読んでから再度チャレンジしましょう。

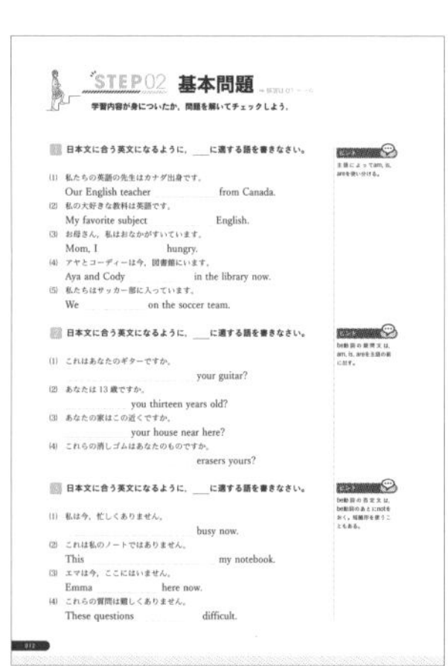
STEP02 基本問題

学習内容が身についたか, 問題を解いてチェックしよう。

日本文に合う英文になるように, ＿＿に適する語を書きなさい。

(1) 私たちの英語の先生はカナダ出身です。
Our English teacher ＿＿ from Canada.
(2) 私の大好きな教科は英語です。
My favorite subject ＿＿ English.
(3) お母さん, 私はおなかがすいています。
Mom, I ＿＿ hungry.
(4) アヤとコーディーは今, 図書館にいます。
Aya and Cody ＿＿ in the library now.
(5) 私たちはサッカー部に入っています。
We ＿＿ on the soccer team.

日本文に合う英文になるように, ＿＿に適する語を書きなさい。

(1) これはあなたのギターですか。
＿＿ ＿＿ your guitar?
(2) あなたは13歳ですか。
＿＿ you thirteen years old?
(3) あなたの家はこの近くですか。
＿＿ your house near here?
(4) これらの消しゴムはあなたのものですか。
＿＿ ＿＿ erasers yours?

日本文に合う英文になるように, ＿＿に適する語を書きなさい。

(1) 私は今, 忙しくありません。
＿＿ ＿＿ busy now.
(2) これは私のノートではありません。
This ＿＿ ＿＿ my notebook.
(3) エマは今, ここにはいません。
Emma ＿＿ here now.
(4) これらの質問は難しくありません。
These questions ＿＿ difficult.

## STEP 03 実戦問題

入試レベルの問題で，ワンランク上の実力をつけるページです。表やグラフを読み解く，思考力を使って結論を導くなど，新傾向の問題も掲載しているので，幅広い学力が身につきます。

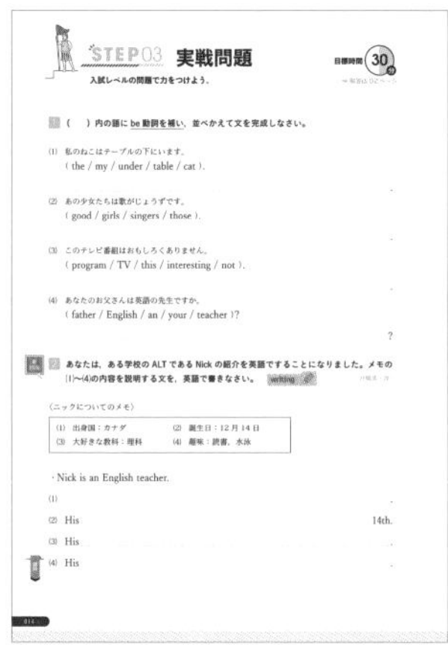
STEP 03 実戦問題
入試レベルの問題で力をつけよう。
目標時間 30

1 （　）内の語に be 動詞を補い，並べかえて文を完成しなさい。

(1) 私のねこはテーブルの下にいます。
( the / my / under / table / cat ).

(2) あの少女たちは歌がじょうずです。
( good / girls / singers / those ).

(3) このテレビ番組はおもしろくありません。
( program / TV / this / interesting / not ).

(4) あなたのお父さんは英語の先生ですか。
( father / English / an / your / teacher )?

2 あなたは，ある学校の ALT である Nick の紹介を英語ですることになりました。メモの(1)〜(4)の内容を説明する文を，英語で書きなさい。

〔ニックについてのメモ〕

| (1) 出身国：カナダ | (2) 誕生日：12 月 14 日 |
|---|---|
| (3) 大好きな教科：理科 | (4) 趣味：読書，水泳 |

・Nick is an English teacher.
(1)
(2) His　14th.
(3) His
(4) His

### アイコンについて

**よく出る**
**定期テストや入試でよく出る問題です。**

**難問**
**やや難易度が高い問題です。**

**思考力**
**資料の読解力，思考力などが問われる問題です。**

**新傾向**
**資料の読解力，思考力などが問われる問題で，近年注目の話題を扱うなど，今までにない手法を使った問題です。**

## 入試予想問題

高校入試を想定した，オリジナルの問題を掲載しています。英語を聞く力や書く力を含めた総合的な実力が問われます。実際の入試をイメージしながら，取り組んでみましょう。

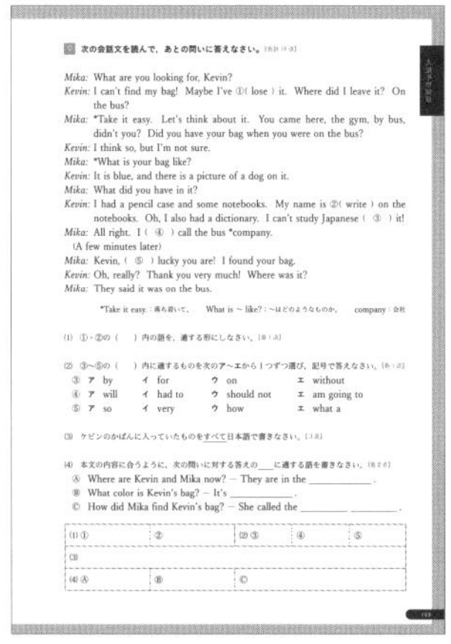
5 次の会話文を読んで，あとの問いに答えなさい。

*Mika:* What are you looking for, Kevin?
*Kevin:* I can't find my bag! Maybe I've ①( lose ) it. Where did I leave it? On the bus?
*Mika:* *Take it easy. Let's think about it. You came here, the gym, by bus, didn't you? Did you have your bag when you were on the bus?
*Kevin:* I think so, but I'm not sure.
*Mika:* *What is your bag like?
*Kevin:* It is blue, and there is a picture of a dog on it.
*Mika:* What did you have in it?
*Kevin:* I had a pencil case and some notebooks. My name is ②( write ) on the notebooks. Oh, I also had a dictionary. I can't study Japanese ( ③ ) it!
*Mika:* All right. I ( ④ ) call the bus *company.
(A few minutes later)
*Mika:* Kevin, ( ⑤ ) lucky you are! I found your bag.
*Kevin:* Oh, really? Thank you very much! Where was it?
*Mika:* They said it was on the bus.

*Take it easy：落ち着いて。　What is ~ like?：〜はどのようなものか。　company：会社

(1) ①・②の（　）内の語を，適する形にしなさい。

(2) ③〜⑤の（　）内に適するものを次のア〜エから1つずつ選び，記号で答えなさい。

| ③ ア by | イ for | ウ on | エ without |
|---|---|---|---|
| ④ ア will | イ had to | ウ should not | エ am going to |
| ⑤ ア so | イ very | ウ how | エ what a |

(3) ケビンのかばんに入っていたものをすべて日本語で書きなさい。

(4) 本文の内容に合うように，次の問いに対する答えの＿に適する語を書きなさい。
Ⓐ Where are Kevin and Mika now? − They are in the ＿＿＿.
Ⓑ What color is Kevin's bag? − It's ＿＿＿.
Ⓒ How did Mika find Kevin's bag? − She called the ＿＿＿ ＿＿＿.

## 別冊 解答・解説

解答は別冊になっています。詳しい解説がついていますので，間違えた問題や理解が不十分だと感じた問題は，解説をよく読んで確実に解けるようにしておきましょう。

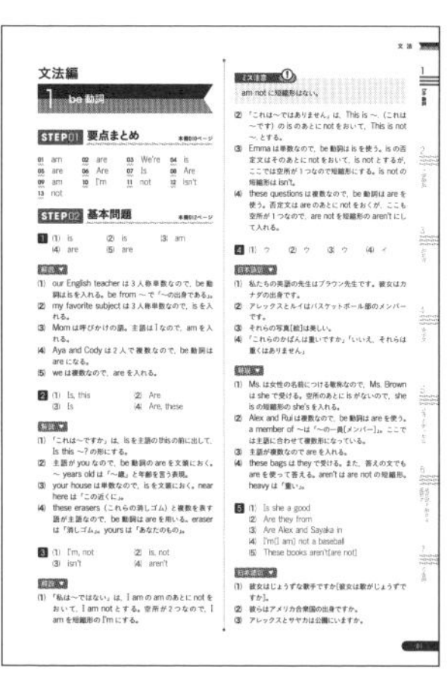
文法編
1 be動詞
STEP01 要点まとめ
STEP02 基本問題

※**入試問題について**…●編集上の都合により，解答形式を変更したり，問題の一部を変更・省略したところがあります。(「改」または「一部省略」と表記)。●問題指示文，表記，記号などは，問題集全体の統一のため，変更したところがあります。

PERFECT COURSE

学研パーフェクトコース
わかるをつくる 中学英語問題集

# 目次



## 文法編

## 英語の使い分け編

## ◎音声再生アプリ

この本のリスニング問題の音声は，専用アプリで再生することができます。

**●アプリのご利用方法**

スマートフォン，またはタブレット PC から下記の URL にアクセスしてください。

https://gakken-ep.jp/extra/myotomo/

※アプリは最新のバージョンのものをお使いください。

※お客様のネット環境および携帯端末によりアプリをご利用できない場合や，音声をダウンロード・再生できない場合，当社は責任を負いかねます。ご理解，ご了承いただきますよう，お願いいたします。

※アプリは無料ですが，通信料はお客様のご負担になります。

# 文法編

1

重要度 ★★★

# be 動詞

## STEP01 要点まとめ

➡ 解答は 01 ページ

(　　)にあてはまる語句を書いて，この章の内容を確認しよう。

### 1 be動詞の文の形と意味

POINT

● **形**…〈**主語＋ be 動詞＋～**〉。主語により am，is，are を使い分ける。

● **意味**…①「A は B です」のように「**A ＝ B**」という内容を表す。

▸ **I am a student.** 私は学生です。
[➡主語を説明する語句]

②「(主語) は～にいます[あります]」のように，**主語が存在する場所**を表す。

▸ **I am in Tokyo.** 私は東京にいます。
[➡場所を表す語句]

### 2 am，is，areの使い分け

POINT

● be 動詞は**主語**（「～は[が]」にあたる語句）**に応じて am，is，are を使い分ける**。話し言葉では，短縮形がよく使われる。

| | ▼主語 | ▼be 動詞 | | ▼短縮形 | |
|---|---|---|---|---|---|
| 私は | I | am | ～. | I'm | ～. |
| 彼は | He | is | | He's | |
| 彼女は | She | | | She's | |
| それは | It | | | It's | |
| 私たちは | We | are | | We're | |
| あなたは<br>あなたたちは | You | | | You're | |
| 彼らは / 彼女らは<br>それらは | They | | | They're | |

● **主語が単数**…主語が 1 つの物や 1 人の人をさすときは is を使う（I と you は例外）。

● **主語が複数**…主語が 2 つ以上の物や 2 人以上の人をさすときは are を使う。

- I 01 (　　　　) a junior high school student. 私は中学生です。
- You 02 (　　　　) a good singer. あなたはよい歌手です。
- 03 (　　　　) in the same class. 私たちは同じクラスです。
  [➡ We are の短縮形]
- My brother 04 (　　　　) eighteen. 私の兄[弟]は 18 歳です。
  [➡主語は「私の兄［弟］」＝１人の人（単数）]
- These bags 05 (　　　　) heavy. これらのかばんは重い。
  [➡主語は「これらのかばん」＝２つ以上のもの（複数）]

## 3 be動詞の疑問文

POINT

● **形**…「〜は…ですか？」とたずねるときは，**be 動詞（am，is，are）を主語の前に出す。**

- 06 (　　　　) you from Canada? あなたはカナダ出身ですか。
  [➡疑問文の最後は「?」にする]
- 07 (　　　　) Mr. Ito a music teacher? 伊藤さんは音楽の先生ですか。
  [➡主語は「伊藤さん」＝１人の人（単数）]
- 08 (　　　　) your parents at home now? あなたのご両親は今，家にいますか。
  [➡主語は「あなたのご両親」＝２人の人（複数）]

● **答え方**…**Yes, 〜 am[is, are].** か **No, 〜 am[is, are] not.** で答える。

- Are you a high school student? あなたは高校生ですか。
  — Yes, I 09 (　　　　). はい，そうです。
  — No, 10 (　　　　) not. いいえ，ちがいます。
  [➡ I am の短縮形]

## 4 be動詞の否定文

POINT

● **形**…「〜は…ではありません」と言うときは，**be 動詞のあとに not を入れる。**

● **短縮形**… is not → **isn't** ／ are not → **aren't** （am not の短縮形はない）

- I'm 11 (　　　　) hungry now. 私は今おなかがすいていません。
- Takuya 12 (　　　　) my friend. タクヤは私の友達ではありません。
  [➡ is not の短縮形]
- We're 13 (　　　　) high school students. 私たちは高校生ではありません。

# STEP 02 基本問題

➡ 解答は 01 ページ

学習内容が身についたか，問題を解いてチェックしよう。

**1** 日本文に合う英文になるように，＿＿に適する語を書きなさい。

(1) 私たちの英語の先生はカナダ出身です。
Our English teacher ＿＿＿＿ from Canada.

(2) 私の大好きな教科は英語です。
My favorite subject ＿＿＿＿ English.

(3) お母さん，私はおなかがすいています。
Mom, I ＿＿＿＿ hungry.

(4) アヤとコーディーは今，図書館にいます。
Aya and Cody ＿＿＿＿ in the library now.

(5) 私たちはサッカー部に入っています。
We ＿＿＿＿ on the soccer team.

**ヒント**
主語によってam, is, areを使い分ける。

**2** 日本文に合う英文になるように，＿＿に適する語を書きなさい。

(1) これはあなたのギターですか。
＿＿＿＿ ＿＿＿＿ your guitar?

(2) あなたは 13 歳ですか。
＿＿＿＿ you thirteen years old?

(3) あなたの家はこの近くですか。
＿＿＿＿ your house near here?

(4) これらの消しゴムはあなたのものですか。
＿＿＿＿ ＿＿＿＿ erasers yours?

**ヒント**
be動詞の疑問文は，am, is, areを主語の前に出す。

**3** 日本文に合う英文になるように，＿＿に適する語を書きなさい。

(1) 私は今，忙しくありません。
＿＿＿＿ ＿＿＿＿ busy now.

(2) これは私のノートではありません。
This ＿＿＿＿ ＿＿＿＿ my notebook.

(3) エマは今，ここにはいません。
Emma ＿＿＿＿ here now.

(4) これらの質問は難しくありません。
These questions ＿＿＿＿ difficult.

**ヒント**
be動詞の否定文は，be動詞のあとにnotをおく。短縮形を使うこともある。

## 4 (　　) に適するものを下から選び，記号を○で囲みなさい。

(1) Our English teacher is Ms. Brown. (　　) from Canada.
ア You're　　イ He's　　ウ She's

(2) Alex and Rui (　　) members of the basketball team.
ア is　　イ am　　ウ are

(3) Those pictures (　　) beautiful.
ア is　　イ am　　ウ are

(4) Are these bags heavy? — No, (　　).
ア it isn't　　イ they aren't　　ウ these aren't

ヒント
(1) Ms. BrownはHeとSheのどちらで受けるか。
(4) these bagsを答えの文で受ける語は？

## 5 次の文を〔　　〕内の指示に従って書きかえなさい。

(1) She's a good singer. 〔疑問文に〕
→ ______________________ singer?

(2) They're from the U.S. 〔疑問文に〕
→ ______________________ the U.S?

(3) Alex and Sayaka are in the park. 〔疑問文に〕
→ ______________________ the park?

(4) I'm a baseball fan. 〔否定文に〕
→ ______________________ fan.

(5) These books are interesting. 〔否定文に〕
→ ______________________ interesting.

## 6 次の疑問文の答えとしてもっとも適切なものを下から選び，記号で答えなさい。

(1) Is your father at home now? (　　)
(2) Are you tired? (　　)
(3) Is this your computer? (　　)
(4) Are these your comic books? (　　)

| | |
|---|---|
| ア Yes, it is. | イ Yes, she is. |
| ウ No, they aren't. | エ No, you're not. |
| オ No, I'm not. | カ No, he's not. He's out now. |

ヒント
疑問文の主語が，答えの文ではどうなるかを考える。

# STEP 03 実戦問題

入試レベルの問題で力をつけよう。

➡ 解答は 02 ページ

**1 (　　) 内の語に be 動詞を補い，並べかえて文を完成しなさい。**

(1) 私のねこはテーブルの下にいます。
( the / my / under / table / cat ).

______________________________________.

(2) あの少女たちは歌がじょうずです。
( good / girls / singers / those ).

______________________________________.

(3) このテレビ番組はおもしろくありません。
( program / TV / this / interesting / not ).

______________________________________.

(4) あなたのお父さんは英語の先生ですか。
( father / English / an / your / teacher )?

______________________________________?

新傾向

**2 あなたは，ある学校の ALT である Nick の紹介を英語ですることになりました。メモの(1)〜(4)の内容を説明する文を，英語で書きなさい。** writing 〈沖縄県・改〉

〈ニックについてのメモ〉

| | |
|---|---|
| (1) 出身国：カナダ | (2) 誕生日：12 月 14 日 |
| (3) 大好きな教科：理科 | (4) 趣味：読書，水泳 |

・Nick is an English teacher.

(1) ______________________________________.

(2) His ______________________________________ 14th.

(3) His ______________________________________.

難問

(4) His ______________________________________.

## 3 次の文を英語にしなさい。 writing

(1) あなたは 14 歳ですか。

(2) 鈴木先生（Mr. Suzuki）は今，ここにはいません。

(3) 私は今日は忙しくありません。

## 4 次の会話文を読んで，下の問いに答えなさい。 reading

*Alice:* Bob, this is Chika.
Chika is a new student at our school.
She's an *exchange student from Japan.
*Bob:* Oh, really? Nice to meet you, Chika.
*Chika:* Nice to meet you, too.
*Bob:* Is this your first time in Canada?
*Chika:* Yes, it is. Canada is a very nice place.

*exchange student：交換留学生

問 本文の内容に合わないものを次のア～エの中から 1 つ選び，記号を○で囲みなさい。

**ア** アリスがチカをボブに紹介している。
**イ** チカは日本からカナダに来た交換留学生である。
**ウ** ボブとチカは初対面である。
**エ** チカは以前に 1 度カナダを訪問したことがある。

## 5 01 音声を聞いて，読まれた内容に合う文をア～ウから 1 つ選び，記号を○で囲みなさい。 listening

(1) **ア** エイミーはオーストラリア出身である。
**イ** エイミーは 11 歳である。
**ウ** エイミーは 5 月生まれである。

(2) **ア** この少年は自分の好きなスポーツについて話している。
**イ** この少年は自分の好きなスポーツ選手について話している。
**ウ** この少年は自分の好きなサッカーチームについて話している。

(3) **ア** トムはデイビッドのお姉さんと電話で話している。
**イ** デイビッドがトムを母親に紹介している。
**ウ** デイビッドはケビンやロバートと公園にいる。

重要度 ★★★

# 一般動詞

## STEP01 要点まとめ

➡ 解答は 03 ページ

(　　)にあてはまる語句を書いて(選んで)，この章の内容を確認しよう。

### 1 一般動詞の文の語順

POINT ●英語では〈**だれが（主語）→どうする（動詞）→何を（目的語）**〉の順番で文を組み立てる。

▶ I［主語］ watch［動詞］ TV.［目的語］ 私はテレビを見ます。　× ~~I TV watch.~~　× ~~TV I watch.~~

### 2 主語による一般動詞の変化

POINT ●一般動詞は主語によって 2 つの形を使い分ける。

| ▼主語 | | ▼動詞 | |
|---|---|---|---|
| 単数 | I, You | play | ～ |
| | He, She, It, Takuya, My brother など | plays | |
| 複数 | We, They, Aki and Emi, My brothers など | play | |

●**3 人称単数・現在形**…plays のような動詞の形を **3 人称単数・現在形**という。
動詞の語尾によって，おもに 3 通りのつくり方がある。

| | | |
|---|---|---|
| 大部分の動詞 | 原形の語尾に s | like → likes, play → plays, use → uses |
| -o, -s, -x, -ch, -sh で終わる動詞 | 原形の語尾に es | go → goes, teach → teaches |
| 〈子音字＋ y〉で終わる動詞 | y を i に変えて es | study → studies, carry → carries |

（注）have の 3 人称単数・現在形は **has** になる。

- I sometimes 01( go / goes ) to school with Akiko. 私はときどきアキコと学校に行きます。
- You 02( speak / speaks ) Japanese very well. あなたはとてもじょうずに日本語を話します。
- Becky 03( like / likes ) Japan. ベッキーは日本が好きです。
  [➡主語は「ベッキー」＝３人称単数]
- We 04( play / plays ) soccer every day. 私たちは毎日サッカーをします。

## 3 一般動詞の疑問文

POINT
● **形**…一般動詞の疑問文は，**文のはじめに Do または Does をおき，主語と動詞の原形を続ける。**
does は do の３人称単数・現在形。

- 05(　　　　) you have any brothers? あなたには兄弟はいますか。
  [➡動詞の原形]　[➡疑問文の最後は「?」にする]
- 06(　　　　) your friends speak English? あなたの友達は英語を話しますか。
- 07(　　　　) your father like soccer? あなたのお父さんはサッカーが好きですか。
  [➡主語は「あなたのお父さん」＝３人称単数]

● **答え方**…**Yes, ～ do[does].** か **No, ～ do[does] not.** で答える。
**短縮形**…do not → **don't** ／ does not → **doesn't**

- Do you play tennis? あなたはテニスをしますか。
  — Yes, I 08(　　　　). はい，します。
  — No, I 09(　　　　). いいえ，しません。
  [➡ do not の短縮形]
- Does Ken play tennis? ケンはテニスをしますか。
  — Yes, he 10(　　　　). はい，します。
  — No, he 11(　　　　). いいえ，しません。
  [➡ does not の短縮形]

## 4 一般動詞の否定文

POINT
● 一般動詞の否定文は，**動詞の前に do not[don't] または does not[doesn't] をおき，動詞の原形を続ける。**

- I 12(　　　　) have any pets. 私はペットを飼っていません。
  [➡動詞の原形]
- They 13(　　　　) live here. 彼らはここに住んでいません。
- She 14(　　　　) drink milk. 彼女は牛乳を飲みません。
  [➡主語は「彼女」＝３人称単数]

# STEP 02 基本問題

➜ 解答は 03 ページ

**学習内容が身についたか，問題を解いてチェックしよう。**

## 1 日本文に合う英文になるように，＿＿に適する語を書きなさい。

(1) 私はたいてい 10 時に寝ます。
I usually ＿＿＿＿ to bed at ten.

(2) 私たちは横浜に住んでいます。
We ＿＿＿＿ in Yokohama.

(3) エマは新しいスマートフォンをほしがっています。
Emma ＿＿＿＿ a new smartphone.

(4) 私の父は英語を話します。
My father ＿＿＿＿ English.

(5) コーディーと私はよくいっしょにテニスをします。
Cody and I often ＿＿＿＿ tennis together.

ヒント 

一般動詞の現在の文では，主語が3人称単数のときの形に注意。

## 2 日本文に合う英文になるように，＿＿に適する語を書きなさい。

(1) あなたはこのペンを毎日使いますか。
＿＿＿＿ you ＿＿＿＿ this pen every day?

(2) あなたのお母さんは犬が好きですか。
＿＿＿＿ your mother ＿＿＿＿ dogs?

(3) 彼らは何かスポーツをしますか。
＿＿＿＿ they ＿＿＿＿ any sports?

(4) あなたとエマは歩いて学校へ行きますか。
＿＿＿＿ you and Emma ＿＿＿＿ to school?

ヒント 

一般動詞の疑問文は，文のはじめにDoまたはDoesをおき，主語と動詞の原形を続ける。

## 3 日本文に合う英文になるように，＿＿に適する語を書きなさい。

(1) 私は自転車を持っていません。
I ＿＿＿＿ ＿＿＿＿ a bike.

(2) 彼らは日本語を話しません。
They ＿＿＿＿ ＿＿＿＿ Japanese.

(3) アヤは朝食を食べません。
Aya ＿＿＿＿ ＿＿＿＿ breakfast.

(4) 私の母はこのコンピューターを使いません。
My mother ＿＿＿＿ ＿＿＿＿ this computer.

ヒント 

一般動詞の否定文は，動詞の前にdon'tまたはdoesn'tをおき，動詞の原形を続ける。

**4** **（　　）内の動詞を必要があれば適切な現在形にして，＿＿に入れなさい。**

(1) Sayaka ＿＿＿＿＿＿ English hard.（ study ）
(2) My brothers ＿＿＿＿＿＿ TV every day.（ watch ）
(3) Alex ＿＿＿＿＿＿ two bicycles.（ have ）
(4) Mr. Jones ＿＿＿＿＿＿ three languages.（ speak ）
(5) She ＿＿＿＿＿＿ shopping on Saturday.（ go ）

ヒント
主語が3人称単数の場合のsのつけ方に注意しよう。

**5** **次の文を〔　　〕内の指示に従って書きかえなさい。**

(1) They are from Mexico.〔疑問文に〕
→ ＿＿＿＿＿＿＿＿＿＿＿＿＿＿ Mexico?
(2) Takeshi plays soccer every day.〔疑問文に〕
→ ＿＿＿＿＿＿＿＿＿＿＿＿＿＿ every day?
(3) Jasmine is a high school student.〔否定文に〕
→ ＿＿＿＿＿＿＿＿＿＿＿＿＿＿ student.
(4) She lives in Hiroshima.〔否定文に〕
→ ＿＿＿＿＿＿＿＿＿＿＿＿＿＿ Hiroshima.

ヒント
be動詞と一般動詞の疑問文・否定文のつくり方のちがいに注意。

**6** **（　　）内の語を並べかえて文を完成しなさい。**

(1) 私の両親は英語を話しません。
( parents / speak / my / don't ) English.
＿＿＿＿＿＿＿＿＿＿＿＿＿＿ English.
(2) ジョーンズ先生は私たちの学校で英語を教えています。
( teaches / at / Mr. Jones / English ) our school.
＿＿＿＿＿＿＿＿＿＿＿＿＿＿ our school.
(3) 私の妹は牛乳が好きではありません。
( doesn't / sister / like / milk / my ).
＿＿＿＿＿＿＿＿＿＿＿＿＿＿ .
(4) あなたの友達はテレビゲームをしますか。
( friends / video games / play / your / do )?
＿＿＿＿＿＿＿＿＿＿＿＿＿＿ ?

ヒント
ふつうの文か，疑問文か，否定文かによって，基本の語順をまず考えよう。

# STEP 03 実戦問題

入試レベルの問題で力をつけよう。

➡ 解答は 04 ページ

**1** **次の文を英語にしなさい。** writing

(1) 私は毎朝6時に起きます。

(2) 私の母は夕食後にテレビを見ます。

(3) あなたはこの近くに住んでいますか。

(4) このバスは駅に行きますか。

(5) 日曜日にはエミは3時間勉強します。

新傾向 **2** **あなたは，友達のチカについて英語で紹介しています。メモの(1)〜(4)の内容を説明する文を英語で書きなさい。いずれも She で文を始めること。** writing

〈チカについてのメモ〉

| |
|---|
| (1) 兄が1人いる |
| (2) 野球が好き |
| (3) 数学は好きではない |
| (4) ギターがじょうず |

・Chika is my good friend.

(1)

(2)

(3)

(4)

3 クラスの生徒が，アメリカから来たJones先生と会話をしています。会話文を読んで，下の問いにそれぞれ3語の英語で答えなさい。 reading

*Student:* Mr. Jones, do you like Japanese food?
*Mr. Jones:* Yes, I do. I like *soba* a lot.
*Student:* *How about sushi?
*Mr. Jones:* Sushi is very good, too.
*Student:* Do people in America eat sushi?
*Mr. Jones:* Yes. Many Americans eat sushi now.

*How about ～?：～はどうですか。

(1) Does Mr. Jones like *soba*?

(2) Does Mr. Jones like sushi?

(3) Is sushi popular in America?

4 02 音声を聞いて，その質問に対する答えとして適するものをア～ウから1つ選び，記号を○で囲みなさい。 listening

(1) ア Yes, I do. My house is five minutes from the station.
イ Sure. Go straight and turn right at the first traffic light.
ウ No. This train doesn't stop at the next station.

(2) ア Yes, it is. It's the blue one over there.
イ Yes, I do. I read a lot of books there every day.
ウ Yes, it does. The library is the third stop.

(3) ア Yes, it is. It is her piano.
イ Yes, she does. She is very good at the piano.
ウ Yes, she is. She loves music.

(4) ア No, I don't. I don't like cars.
イ No, they aren't. It is expensive.
ウ No, they don't. They usually take trains.

重要度 ★★★

# 3 形容詞

## STEP01 要点まとめ

➡解答は05ページ

(　　)にあてはまる語句を選んで，この章の内容を確認しよう。

## 1 形容詞の位置と働き

### 1 名詞の前の形容詞（限定用法）

POINT 形容詞が名詞を修飾するときは，〈**形容詞＋名詞**〉の形になる。

- an 01( easy / interesting ) book　おもしろい本
  [➡冠詞（a / an / the）は形容詞の前におく]
- my 02( good / bad ) friend　私の仲のよい友達
  [➡所有格の代名詞（my / your など）は形容詞の前におく]
- that 03( tall / short ) boy　あの背の高い少年
  [➡ this / that / these / those は形容詞の前におく]
- I'd like to drink something 04( hot / cold ).　私は何か冷たいものが飲みたいです。
  [➡ something や anything を修飾するときは，そのあとにおく]

### 2 be動詞のあとの形容詞（叙述用法）

POINT 形容詞は **be 動詞のあと**におくこともある。〈主語＝形容詞〉の関係で主語を説明している。

- I'm 05( busy / free ).　私は忙しい。
- This park is 06( beautiful / famous ).　この公園は有名です。
- She looks 07( old / young ).　彼女は若く見えます。
  [➡ become, look などの動詞のあとにも形容詞をおくことができる]

## 2 基本形容詞の整理

POINT 基本的な形容詞には，複数の意味を持つものや，使い分けに注意すべきものもある。

| | | | | |
|---|---|---|---|---|
| hot water | 熱い水→お湯 | ⇔ | cold water | 冷たい水 |
| a hot day | 暑い日 | ⇔ | a cold day | 寒い日 |
| an old pen | 古いペン | ⇔ | a 08( new / young ) pen | 新しいペン |
| an old man | 年とった男 | ⇔ | a 09( new / young ) man | 若い男 |

# STEP 02 基本問題

➡ 解答は 05 ページ

学習内容が身についたか，問題を解いてチェックしよう。

## 1 各語の反対の意味を表す語を，下から選んで書きなさい。

ヒント
同じ語でも意味によって反対語が複数あることもある。

(1) young ＿＿＿＿＿＿　(2) easy ＿＿＿＿＿＿
(3) long ＿＿＿＿＿＿　(4) big ＿＿＿＿＿＿
(5) low ＿＿＿＿＿＿　(6) poor ＿＿＿＿＿＿

| high / difficult / small / old / rich / short |
|---|

## 2 各文の意味が通るよう，＿＿に適する語を下から選んで書きなさい。

ヒント
文が2つある場合は，意味のつながりに注意。

(1) This book is ＿＿＿＿＿＿. I read it every day.
(2) My mother doesn't have free time. She is ＿＿＿＿＿＿.
(3) That is a big box. Is it ＿＿＿＿＿＿?
(4) Kyoto is my ＿＿＿＿＿＿ place.

| busy / favorite / interesting / heavy |
|---|

## 3 (　　) 内の語を並べかえて文を完成しなさい。

ヒント
形容詞が限定用法か叙述用法かを考えて並べかえよう。

(3) 形容詞がsomethingやanythingを修飾するときの語順に注意。

(1) これは簡単な質問ではありません。
This isn't ( question / easy / an ).

This isn't ＿＿＿＿＿＿＿＿＿＿＿＿.

(2) 私はこれらの美しい花がほしいです。
I want ( flowers / beautiful / these ).

I want ＿＿＿＿＿＿＿＿＿＿＿＿.

(3) 何か変なものが見えますか。
Do you ( strange / see / anything )?

Do you ＿＿＿＿＿＿＿＿＿＿＿＿?

(4) 日本の食べ物はとてもおいしいです。
Japanese food ( good / is / very ).

Japanese food ＿＿＿＿＿＿＿＿＿＿＿＿.

# STEP 03 実戦問題

入試レベルの問題で力をつけよう。

➡ 解答は 06 ページ

## 1 次の日本文に合う英文になるように，＿＿に適する語を書きなさい。

(1) 理科はおもしろい。
Science is ＿＿＿＿＿＿ .

(2) これは子どもたちの間でとても人気のある物語です。〈大阪府・改〉
This is a very ＿＿＿＿＿＿ story among children.

(3) 悪い知らせがあります。
I have some ＿＿＿＿＿＿ news.

(4) あなたは今日，忙しいですか。
Are you ＿＿＿＿＿＿ today?

(5) 私のおじはとても若く見えます。
My uncle looks very ＿＿＿＿＿＿ .

(6) このお城は有名です。
This castle is ＿＿＿＿＿＿ .

(7) 私は何か冷たいものがほしいです。
I want something ＿＿＿＿＿＿ .

## 2 次の文を英語にしなさい。 writing

(1) この質問は難しい。

＿＿＿＿＿＿＿＿＿＿＿＿＿＿＿＿＿＿＿＿

(2) 彼女は幸せそうに見えます。

＿＿＿＿＿＿＿＿＿＿＿＿＿＿＿＿＿＿＿＿

(3) 私は 1 台の古い自転車を持っています。

＿＿＿＿＿＿＿＿＿＿＿＿＿＿＿＿＿＿＿＿

(4) 私たちはおなかがすいています。

＿＿＿＿＿＿＿＿＿＿＿＿＿＿＿＿＿＿＿＿

(5) 私はこの美しい絵が好きです。

＿＿＿＿＿＿＿＿＿＿＿＿＿＿＿＿＿＿＿＿

3 英文を読んで，A～D の人物が絵の中のア～エのどれにあたるか，記号で答えなさい。

reading

*Bob:* Is this a picture of you and your friends?
*Chika:* Yes, it is. They are me, Miki, Kumi, and Saki.
*Bob:* This is you, Chika. Is this girl Miki?
*Chika:* Yes, she is. Her hair is long and beautiful!
*Bob:* Is this girl Kumi?
*Chika:* No, she isn't. She is Saki. I like her blue shirt.
*Bob:* Then, this tall girl is Kumi. Her ribbon is cute!

A Miki (　　)
B Kumi (　　)
C Saki (　　)
D Chika (　　)

ア　イ　ウ　エ

4 03 音声を聞いて，絵の内容に合うものを a～c の中から 1 つ選び，記号を○で囲みなさい。 listening

(1)

a　b　c

(2)

a　b　c

(3)

a　b　c

(4)

a　b　c

重要度 ★★★

# 4 命令文

## STEP01 要点まとめ

➡ 解答は 07 ページ

(　)にあてはまる語句を書いて，この章の内容を確認しよう。

### 1 命令文の形

POINT

● **一般動詞の命令文**…主語の you を省略し，**動詞の原形で文を始める。**

▸ **Stand up.** 立ちなさい。

▸ **Nick, come here.** ニック，こっちに来なさい。

[➡名前などの呼びかけの語は，文の最初か最後にコンマで区切ってつける]

● **be 動詞の命令文**…be 動詞の原形 **be で文を始める。**

▸ **Be careful, Jane.** 注意しなさい，ジェイン。

● **please がついた命令文**…命令文の最初か最後に **please** をつけると，命令の調子をやわらげることができる。

▸ 01(　　　　) **close the door.** ドアを閉めてください。

● **命令文への応じ方**…All right. や OK. など状況に合わせた応じ方をする。

▸ **Wash your hands.** 手を洗いなさい。

— **All right, Mom. / OK, Mom.** はい，お母さん。

### 2 否定の命令文

POINT

● 「～してはいけない」と言うときは，**命令文の前に Don't をおく。**

▸ 02(　　　　) **take pictures here.** ここで写真を撮ってはいけません。

▸ 03(　　　　) **be late again.** 二度と遅れてはいけません。

### 3 Let's ～. の文

POINT

● 「～しましょう」と誘うときは，**〈Let's ＋動詞の原形～.〉**で表す。

● **応じ方**…All right. / OK. / Yes, let's. などと応じる。

▸ 04(　　　　) **go to the library. — OK.** 図書館へ行きましょう。ーいいですよ。

# STEP 02 基本問題

→解答は07ページ

学習内容が身についたか，問題を解いてチェックしよう。

**1** 日本文に合う英文になるように，＿＿に適する語を書きなさい。

(1) 毎日英語を勉強しなさい。
＿＿＿＿ English every day.

(2) コーディー，窓を開けなさい。
Cody, ＿＿＿＿ the window.

(3) 私のかさを使って。
＿＿＿＿ my umbrella.

(4) 3時に来てください。
Please ＿＿＿＿ at three.

(5) この部屋では静かにしなさい。
＿＿＿＿ quiet in this room.

(6) まっすぐ行って信号のところで右に曲がってください。
＿＿＿＿ straight and ＿＿＿＿ right at the traffic light.

ヒント
命令文は動詞の原形で文を始める。be動詞の命令文の形に注意。
命令文の前後に呼びかけの語や，pleaseなどがつくこともある。

**2** 日本文に合う英文になるように，＿＿に適する語を書きなさい。

(1) ここで野球をしてはいけません。
＿＿＿＿ ＿＿＿＿ baseball here.

(2) 恥ずかしがらないで，アヤ。
＿＿＿＿ ＿＿＿＿ shy, Aya.

(3) 窓を閉めないでください。
Please ＿＿＿＿ ＿＿＿＿ the window.

(4) アレックス，そんなに速く歩かないで。
Alex, ＿＿＿＿ ＿＿＿＿ so fast.

ヒント
否定の命令文は，命令文の前にDon'tをおいてつくる。

(2)「恥ずかしがってはいけません」という否定の命令文と考える。

**3** 日本文に合う英文になるように，＿＿に適する語を書きなさい。

(1) 公園へ行きましょう。
＿＿＿＿ ＿＿＿＿ to the park.

(2) 駅まで走りましょう。
＿＿＿＿ ＿＿＿＿ to the station.

(3) 私の部屋でテレビを見ましょう。
＿＿＿＿ ＿＿＿＿ TV in my room.

ヒント
「～しましょう」と誘う文は〈Let's＋動詞の原形～.〉で表す。

# STEP 03 実戦問題

入試レベルの問題で力をつけよう。

➡ 解答は 07 ページ

よく出る

## 1 （　　）に適する英語を下から選び，記号を○で囲みなさい。

(1) *A:* Here is your tea. 〈岩手県〉
*B:* Thank you.
*A:* (　　) careful.　It is still hot.
ア Aren't　　イ Be
ウ Do　　エ Don't

(2) *A:* Emily, please help me.
*B:* (　　) Mike.
ア Sure,　　イ That's right,
ウ Thank you,　　エ You're welcome,

(3) *A:* (　　) in the library.
*B:* Oh, I'm sorry.
ア Please come　　イ Let's read books
ウ Don't talk　　エ Wait for me

## 2 次の絵を見て，2人の会話が成り立つように，[　　]に適する英文を入れなさい。

writing 〈栃木県・改〉

*Jane:* I'm so hungry.　It's around noon. [　　　　]
*Hana:* Yes, let's.　I'm hungry, too.

**3** **次の英文は，日本に留学中の Henry が母国の友達の Sam にあてた手紙です。英文を読んで，下の問いに答えなさい。** reading

Dear Sam,

How are you? My life in Japan is great. Japan is a beautiful place. I really like the food here, too. Are you free during summer vacation? ( to / please / Japan / come )!

Well, write back soon!

Your friend,
Henry

(1) (　　) 内の語を並べかえて意味の通る英文にしなさい。

________________________________________!

(2) 手紙の内容から読み取れることに○，読み取れないことに×をつけなさい。

**ア** ヘンリーは，日本は美しい場所だと思っている。 (　　)

**イ** ヘンリーは，日本の食べ物は本当は好きではない。 (　　)

**ウ** ヘンリーは，サムから返事を早くもらいたいと思っている。 (　　)

**4** 04 **音声を聞いて，読まれた内容に合うように (　　) に適する日本語を書きなさい。** listening

(1) 宿題は，5ページと6ページを (　　　　) ことと，(　　　　) で短い日記を (　　　　) ことである。

(2) ヨウコとマイクの待ち合わせの時間と場所は，明日の (　　　　) 時に (　　　　) の前である。

(3) 顔色が悪いロバートに話しかけた女の子に対して，ロバートは「大丈夫です。(　　　　) は無用です。ただ少し (　　　　　　　　) だけです」と言った。

(4) ジャックがダイニングルームに行く前にしなければならないことは，(　　　　　　) ことである。

重要度 ★★★

# can を使った文

## STEP01 要点まとめ

➡ 解答は 08 ページ

(　　)にあてはまる語句を書いて，この章の内容を確認しよう。

## 1 canの文の形

### 1 形と意味

POINT
- **形**…〈**can ＋動詞の原形**〉。can のあとの動詞は必ず原形にする。
- **意味**…「～することができる」の意味を表す。
  - She 01(　　　　) play the piano.　彼女はピアノを弾けます。 [➡動詞の原形]

### 2 否定文

POINT
- **can't[cannot]** を使う。
  - She 02(　　　　) play the piano.　彼女はピアノが弾けません。

### 3 疑問文

POINT
- **can を主語の前に出す**。ふつう Yes, ～ can. / No, ～ can't[cannot]. で答える。
  - 03(　　　　) she play the piano?　彼女はピアノが弾けますか。
  - – Yes, she 04(　　　　).　はい，弾けます。
  - – No, she 05(　　　　).　いいえ，弾けません。

## 2 canの依頼・許可の文

POINT
- **依頼のCan you ～?**…Can you ～? は「(可能なら) ～してくれますか」という**依頼**も表す。**Sure.** (もちろん。) や **OK.** (いいですよ。) などで応じる。
  - 06(　　　　) you help me, Ellen?　私を手伝ってくれる，エレン？
  - – Sure.　いいですよ。
- **許可を求める Can I ～?**…Can I ～? は「私が～してもよいですか」と相手に**許可**を求めるときにも使われる。**Sure.** (もちろん。) や **OK.** (いいですよ。) などで応じる。
  - 07(　　　　) I ask a question?　質問をしてもいい？
  - – Sure, go ahead.　いいよ。どうぞ。

# STEP 02 基本問題

➡ 解答は 08 ページ

**学習内容が身についたか，問題を解いてチェックしよう。**

## 1 日本文に合う英文になるように，____に適する語を書きなさい。

(1) 私はギターを弾けます。
I ________ ________ the guitar.

(2) あなたはこの本をインターネットで買うことができます。
You ________ ________ this book on the Internet.

(3) アレックスはスペイン語の本を読めます。
Alex ________ ________ Spanish books.

(4) 私たちはあなたを手伝うことができます。
We ________ ________ you.

**ヒント**
「～することができる」は〈can＋動詞の原形〉。動詞は必ず原形にする。

## 2 日本文に合う英文になるように，____に適する語を書きなさい。

(1) 私はこの腕時計を買うことができません。
I ________ ________ this watch.

(2) 私の弟は自転車に乗ることができません。
My brother ________ ________ a bike.

(3) エマとコーディーはスペイン語を話せません。
Emma and Cody ________ ________ Spanish.

**ヒント**
「～することができない」という否定文は，〈can't[cannot]＋動詞の原形〉。動詞は必ず原形にする。

## 3 日本文に合う英文になるように，____に適する語を書きなさい。

(1) あなたは料理ができますか。— はい，できます。
________ you ________ ?
— Yes, I ________ .

(2) アヤは泳げますか。— いいえ，泳げません。
________ Aya ________ ?
— No, she ________ .

(3) ドアを閉めてもらえますか。— いいですよ。
________ ________ close the door?
— ________ .

(4) きみのパソコンを使ってもいい？ — いいよ。
________ ________ use your computer?
— ________ .

**ヒント**
「～することができますか」という疑問文は，canを主語の前に出す。依頼や許可の意味で使う場合にも注意。

# STEP 03 実戦問題

入試レベルの問題で力をつけよう。

➡ 解答は 09 ページ

## 1 （　　）内の語を並べかえて文を完成しなさい。

(1) 私の両親は車を運転できます。 ( a car / can / drive / my parents ).

________________________________.

(2) あなたは日本語で手紙を書けますか。 ( a letter / can / write / you ) in Japanese?

________________________________ in Japanese?

(3) 私は魚を料理できません。 ( can't / cook / I / fish ).

________________________________.

(4) *A:* Yumi, can ( pen / your / I / use ) ? 〈富山県〉
*B:* Of course. Here you are.
*A:* Thank you.

Yumi, can ________________________________?

## 2 次の疑問文の答えとして適切なものを右から選び，記号で答えなさい。

(1) Can I eat this cake? (　　)
(2) Can your grandmother dance? (　　)
(3) Can you eat *natto*? (　　)

ア Yes, she can.
イ No, I can't.
ウ No, he can't.
エ Sure.

## 3 次の文を英語にしなさい。 writing

(1) 私の姉はテニスをすることができます。

________________________________

(2) 彼らは日本語を話すことができません。

________________________________

(3) 私たちを手伝ってくれますか。— いいですよ。

________________________________

**4** **次の会話文を読んで，下の問いに答えなさい。** reading

*Chika:* Do you like music, Bob?
*Bob:* Yes! I listen to music every day.
*Chika:* Can you play the piano?
*Bob:* Yes, I can. Can you play the piano, Chika?
*Chika:* No, I can't. But I can play the guitar.
*Bob:* I play the guitar, too. Can you play it with me?
*Chika*: Sure. Let's play it together!

問　本文の内容に合わないものを次の**ア～エ**の中から１つ選び，記号を○で囲みなさい。

**ア**　ボブは音楽が好きだ。
**イ**　ボブはピアノが弾ける。
**ウ**　チカはピアノが弾ける。
**エ**　チカはギターが弾ける。

**5** 05 **音声を聞いて，読まれた内容に合う文をア～ウから１つ選び，記号を○で囲みなさい。** listening

(1) **ア**　アンはすしを食べることができない。
**イ**　アンはさしみを食べることができない。
**ウ**　アンはわさびが苦手だ。

(2) **ア**　女性は，自分で箱を動かせると言っている。
**イ**　女性は，男性に手伝いを求めている。
**ウ**　男性は，箱を動かせないと言っている。

(3) **ア**　男の子は牛乳を飲みたいと思っている。
**イ**　母親は牛乳が好きではないと言っている。
**ウ**　母親は男の子に牛乳を飲ませたいと思っている。

(4) **ア**　女の子の兄は自転車に乗れない。
**イ**　女の子の兄は車を運転できない。
**ウ**　女の子の兄は自転車も車も運転できる。

(5) **ア**　ボブは日本語を話せるが，書くことはできない。
**イ**　ボブは日本語を話せないが，書くことはできる。
**ウ**　ボブは日本語を話すことも書くこともできる。

重要度 ★★★

# 疑問詞で始まる疑問文

## STEP01 要点まとめ

➡ 解答は10ページ

(　　)にあてはまる語句を書いて，この章の内容を確認しよう。

### 1 whatの疑問文

POINT

● **意味**…1語で「**何**」という意味を表すほか，〈**what＋名詞**〉で「**何の〜**」という意味を表す。

● **形**…① be動詞の疑問文は〈**What is[are] 〜?**〉の形になる。

▸ 01 (　　　　) **is your favorite sport?**　あなたのいちばん好きなスポーツは何ですか。

②一般動詞の疑問文は〈**What do[does]＋主語＋動詞?**〉の形になる。

▸ 02 (　　　　) **do you want for Christmas?**　あなたはクリスマスに何がほしいですか。

▸ 03 (　　　　) **instrument do you play?**　あなたどんな楽器を演奏しますか。
[➡ what＋名詞]

③〈**What day 〜?**〉で曜日を，〈**What time 〜?**〉で時刻をたずねる。

▸ 04 (　　　　) **day is it today? — It's Tuesday.**　今日は何曜日ですか。— 火曜日です。
[➡曜日をたずねる疑問文]　[➡主語はit]

▸ 05 (　　　　) **time is it now? — It's two twenty.**　今，何時ですか。— 2時20分です。
[➡時刻をたずねる疑問文]　[➡主語はit]

### 2 whoなどの疑問文

POINT

● **who**…「**だれ**」という意味を表す。

▸ 06 (　　　　) **is that? — It's Ken.**　あれはだれですか。— ケンです。

▸ 07 (　　　　) **do you like?**　あなたはだれが好きですか。

▸ 08 (　　　　) **wants ice cream? — I do!**　だれがアイスクリームほしい？— 私ほしい！
[➡ whoが主語の場合は〈who＋動詞?〉]

● **which**…「**どちら，どれ**」「**どちらの〜，どの〜**」という意味を表す。

▸ 09 (　　　　) **is your bike? — That one (is mine).**
どちらがあなたの自転車ですか。— あれ（が私の）です。

▸ 10 (　　　　) **train goes to Ueno?**　どの電車が上野に行きますか。
[➡ which＋名詞]

● **whose**…「**だれの〜**」という意味を表す。

▸ 11(　　　　) **umbrella is this? — It's mine.** これはだれのかさですか。— それは私のです。
[➡ whose ＋名詞]

● **where**…「**どこで，どこに**」という意味を表す。

▸ 12(　　　　) **is Susan? — She's in the kitchen.** スーザンはどこにいますか。— 台所にいます。

● **when**…「**いつ**」という意味を表す。

▸ 13(　　　　) **is your birthday?** あなたの誕生日はいつですか。

● **why**…「**なぜ**」という意味を表す。

▸ 14(　　　　) **do you like summer?** なぜあなたは夏が好きなのですか。

## 3 howの疑問文

POINT ● **状態をたずねる How 〜?**…「**どのような**」と状態をたずねる。

▸ 15(　　　　) **are you? — I'm fine.** お元気ですか。— 元気です。

● **手段や方法をたずねる How 〜?**…「**どのように**」と手段や方法をたずねる。

▸ 16(　　　　) **do you come to school?** あなたはどうやって学校に来ますか。
— **I usually walk.** たいてい歩きます。

● **How many 〜? など**…Howのあとにmany, much, longなどを続けると，「**どのくらい〜**」と程度をたずねる疑問文になる。

| | | | |
|---|---|---|---|
| How many 〜? | 数（いくつ） | How much 〜? | 量・値段（いくら） |
| How long 〜? | もの・時間の長さ | How old 〜? | 古さ・年齢 |
| How far 〜? | 距離 | How often 〜? | 頻度 |
| How tall 〜? | 高さ・身長 | How high 〜? | 高さ |

▸ 17(　　　　)(　　　　) **brothers do you have?** あなたには兄弟が何人いますか。
— **I have two (brothers).** 2人います。

▸ 18(　　　　)(　　　　) **is this? — It's five thousand yen.**
これはいくらですか。— 5,000円です。

▸ 19(　　　　)(　　　　) **is this bridge?** この橋はどのくらいの長さですか。
— **It's sixty meters (long).** 60メートルです。

▸ 20(　　　　)(　　　　) **is your father?** あなたのお父さんは何歳ですか。
— **He's forty.** 40歳です。

● **How about 〜?**…「**〜はどうですか**」のように意見を求めたり，提案したりするときに使う。

▸ **I like baseball.** 21(　　　　)(　　　　) **you?** 私は野球が好きです。あなたはどうですか。

▸ **I don't like this color.** この色は好きではありません。
— 22(　　　　)(　　　　) **this blue one?** こちらの青いのはいかがですか。

# STEP 02 基本問題

→解答は 10 ページ

学習内容が身についたか，問題を解いてチェックしよう。

## 1 日本文に合う英文になるように，____に適する語を書きなさい。

(1) あなたのお姉さんの名前は何ですか。
________ is your sister's name?

(2) 彼女はどんな音楽が好きですか。
________ ________ of music does she like?

(3) どちらがあなたの自転車ですか。
________ ________ your bike?

(4) これはだれの腕時計ですか。
________ ________ is this?

(5) あの背の高い少年はだれですか。
________ that tall boy?

**ヒント**
what, who, which, whoseを使った疑問文。疑問詞がどのような働きをしているかに注意。

(5) 空所が1つなので，「だれですか」を1語で表す。

## 2 日本文に合う英文になるように，____に適する語を書きなさい。

(1) 私のめがねはどこにありますか。
________ ________ my glasses?

(2) あなたの誕生日はいつですか。
________ ________ your birthday?

(3) サヤカはどこに住んでいますか。
________ ________ Sayaka live?

(4) あなたたちはなぜ英語を勉強するのですか。
________ ________ you study English?

**ヒント**
where, when, whyを使った疑問文。

**ミス注意**
(1) glassesは複数形。be動詞の形に注意。

## 3 日本文に合う英文になるように，____に適する語を書きなさい。

(1) ニューヨークの天気はどうですか。
________ ________ the weather in New York?

(2) あなたたちの夏休みはどれくらいの長さですか。
________ ________ is your summer vacation?

(3) あなたは英語の本を何冊持っていますか。
________ ________ English books do you have?

(4) あなたの身長はどのくらいですか。
________ ________ are you?

**ヒント**
howを使った疑問文。〈how＋形容詞・副詞〉の形でいろいろなことをたずねることができる。

## 4 次の疑問文の答えとして適切なものを，下から選びなさい。

(1) Who's that man? (　　)
(2) Whose smartphone is this? (　　)
(3) When do you watch TV? (　　)
(4) How many sisters do you have? (　　)
(5) Who washes the dishes at home? (　　)
(6) Which is yours, this one or that one? (　　)

| | | | |
|---|---|---|---|
| ア | My father does. | イ | It's my father's. |
| ウ | He's my father. | エ | That one. |
| オ | I have two. | カ | After dinner. |

それぞれの文で，「何をたずねる疑問詞か」を考えて，答えの文と見比べる。

## 5 次の問いに，(　　) 内の内容を英語で答えなさい。

(1) Where are the dogs?（ベッドの下）

(2) How old is Cody's sister?（18歳）

(3) What's the date today?（6月3日）

ヒント

答えの文の主語は代名詞になる。

## 6 (　　) 内の語句を並べかえて文を完成しなさい。

(1) あなたは何のスポーツが好きですか。
( what / like / sports / do / you )?

?

(2) 彼はどうやって仕事に行きますか。
( to / how / he / go / work / does )?

?

(3) 今，何時ですか。
( is / now / time / what / it )?

?

(4) ここからあなたの家までどのくらい離れていますか。
( how / it / from / is / far / here ) to your house?

to your house?

(3)(4)「時間」や「距離」を表す文ではitを主語にする。

# STEP 03 実戦問題

入試レベルの問題で力をつけよう。

➡ 解答は 11 ページ

**1** 例にならって，疑問詞を使って下線部をたずねる疑問文に書きかえなさい。

例 He plays tennis <u>after school</u>. → When does he play tennis?

(1) Alex studies <u>in his room</u>.

→ ______

(2) That's <u>Mr. Brown's</u> car.

→ ______

(3) Emma gets up <u>at six</u> every morning.

→ ______

(4) Takeshi practices the piano <u>for two hours</u> every day.

→ ______

(5) <u>Ms. Suzuki</u> lives in this house.

→ ______

**2** 次の文を英語にしなさい。 writing

(1) あなたは日曜日にはたいてい何をしますか。

______

(2) どのバスが駅に行きますか。

______

(3) あなたはいつサッカーを練習しますか。

______

(4) この単語はどういう意味ですか。

______

(5) このかばんはいくらですか。

______

(6) あの女の子はだれですか。

______

3 次の会話文を読んで，下の問いに答えなさい。 reading

*Bob:* [ A ]
*Chika:* Yes, I do. I have a dog.
*Bob:* [ B ]
*Chika:* He's a *bulldog. He's really cute. His name is Rocky.
*Bob:* [ C ]
*Chika:* He's two years old.
*Bob:* Is he friendly?
*Chika:* *Actually, he's very *shy.

*bulldog：ブルドッグ actually：実は shy：恥ずかしがりの

問 A～Cの［ ］に入る英文を**ア～ウ**から選び，記号で答えなさい。

**ア** What kind of dog is it?
**イ** How old is Rocky?
**ウ** Do you have a pet, Chika?

A（ ） B（ ） C（ ）

4 06 音声を聞いて，その質問に対する応答として適するものをア～ウから１つ選び，記号を○で囲みなさい。 listening

(1) **ア** It's very nice. It's a perfect day for a picnic.
**イ** It's an old city with many beautiful buildings.
**ウ** Yes, it is. This is my first trip to Kyoto.

(2) **ア** I have piano lessons on Mondays and Wednesdays.
**イ** On Saturdays, I play tennis with my friends. On Sundays, I study.
**ウ** Two weeks. It starts on December 1st.

難問

5 07 英文とそのあとの質問を聞いて，その答えとして適するものをア～ウから１つ選び，記号を○で囲みなさい。 listening

(1) **ア** Some salad.
**イ** Cold soup.
**ウ** Hot soup.

(2) **ア** He has a cold.
**イ** He has a meeting.
**ウ** He has homework.

(3) **ア** At Shibuya.
**イ** The green train.
**ウ** The nearest station.

(4) **ア** 3:13.
**イ** 3:20.
**ウ** 3:30.

重要度 ★★★

# 7 代名詞

## STEP01 要点まとめ

➡解答は13ページ

(　　)にあてはまる語句を書いて，この章の内容を確認しよう。

### 1 I, my, meなどの変化

POINT

● **人称代名詞**… I, you, he, she, it, we, they などを人称代名詞という。

● **働き**…①「**～は**」「**～が**」の意味で**文の主語**になる（主格）。

▸ 01(　　　　) **is fifteen.** 彼は15歳です。

②**名詞の前**で「**～の**」の意味を表す（所有格）。

▸ **This is** 02(　　　　) **bike.** これは彼の自転車です。

③「**～を**」「**～に**」の意味で**動詞の目的語**になる（目的格）。

▸ **I don't know** 03(　　　　). 私は彼を知りません。

| 数／格／人称 | 単数 | | | 複数 | | |
|---|---|---|---|---|---|---|
| | 主格(～は) | 所有格(～の) | 目的格(～を) | 主格(～は) | 所有格(～の) | 目的格(～を) |
| 1人称 | **I**(私は) | **my**(私の) | **me**(私を) | **we**(私たちは) | **our**(私たちの) | **us**(私たちを) |
| 2人称 | **you**(あなたは) | **your**(あなたの) | **you**(あなたを) | **you**(あなたたちは) | **your**(あなたたちの) | **you**(あなたたちを) |
| 3人称 | **he**(彼は) | **his**(彼の) | **him**(彼を) | **they**(彼らは，彼女らは，それらは) | **their**(彼らの，彼女らの，それらの) | **them**(彼らを，彼女らを，それらを) |
| | **she**(彼女は) | **her**(彼女の) | **her**(彼女を) | | | |
| | **it**(それは) | **its**(それの) | **it**(それを) | | | |

● **mine, yours など（所有代名詞）**…「**～のもの**」という意味を表す。

▸ **Whose bike is this? — It's** 04(　　　　). これはだれの自転車ですか。— 私のものです。

| 数／人称 | 単数 | 複数 |
|---|---|---|
| 1人称 | **mine**(私のもの) | **ours**(私たちのもの) |
| 2人称 | **yours**(あなたのもの) | **yours**(あなたたちのもの) |
| 3人称 | **his**(彼のもの) | **theirs**(彼らのもの，彼女らのもの) |
| | **hers**(彼女のもの) | |

## 2 this, that / these, those

POINT

● **this と that** … this は「**これ**」の意味で話し手に近い人や物をさし，that は「**あれ**」の意味で離れたところにある人や物をさす。

▸ 05(　　　) is my bike, and (　　　) is my father's.

これは私の自転車で，あれは私の父のです。

● **these と those** … さすものが複数のときは these「**これら**」，those「**あれら**」を使う。

▸ 06(　　　) are my shoes.　これらは私の靴です。

## 3 something, anyoneなど

POINT

● **something**「**何か**」，**someone[somebody]**「**だれか**」…疑問文・否定文ではふつう anything, anyone[anybody]を使う。

▸ She has 07(　　　) special.　彼女は何か特別な物をもっています。

[➡形容詞をつけるときは something などのあとにおく]

▸ Do you know 08(　　　) about this country?　あなたはこの国について何か知っていますか。

● **everything**「**何でも**」，**everyone[everybody]**「**だれでも**」…単数として扱う。

▸ 09(　　　) loves peace.　だれでも平和を愛しています。

● **nothing**「**何も～ない**」，**no one[nobody]**「**だれも～ない**」…単数として扱う。

▸ 10(　　　) knows me.　だれも私のことを知りません。

## 4 itのいろいろな働き

POINT

● **〈the ＋名詞〉の代わり**として，前に出てきた単数の物をさすほか，**時・天候・寒暖・明暗・距離などを表す文の主語**としても使われる。

▸ 11(　　　) ten in the morning in London.　ロンドンでは朝の 10 時です。

▸ How far is 12(　　　) from here to the park?　ここから公園までどのくらい離れていますか。

## 5 代名詞のone

POINT

● **〈a ＋名詞〉と同じ働き**をして，前に出た不特定の数えられる名詞を受ける。

▸ I need a pen.  Do you have 13(　　　)?

[➡ a pen と同じ働き]

私はペンが必要です。1 本持っていませんか。

▸ I don't like this 14(　　　).  Please show me a black 15(　　　).

[➡ one の前に this / that / which や形容詞がつくこともある]

これは好きではありません。黒いのを見せてください。

# STEP 02 基本問題

➡ 解答は 13 ページ

**学習内容が身についたか，問題を解いてチェックしよう。**

**1** **(　　) 内から適するものを選び，◯で囲みなさい。**

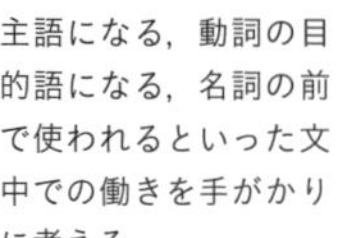


主語になる，動詞の目的語になる，名詞の前で使われるといった文中での働きを手がかりに考える。

(1) コーディーは私を知っています。
Cody knows ( I / my / me ).

(2) 彼は私たちを知っていますか。
Does he know ( we / our / us )?

(3) 彼らに親切にしなさい。
Be kind to ( they / their / them ).

(4) 彼女のギターは古い。
( She / Her / Hers ) guitar is old.

(5) 彼らの学校は新しい。
( They / Their / Them ) school is new.

(6) あなたのお姉さんは高校生ですか。
Is ( you / your / yours ) sister a high school student?

(7) アレックスは私たちのクラスメイトです。彼はメキシコ出身です。
Alex is ( we / our / us ) classmate. ( He / His / Him ) is from Mexico.

(7) Alexを受ける代名詞は？

(8) エマとサヤカを知っていますか。
— いいえ，知りません。だれですか。
Do you know Emma and Sayaka?
— No, ( I / you / they ) don't. Who are ( they / their / them )?

(8) Emma and Sayaka を受ける代名詞は？

**2** **(　　) 内から適するものを選び，◯で囲みなさい。**

「これ」「あれ」の区別に加えて，単数か複数かにも注意する。
(1) 名詞の所有格は〈名詞＋'s〉の形になる。

(1) これはコーディーの自転車です。
( This / That / These / Those ) is Cody's bike.

(2) こちらはジョーンズ先生です。
( This / That / They ) is Mr. Jones.

(3) これらはアヤの犬です。
( This / That / These / Those ) are Aya's dogs.

(4) あれは富士山ではありません。
( This / That / These / Those ) isn't Mt. Fuji.

(5) あれはタケシの靴ですか。
Are ( this / that / these / those ) Takeshi's shoes?

## 3 各組がほぼ同じ意味になるように，＿＿に適する語を書きなさい。

(1) This is his cap.
This cap is ＿＿＿＿＿＿.

(2) Those are her glasses.
Those glasses are ＿＿＿＿＿＿.

(3) That is their house.
That house is ＿＿＿＿＿＿.

(4) These are my cats.
These cats are ＿＿＿＿＿＿.

**ヒント**

「～のもの」の意味を表す代名詞の形に注意。
this, that, these, those は名詞の前で「この～」「あの～」「これらの～」「あれらの～」の意味の指示形容詞としても使われる。

## 4 （　　）内から適するものを選びなさい。

(1) 見て！　だれかが部屋の中にいるよ！
Look! ( Anyone / Someone ) is in the room!

(2) 公園にはだれも見えません。
I can't see ( nobody / anybody ) in the park.

(3) あなたはジョーンズ先生について何か知っていますか。
Do you know ( anything / someone ) about Mr. Jones?

(4) アレックスは野球のことを何も知らない。
Alex knows ( something / nothing ) about baseball.

(5) みんなその絵が好きです。
Everyone ( like / likes ) the picture.

**ヒント**

something, someone [somebody]は肯定文で用い，anything, anyone[anything] は疑問文・否定文で用いるのが原則。

(4) doesn't knowという否定文の形になっていないことに注意。

(5) everyoneは単数扱いか複数扱いか。

## 5 （　　）内から適するものを選びなさい。

(1) このカメラは古いです。私は新しいのがほしいです。
This camera is old. I want a new ( it / one ).

(2) ペンを持っていますか。― ごめんなさい。持っていません。
Do you have a pen? ― I'm sorry, I don't have ( it / one ).

(3) これはあなたのペンですか。使ってもいいですか。
Is this your pen? Can I use ( it / one )?

(4) これはだれの自転車ですか。― コーディーのです。
Whose bike is this? ― ( It / One ) is Cody's.

(5) 今日は金曜日です。
( It / One / This ) is Friday today.

**ヒント**

itは主に〈the＋名詞〉の働き，oneは〈a＋名詞〉の働きをする。oneの前に形容詞がつく場合もある。

(3) Can I ～?は「～してもいいですか」と許可を求める表現。

(5) 時・天候・寒暖などを表す文の主語になる代名詞は？

# STEP 03 実戦問題

入試レベルの問題で力をつけよう。

➡ 解答は 14 ページ

よく出る

**1** 次の＿＿に適する代名詞を書きなさい。

(1) *A:* Is this your bag?
*B:* No, it's not ＿＿＿＿＿＿ .

(2) *A:* Does your brother play soccer every day?
*B:* Yes. Soccer is ＿＿＿＿＿＿ favorite sport.

(3) *A:* Where's Mom?
*B:* ＿＿＿＿＿＿ is in the kitchen.

(4) *A:* Look at the stars in the sky!
*B:* Wow! ＿＿＿＿＿＿ are beautiful. 〈沖縄県・改〉

**2** (　　) 内の語句を並べかえて文を完成しなさい。

(1) どちらがサキの本ですか。— これが彼女のです。
Which is Saki's book? — ( is / hers / one / this ).

＿＿＿＿＿＿＿＿＿＿＿＿＿＿＿＿＿＿＿＿ .

(2) 何か熱いものがほしいです。 ( something / I / hot / want ).

＿＿＿＿＿＿＿＿＿＿＿＿＿＿＿＿＿＿＿＿ .

(3) あなたの家から図書館までどれくらい離れていますか。
( far / is / it / how ) from your house to the library?

＿＿＿＿＿＿＿＿＿＿＿＿＿＿ from your house to the library?

**3** 次の文を英語にしなさい。 writing

(1) こちらは私の姉です。私は彼女が好きです。

＿＿＿＿＿＿＿＿＿＿＿＿＿＿＿＿＿＿＿＿

(2) あれらは彼の腕時計です。

＿＿＿＿＿＿＿＿＿＿＿＿＿＿＿＿＿＿＿＿

(3) あなたは彼について何か知っていますか。

＿＿＿＿＿＿＿＿＿＿＿＿＿＿＿＿＿＿＿＿

## 4 次の会話文を読んで，下の問いに答えなさい。 reading

*Chika:* Look! This blue bag is cute! Whose bag is this?
*Bob:* It's mine.
*Chika:* Really? But you usually use a red one.
*Bob:* I have two bags.
*Chika:* Which bag do you like?
*Bob:* I like the red one. This blue one is good, but it is old.
*Chika:* I like this one. It's *really cute!

*really：本当に

問　本文の内容に合うよう，(　　)に適切な日本語や数字を入れなさい。

① ボブはバッグを (　　　　) 個持っている。
② ボブはふだんは (　　　　) バッグを使っている。
③ ボブは (　　　　) バッグが好きだ。
④ チカは (　　　　) バッグが好きだ。

## 5 08 音声を聞いて，英文の内容に合うものをそれぞれ a～c の絵の中から 1 つ選び，(　　)に記号を書きなさい。 listening

(1)

a　b　c

(　　)

(2)

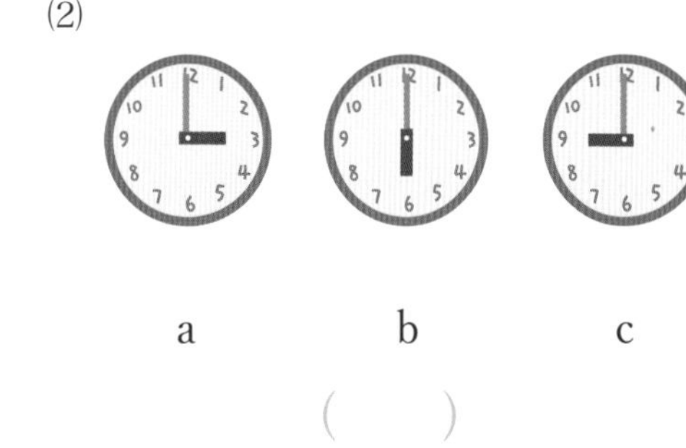


a　b　c

(　　)

(3)

a　b　c

(　　)

(4)

a　b　c

(　　)

重要度 ★★★

# 8 進行形

## STEP01 要点まとめ

➡ 解答は15ページ

(　　)にあてはまる語句を書いて，この章の内容を確認しよう。

### 1 現在進行形の文

POINT
- 形…〈主語＋am / is / are＋動詞のing形〉。
- 意味…「今，～しています[しているところです]」のように，現在ある動作をしている最中であることを表す。
  - I'm 01(　　　　) with my friend right now.　私は今，友達と勉強しているところです。
    [➡ studyのing形]

### 2 現在進行形の疑問文・否定文

POINT
- 疑問文…be動詞（am / is / are）を主語の前に出す。
  答え方…Yes, ～ am[is, are]. か No, ～ am[is, are] not. で答える。
  - 02(　　　　) George cooking dinner?　ジョージは夕食を作っているのですか。
    — Yes, he 03(　　　　).　はい，そうです。
  - What 04(　　　　) you doing?　何をしているのですか。
    — I'm 05(　　　　) for my glasses.　めがねを探しています。
    [➡ lookのing形]
- 否定文…be動詞（am / is / are）のあとにnotをおいて，動詞のing形を続ける。
  - I'm 06(　　　　) using this computer.　私はこのコンピューターを使っていません。

### 3 進行形にしない動詞

POINT
- 次の動詞は，動作ではなく状態を表すので，ふつう進行形にしない。

| | | |
|---|---|---|
| know（知っている） | see（見える） | have（持っている） |
| hear（聞こえる） | like（好きである） | want（ほしがっている） |

# STEP 02 基本問題

➡ 解答は 15 ページ

学習内容が身についたか，問題を解いてチェックしよう。

**1** （　）内の動詞を使い，＿＿に適語を入れて英文を完成しなさい。

(1) 私はテレビを見ています。（ watch ）
I ＿＿＿＿ ＿＿＿＿ TV.

(2) エマは今，宿題をしています。（ do ）
Emma ＿＿＿＿ ＿＿＿＿ her homework now.

(3) アヤとコーディーは公園で話しています。（ talk ）
Aya and Cody ＿＿＿＿ ＿＿＿＿ in the park.

(4) 私たちはここでバスを待っています。（ wait ）
We ＿＿＿＿ ＿＿＿＿ for the bus here.

ヒント
進行形は〈be動詞＋ing形〉で表す。主語によってbe動詞の形を変える。

**2** （　）内の動詞を使い，＿＿に適語を入れて英文を完成しなさい。

(1) あなたはメールを書いているのですか。（ write ）
＿＿＿＿ you ＿＿＿＿ an e-mail?

(2) 大阪では雨が降っていますか。（ rain ）
＿＿＿＿ it ＿＿＿＿ in Osaka?

(3) あなたは何をしているのですか。（ do ）
What ＿＿＿＿ you ＿＿＿＿?

(4) 私は今，数学を勉強していません。（ study ）
I ＿＿＿＿ ＿＿＿＿ ＿＿＿＿ math now.

(5) 彼らはバスケットボールをしているのではありません。（ play ）
They're ＿＿＿＿ ＿＿＿＿ basketball.

ヒント
進行形の疑問文・否定文のつくり方は，ふつうのbe動詞の文と同様。

**3** 日本文に合うように，（　）内から適するものを選び，○で囲みなさい。

(1) 私の妹は新しい自転車をほしがっています。
My sister ( wants / is wanting ) a new bike.

(2) アヤは部屋にいます。彼女は今，宿題をしています。
Aya is in her room. She ( does / is doing ) her homework now.

(3) あなたはペンを持っていますか。―はい。どうぞ。
( Do / Are ) you ( have / having ) a pen? — Yes. Here you are.

(4) 私はアレックスのお父さんを知っています。
I ( know / am knowing ) Alex's father.

ヒント
日本語が「～している」であっても，現在形と現在進行形のどちらが適切かを判断する。ふつうは進行形にしない動詞に注意。

# STEP 03 実戦問題

入試レベルの問題で力をつけよう。

➡ 解答は 16 ページ

## 1 （　）に適する語句を下から選び，記号を○で囲みなさい。

(1) My children (　　) soccer in the park now.
ア playing　イ plays　ウ is playing　エ are playing

(2) (　　) it raining in Kumamoto?
ア Is　イ Are　ウ Does　エ Did

(3) My brother (　　) taking a shower right now.
ア don't　イ doesn't　ウ aren't　エ isn't

## 2 （　）内の語句に be 動詞を補い，並べかえて文を完成しなさい。

(1) 彼は今，クラスメイトと野球をしています。〈北海道・改〉
( baseball / with / he / playing ) his classmates now.

________________ his classmates now.

(2) あの人たちはトランプをしているのですか。 ( those / cards / people / playing )?

________________?

(3) あなたたちは何について話しているのですか。 ( you / about / what / talking )?

________________?

発想力

## 3 右の絵は，ある日曜日の公園の様子です。絵の中から 2 人を選び，何をしているところか英語で説明しなさい。ただし，次の条件 1～3 をすべて満たすこと。〈沖縄県〉

writing

〈条件 1〉現在進行形（～しているところ）で表すこと。
〈条件 2〉だれを説明しているのかわかるように，それぞれ名前を使用すること。
〈条件 3〉2 つの文が同じ内容にならないこと。

________________

________________

**4** 次の英文は，Bob と Chika の電話での会話です。この会話文を読んで，下の問いに答えなさい。 reading

*Bob:* Hi, Chika. What are you doing?
*Chika:* Hi, Bob. I'm making cookies.
*Bob:* Making cookies? Why?
*Chika:* It's my father's birthday tomorrow. He loves cookies.
*Bob:* Oh, that's nice. Do you always make cookies for his birthday?
*Chika:* (　　) This is my first time.

(1) 次の質問に英語で答えなさい。
What is Chika doing?

(2) (　　) にもっとも適するものを次のア～エから選び，記号を○で囲みなさい。
**ア** Yes, I am.　**イ** Yes, I do.　**ウ** No, I'm not.　**エ** No, I don't.

**5** 09 それぞれの絵について，a～c の 3 つの英文が読まれます。英文が絵の内容に合っていれば○を，合わなければ×を書きなさい。 listening

(1)

a (　　) b (　　) c (　　)

(2)

a (　　) b (　　) c (　　)

難問

**6** 10 英文とそのあとの質問を聞いて，その答えとして適するものをア～ウから 1 つ選び，記号を○で囲みなさい。 listening

(1) **ア** She is waiting for someone.
**イ** She is waiting for the bus.
**ウ** She is practicing the piano.

(2) **ア** He is doing his homework.
**イ** He is looking for his teacher.
**ウ** He is having lunch.

(3) **ア** He is talking with his friends.
**イ** He is talking to a rock singer.
**ウ** He is listening to music.

(4) **ア** She is reading a book.
**イ** She is teaching science.
**ウ** She is going to high school.

重要度 ★★

# 9 副詞 well, usually など

## STEP01 要点まとめ

➡ 解答は17ページ

(　　)にあてはまる語句を書いて，この章の内容を確認しよう。

### 1 様子・時・場所・頻度を表す副詞

POINT

● **様子を表す副詞**…動詞を修飾する。

**形容詞と同じ形のもの**…fast（(スピードが）速く)，early（(時間が）早く)，late（(時間が）遅く)，hard（熱心に）など

**形容詞に -ly をつけたもの**…carefully（注意深く)，slowly（ゆっくりと)，easily（簡単に）など

▸ Amy drives 01(　　　　).　エイミーは注意深く運転します。

● **時・場所を表す副詞**…動詞を修飾する。on や to などの前置詞はつけない。

**時を表す副詞**…yesterday（昨日)，today（今日)，now（今)，soon（すぐに）など

**場所を表す副詞**…here（ここに［で］)，there（そこに［で］)，home（家に［で］）など

▸ She lives 02(　　　　) with her family.　彼女は家族といっしょにここに住んでいます。

**every day, last week など**…every day（毎日）, last week（先週）などのように，**2語以上が1つのかたまりとして副詞の働きをする**ものもある。

▸ I go shopping 03(　　　　)(　　　　).　私は毎週土曜日，買い物に行きます。

● **頻度を表す副詞**…always（いつも)，sometimes（ときどき)，often（しばしば，よく）などは，**ふつう一般動詞の前，be動詞のあとにおく**。

▸ Aya is 04(　　　　) late for school.　アヤはよく学校に遅刻します。
［➡ be 動詞のあと］

### 2 notの使い方

POINT

● **notの位置**…**be動詞・助動詞（do, does, will など）のあと**におく。

▸ I am 05(　　　　) good at math.　私は数学が得意ではありません。

● **部分否定**…all（すべて）などの語の前で not を使うと，「**すべて～というわけではない**」という部分否定の意味になることがある。

▸ Rich people are 06(　　　　) always happy.　金持ちの人が必ずしも幸せとは限りません。

# STEP 02 基本問題

➡解答は 17 ページ

学習内容が身についたか，問題を解いてチェックしよう。

## 1 （　　）内から適するものを選びなさい。

(1) タケシは速く泳げます。
Takeshi can swim ( fast / early / soon ).

(2) エマはじょうずにテニスをします。
Emma plays tennis ( well / good / hard ).

(3) アヤはよく遅く起きます。
Aya ( never / often ) gets up ( late / lately ).

(4) 私の父は７時に帰宅します。
My father comes ( home / to home ) at seven.

(5) 私は毎日そこへ行きます。
I go ( to there / there ) ( on every day / every day ).

(6) アレックスはふつうはゆっくりと昼食をとります。
Alex ( usually / sometimes ) eats lunch ( easily / slowly ).

ヒント

似た意味の副詞や，似た形の副詞の使い分けには特に注意すること。

(4)(5) 前置詞toやonが必要かどうかを考える。

## 2 日本文に合う英文になるように，＿＿に適する語を書きなさい。

(1) ジョーンズ先生はいつも注意深く運転します。
Mr. Jones ＿＿＿＿ drives ＿＿＿＿ .

(2) 私たちは今，ここに住んでいます。
We live ＿＿＿＿ ＿＿＿＿ .

(3) ジャスミンはいつも忙しいわけではありません。
Jasmine is ＿＿＿＿ ＿＿＿＿ busy.

(4) 私は毎週水曜日にバスケットボールをします。
I play basketball ＿＿＿＿ ＿＿＿＿ .

(5) 私の兄は納豆が好きではありません。
My brother ＿＿＿＿ ＿＿＿＿ ＿＿＿＿ *natto*.

ヒント

文中での副詞の位置，語順に注意。

(3)「いつも～わけではない」は部分否定。

## 3 各組がほぼ同じ意味になるように，＿＿に適する語を書きなさい。

(1) Sayaka is a good singer.
Sayaka sings ＿＿＿＿ .

(2) They are hard workers.
They work ＿＿＿＿ .

ヒント

形容詞を使った文と同じ意味になるよう，まず日本語で言い換えてみよう。

# STEP 03 実戦問題

入試レベルの問題で力をつけよう。

➡ 解答は 18 ページ

## 1 次の（　）内から適するものを選びなさい。

(1) All the students are listening to the teacher ( careful / carefully ).
(2) You can win the game ( easy / easily ).
(3) I usually get ( home / to home / at home ) at eight.
(4) How ( many / often / once ) do you go to the library? — Twice a month.
(5) I can speak Japanese. I can ( also / only / too / well ) speak Spanish. 〈栃木県・改〉

## 2 （　）内の語句を並べかえて文を完成しなさい。

(1) あなたはふつう朝食に何を食べますか。
( you / usually / what / have / for / do ) breakfast?

____________________ breakfast?

(2) 私たちはその祭りに毎年行きます。 We ( every / go / the festival / to / year ).

We ____________________ .

(3) 彼女はいつも幸せそうに見えるとは限りません。
( look / always / doesn't / happy / she ).

____________________ .

(4) たくさんの生徒たちが今週，かぜをひいています。
Many ( this / colds / have / week / students ).

Many ____________________ .

## 3 次の文を英語にしなさい。 writing

(1) 私は毎朝早く起きます。

____________________

(2) 私の父はときどき遅く帰宅します。

____________________

(3) 私の祖父はいつもゆっくり話します。

____________________

## 4 次の会話文を読んで，下の問いに答えなさい。 reading

*Bob:* What time do you go to bed every day, Chika?
*Chika:* At about eleven thirty.
*Bob:* You go to bed late! What do you do at night?
*Chika:* I usually study English.
*Bob:* Good! Then, do you get up late in the morning?
*Chika:* No, I don't. I ( six / up / always / at / get ).
*Bob:* Really? I can't get up before seven thirty in the morning!

(1) チカが寝る時刻について，日本語で説明しなさい。

( )

(2) チカが夜することについて，日本語で説明しなさい。

( )

(3) ( ) 内の語を並べかえて，意味の通る英文にしなさい。

I ______________________________ .

## 5 11 音声を聞いて，その内容に対する応答として適するものをア～ウから１つ選び，記号を○で囲みなさい。 listening

(1) ア I study for two hours.
イ I study English hard.
ウ Yes, I study at home.

(2) ア I can't play the piano well.
イ I usually practice the piano in the evening.
ウ I'm not always busy in the evening.

(3) ア Yes, she can. She always drives carefully.
イ No, she can't. But she drives to work.
ウ She usually washes it every Saturday.

(4) ア I know. He always walks slowly.
イ I'm sorry, I can't swim fast.
ウ Really? My brother swims fast, too.

重要度 ★★

# 前置詞 in, on, at など

## STEP01 要点まとめ

➡ 解答は19ページ

(　　)にあてはまる語句を書いて，この章の内容を確認しよう。

### 1 前置詞の働き

POINT

● 〈**前置詞＋語句**〉のかたまりで，前の名詞を修飾したり，動詞を修飾したりする。

▸ **The book on the desk is mine.** 机の上の本は私のです。

前の名詞を修飾［➡形容詞の働き］

▸ **Put the book on the desk.** 本を机の上に置きなさい。

動詞を修飾［➡副詞の働き］

● あとに代名詞がくるときは，必ず目的格になる。

▸ **This is important for** 01(　　　　). これは私にとって大切なことです。

### 2 in, on, atの働き

POINT

● **in** …ある**空間**について「**～の中に，～の中で**」と言うときに使う。

▸ **What's** 02(　　　　) **the box?** 箱の中に何が入っているのですか。

年・月のように**範囲のある時間**にも使う。

▸ **I often go skiing** 03(　　　　) **winter.** 私は冬によくスキーに行きます。

● **on** …「**～の上に**」などの意味で，**表面に接触していること**を表す。

▸ **What's** 04(　　　　) **the table?** テーブルの上には何がありますか。

上だけでなく，側面や下の面に接触しているときにも使う。

▸ **There is a picture** 05(　　　　) **the wall.** 壁に1枚の絵がかかっています。

**日付・曜日**にも使う。

▸ **We don't go to school** 06(　　　　) **Saturday.** 私たちは土曜日には学校に行きません。

● **at** …「**～のところで［に］**」の意味を表す。場所を「**点**」としてとらえる前置詞。

▸ **There's someone** 07(　　　　) **the door.** ドアのところにだれかいます。

「～時に」と**時刻**を言うときにも使う。

▸ **The movie begins** 08(　　　　) **four.** 映画は4時から始まります。

## 3 時を表すそのほかの前置詞

POINT

| | | |
|---|---|---|
| **before**（～の前に） | **after**（～のあとに） | **for**（～の間） |
| **from**（～から） | **to**（～まで） | |
| **until**（～までずっと） | **by**（～までに） | |

▸ **Wash your hands** 09(　　　　) **dinner.**　夕食の前に手を洗いなさい。

▸ **We're open** 10(　　　　) **7 a.m.** (　　　　) **11 p.m.**

私たち（の店）は午前 7 時から午後 11 時まで開いています。

## 4 場所を表すそのほかの前置詞

POINT

| | | |
|---|---|---|
| **from**（～から） | **to**（～に[まで]） | **for**（～へ，～に向かって） |
| **between**（(2 つ) の間に） | **among**（(3 つ以上) の間に） | **around**（～のまわりに） |
| **in front of**（～の前に） | **behind**（～の後ろに） | |
| **by**（～のそばに） | **near**（～の近くに） | **beside**（～の横に） |
| **over**（(接触せずに) ～の上に） | **under**（(接触せずに) ～の下に） | |
| **above**（(接触せずに) ～の上に） | **below**（(接触せずに) ～の下に） | |
| **into**（～の中へ） | **out of**（～から外へ） | |
| **along**（～に沿って） | **across**（～を横切って） | **through**（～を通り抜けて） |

▸ **This train is bound** 11(　　　　) **Ueno.**　この電車は上野行きです。

▸ **The bank is** 12(　　　　) **the park and the hospital.**　銀行は公園と病院の間にあります。

▸ **He is popular** 13(　　　　) **young people.**　彼は若い人々の間で人気があります。

## 5 いろいろな前置詞

POINT

| | | |
|---|---|---|
| **of**（～の） | **for**（～のために，～にとって） | **by**（～によって，～で） |
| **with**（～といっしょに，～を身につけて） | **without**（～なしで） | |
| **about**（～について） | **like**（～のような[に]） | **as**（～として） |

▸ **the name** 14(　　　　) **this flower**　この花の名前

▸ **She's the girl** 15(　　　　) **long hair.**　彼女は髪の長い少女です。

▸ **I know nothing** 16(　　　　) **him.**　私は彼について何も知りません。

# STEP 02 基本問題

➡ 解答は 19 ページ

学習内容が身についたか，問題を解いてチェックしよう。

## 1 （　　）内から適するものを選びなさい。

ヒント

inは「中」，onは「上，表面への接触」，atは「点」というイメージを思い描くこと。それぞれ「空間」と「時間」の意味がある。

(1) 私の祖父母は和歌山に住んでいます。
My grandparents live ( at / in / on ) Wakayama.

(2) 京都駅で電車を乗りかえてください。
Change trains ( at / in / on ) Kyoto Station.

(3) 見て！　ねこが屋根の上で寝ているよ。
Look! The cat is sleeping ( at / in / on ) the roof.

(4) 私は毎日６時に起きます。
I get up ( at / in / on ) six every day.

(5) サヤカはいつも午前中に英語を勉強します。
Sayaka always studies English ( at / in / on ) the morning.

(6) アレックスは毎週日曜日にバスケットボールをします。
Alex plays basketball ( at / in / on ) Sundays.

## 2 次の文の＿＿に適する語を下から選んで書きなさい。

ヒント

時を表すさまざまな前置詞の使い方。

(1) あのレストランは午後５時から午後 11 時まで開いています。
That restaurant is open ＿＿＿＿ 5 p.m. ＿＿＿＿ 11 p.m.

(2) 金曜日までに宿題を終えなさい。
Finish your homework ＿＿＿＿ Friday.

(3) 昼食の前に４時間授業があります。
We have four classes ＿＿＿＿ lunch.

(4) 放課後にテニスをしましょう。
Let's play tennis ＿＿＿＿ school.

(5) タケシは毎日２時間サッカーをします。
Takeshi plays soccer ＿＿＿＿ two hours every day.

(6) 私の父はたいてい６時まで働きます。
My father usually works ＿＿＿＿ six.

| after | before | by | for | from | to | until |
|---|---|---|---|---|---|---|

## 3 （　）内から適するものを選びなさい。

場所を表すさまざまな前置詞の使い方。

(1) 私の家に入ってきて，コーディー！
Come ( into / out of ) my house, Cody!

(2) アヤはコーディーとエマの間に座っています。
Aya is sitting ( among / between ) Cody and Emma.

(3) アヤの犬はテーブルの下で寝ています。
Aya's dogs are sleeping ( over / under ) the table.

(4) サヤカは毎日，図書館に行きます。
Sayaka goes ( for / to ) the library every day.

(5) 図書館はサヤカの学校の前にあります。
The library is ( behind / in front of ) Sayaka's school.

(6) タケシは川の近くに住んでいます。
Takeshi lives ( above / near ) the river.

(7) タケシは川に沿って走っています。
Takeshi is running ( across / along / through ) the river.

(8) ジャスミンは木のそばでお昼を食べています。
Jasmine is having lunch ( by / around ) the tree.

(9) アレックスはメキシコの出身です。
Alex is ( for / from ) Mexico.

(10) アレックスは８時に学校へ出発します。
Alex leaves ( for / from ) school at eight.

(11) 彼らの飛行機は今，雲の上を飛んでいます。
Their plane is flying ( above / below ) the clouds now.

## 4 （　）内から適するものを選びなさい。

(1) あの髪の長い女の子を知っていますか。
Do you know that girl ( as / with ) long hair?

(2) 彼女はピアニストとして有名です。
She is famous ( as / of ) a pianist.

(3) だれもがそのピアニストの名前を知っています。
Everybody knows the name ( for / of ) the pianist.

(4) 私は彼女のようにはピアノは弾けません。
I can't play the piano ( like / of ) her.

(5) 彼女はピアノなしでは生きられません。
She can't live ( with / without ) a piano.

(6) これは１人のピアニストについての物語です。
This is a story ( about / by ) a pianist.

# STEP 03 実戦問題

入試レベルの問題で力をつけよう。

目標時間 30分

➡ 解答は 20 ページ

## 1 （　　）内の語句を並べかえて文を完成しなさい。

(1) 私たちは校門で彼を待っています。
( are / at / for / waiting / we / him ) the school gate.

＿＿＿＿＿＿＿＿＿＿＿＿＿＿＿＿ the school gate.

(2) そのスーパーマーケットは公園と図書館の間にあります。
( and / between / is / the park / the supermarket ) the library.

＿＿＿＿＿＿＿＿＿＿＿＿＿＿＿＿ the library.

(3) その図書館は月曜日から金曜日まで開いています。
( from / is / open / Friday / the library / to / Monday ).

＿＿＿＿＿＿＿＿＿＿＿＿＿＿＿＿.

(4) この魚の名前を知っていますか。
( do / know / of / the name / this fish / you )?

＿＿＿＿＿＿＿＿＿＿＿＿＿＿＿＿?

(5) 私は今，家族のためにカレーライスを作っています。
( am / curry and rice / for / I / making / my family ) now.

＿＿＿＿＿＿＿＿＿＿＿＿＿＿＿＿ now.

## 2 次の文を英語にしなさい。 writing

(1) 私の祖父母は私たちといっしょに住んでいます。

＿＿＿＿＿＿＿＿＿＿＿＿＿＿＿＿

(2) 私たちは朝の 7 時に朝食をとります。

＿＿＿＿＿＿＿＿＿＿＿＿＿＿＿＿

(3) 私は毎日 1 時間，英語を勉強します。

＿＿＿＿＿＿＿＿＿＿＿＿＿＿＿＿

(4) 私はいつも駅から図書館まで歩きます。

＿＿＿＿＿＿＿＿＿＿＿＿＿＿＿＿

(5) 私の祖父母は今，居間（the living room）でテレビを見ています。

＿＿＿＿＿＿＿＿＿＿＿＿＿＿＿＿

3 次の英文は，Bob と Chika の電話での会話です。この会話文を読んで，下の問いに答えなさい。 reading

*Chika:* Hi, Bob. This is Chika. What are you doing?
*Bob:* Hi, Chika. I'm taking a walk in the park.
*Chika:* Oh, I can see you.
*Bob:* You can see me? Where are you now?
*Chika:* I'm at the bus stop by the park.
*Bob:* Really? I'll go there.
*Chika:* OK. It's twelve thirty now. Let's have lunch together!
*Bob:* Good idea! Wait for a few minutes.

(1) ボブはどこで何をしていますか。日本語で説明しなさい。
( )

(2) チカはどこにいますか。日本語で説明しなさい。
( )

(3) 2 人はこれからどうしますか。日本語で説明しなさい。
( )

4 12 音声を聞いて，その内容と異なるものをア～ウから１つ選び，記号を○で囲みなさい。 listening

(1) **ア** 彼女は今，母親といっしょにいる。
**イ** 彼女は今，スーパーで買い物をしている。
**ウ** もうすぐ 9 時になる。

(2) **ア** 彼は今，湖のまわりを歩いている。
**イ** 彼は 4 時間歩いている。
**ウ** 湖の近くには喫茶店がある。

(3) **ア** 彼女は今，プールで泳いでいる。
**イ** プールの両側に高いビルがある。
**ウ** プールは午後 10 時まで営業している。

(4) **ア** 彼は電車で学校に通っている。
**イ** 彼はふだん 7 時 30 分に家を出発する。
**ウ** 家から学校までは 10 分かかる。

重要度 ★★★

# 過去の文

## STEP01 要点まとめ

➡ 解答は 21 ページ

（　）にあてはまる語句を書いて，この章の内容を確認しよう。

## 1 一般動詞の過去の文

### 1 一般動詞の過去の文

POINT ●「〜しました」と過去のことを表すには，**動詞を過去形にする。**

●過去形のつくり方…語尾に（e)d をつけるものと，不規則に変化するものがある。

①語尾に（e)d をつけるもの（**規則動詞**）

●基本パターン…原形の語尾にそのまま **ed** をつける。

**play** → 01（　　　　）, **watch** → 02（　　　　）, **look** → 03（　　　　）

●d だけをつける語…**原形が e で終わる動詞**には，**d だけ**をつける。

**live** → 04（　　　　）, **use** → 05（　　　　）, **like** → 06（　　　　）

●y→ied にする語…**〈子音字＋y〉で終わる動詞**は，**語尾の y を i に変えて ed** をつける。

**study** → 07（　　　　）, **carry** → 08（　　　　）, **try** → 09（　　　　）

●語尾の文字を重ねる語…**〈子音字＋アクセントのある母音字＋子音字〉で終わる動詞**は，**語尾の 1 文字を重ねて ed** をつける。

**stop** → 10（　　　　）, **drop** → 11（　　　　）

②不規則に変化するもの（**不規則動詞**）

**come → came, get → got, give → gave, say → said, have → had** など

### 2 一般動詞の過去の疑問文・否定文

POINT ●**疑問文**…**主語の前に did をおき，主語と動詞の原形を続ける。**

**答え方**…**Yes, 〜 did.** か **No, 〜 didn't[did not].** で答える。

▸ 12（　　　　） **you have breakfast this morning?**　今朝，朝食を食べましたか。

— **Yes, I** 13（　　　　）**.**　はい，食べました。

— **No, I** 14（　　　　）**.**　いいえ，食べませんでした。

▸ **What** 15（　　　　） **you do last night?**　あなたは昨夜何をしましたか。

— **I studied math.**　私は数学を勉強しました。

●**否定文**…**動詞の前に didn't[did not] をおき，動詞の原形を続ける。**

▸ **I** 16（　　　　）（　　　　） **to school yesterday.**　私は昨日学校へ行きませんでした。

# 2 be動詞の過去の文

## 1 be動詞の過去の文

POINT ●be 動詞の過去形は，主語に応じて **was** と **were** を使い分ける。

| ▼主語 | ▼現在形 | ▼過去形 | |
|---|---|---|---|
| I | am | was | ～. |
| He / She / Itなど3人称単数 | is | | |
| You | are | were | |
| We / Theyなど複数 | | | |

▸ **I** 17(　　　　) **busy yesterday.** 私は昨日，忙しかった。
▸ **Ken** 18(　　　　) **at my house then.** ケンはそのとき私の家にいました。
▸ **You** 19(　　　　) **tired last night.** あなたは昨夜疲れていました。
▸ **We** 20(　　　　) **in Canada last week.** 私たちは先週カナダにいました。
▸ **I** 21(　　　　) **sleeping then.** 私はそのとき眠っていました。
[➡〈be 動詞の過去形＋動詞の ing 形〉で「～していました」という意味を表す（**過去進行形**）]

## 2 be動詞の過去の疑問文・否定文

POINT ●**疑問文**…**was[were]を主語の前に出す。**

**答え方**…**Yes, ～ was[were].** か **No, ～ was not[were not].** で答える。

**短縮形**… was not → **wasn't** ／ were not → **weren't**

▸ 22(　　　　) **you free yesterday?** あなたは昨日暇でしたか。
— **Yes, I** 23(　　　　). はい，暇でした。
— **No, I** 24(　　　　). いいえ，暇ではありませんでした。
▸ **How** 25(　　　　) **the movie?** その映画はどうでしたか。
— **It was boring.** 退屈でした。

●**否定文**…**was[were]のあとに not を入れる。**

▸ **I** 26(　　　　) **at the party last night.** 私は昨夜のパーティーにはいませんでした。

# 3 used to ～

POINT ●**形**…〈**used to ＋動詞の原形**〉

●**意味**…「**以前は（よく）～した**」「**以前は～だった**」という意味を表す。

▸ **I used to** 27(　　　　) **the piano.** 私は以前ピアノを弾いていました。
[➡今は弾いていない]

▸ **My mother** 28(　　　　)(　　　　) **be a nurse.** 私の母は以前，看護師でした。
[➡今は看護師ではない]

# STEP 02 基本問題

➡ 解答は 21 ページ

学習内容が身についたか，問題を解いてチェックしよう。

**1** 日本文に合う英文になるように，(　　) 内の語を適する形にかえて，＿＿に書きなさい。

(1) 私は今朝，6時に起きました。 ( get )
I ＿＿＿＿ up at six this morning.

(2) エマはこの前の日曜日におばさんを訪ねました。 ( visit )
Emma ＿＿＿＿ her aunt last Sunday.

(3) 私の母は毎日，買い物に行きます。 ( go )
My mother ＿＿＿＿ shopping every day.

(4) 彼らは昨夜，パーティーをしました。 ( have )
They ＿＿＿＿ a party last night.

(5) 私の姉は英語で手紙を書いていました。 ( be )
My sister ＿＿＿＿ writing a letter in English.

**ヒント**
過去形のつくり方，特に不規則動詞に注意する。

**ミス注意**
(3) 現在の文であることに注意。

**確認**
(5) 過去進行形「～していた」は，was[were] のあとに動詞のing形を続ける。

**2** 日本文に合う英文になるように，＿＿に適する語を書きなさい。

(1) あなたは昨夜，英語を勉強しましたか。
＿＿＿＿ you ＿＿＿＿ English last night?

(2) コーディーは今朝，朝食を食べましたか。
＿＿＿＿ Cody ＿＿＿＿ breakfast this morning?

(3) あなたは昨日の午後，家にいましたか。
＿＿＿＿ you at home yesterday afternoon?

(4) あなたはこの前の日曜日に何をしましたか。
What ＿＿＿＿ you ＿＿＿＿ last Sunday?

**ヒント**
一般動詞の過去の疑問文は，主語の前にdidをおき，動詞は原形にする。be動詞の過去の疑問文は，was[were]を主語の前に出す。

**3** 日本文に合う英文になるように，＿＿に適する語を書きなさい。

(1) 私は昨夜，疲れていませんでした。
I ＿＿＿＿ ＿＿＿＿ tired last night.

(2) アレックスは昨日，学校に行きませんでした。
Alex ＿＿＿＿ ＿＿＿＿ to school yesterday.

(3) 生徒たちはそのとき，教室にいませんでした。
The students ＿＿＿＿ in the classroom then.

**ヒント**
一般動詞の過去の否定文は，動詞の前にdid not[didn't]をおき，動詞は原形にする。be動詞の過去の否定文は，was[were]のあとにnotをおく。

よく出る

## 4 （　　）に適する語句を下から選び，記号を○で囲みなさい。

⑴ *A:* Were you with Sayaka this morning?
*B:* Yes, (　　). We went shopping together.
**ア** I did　　**イ** I was　　**ウ** we did　　**エ** you were

⑵ *A:* Why were you busy yesterday?
*B:* Because (　　) a lot of homework yesterday.
**ア** I was　　**イ** I have　　**ウ** I had　　**エ** they were

⑶ *A:* Where (　　) during summer vacation?
*B:* I went to Hokkaido with my family.
**ア** you did go　　**イ** did you go
**ウ** you went　　**エ** did you went

**ヒント**
⑴ 疑問文に対する適切な答え方を考える。
⑶ 疑問詞のあとの語順は？

## 5 （　　）内の語を並べかえて文を完成しなさい。

⑴ 私たちはパーティーで楽しく過ごしました。
( good / we / a / had / time / at ) the party.

____________________ the party.

⑵ あなたはどこでこの写真を撮りましたか。
( you / picture / did / where / this / take )?

____________________?

⑶ 私の父は昨夜，早く帰宅しませんでした。
( home / my / didn't / father / come / early ) last night.

____________________ last night.

⑷ 彼のおばあさんは，以前は音楽の先生でした。
( be / grandmother / used / his / to ) a music teacher.

____________________ a music teacher.

**ヒント**
⑵ 疑問詞を使った疑問文の語順に注意する。
⑷「以前は～だった」を表す形は？

## 6 次の文を〔　　〕内の指示に従って書きかえなさい。

⑴ The movie begins at seven. 〔yesterday を加えて過去の文に〕
→ ____________________ yesterday.

⑵ Takeshi sat on the bench. 〔否定文に〕
→ ____________________

⑶ Jasmine made this dress. 〔疑問文に〕
→ ____________________

# 実戦問題

入試レベルの問題で力をつけよう。

➡ 解答は 22 ページ

**1** **次の文章は，昨日の Mika の日記です。日記の内容に関する次の問いに 3 語以上の英語で答えなさい。**

> 12月1日（水）　くもり
> 　今朝は寝坊して 8 時に起きた。いつもは朝食をきちんととるようにしているけれど，今日は食べる時間がなかった。
> 　学校では，体育の時間にバレーボールをした。試合には負けたけれどとても楽しかった。
> 　放課後に自転車で図書館に行って，来週のテストに向けて英語を勉強した。

(1) Was it sunny yesterday?

(2) What time did Mika get up yesterday morning?

(3) Did Mika enjoy the volleyball game?

(4) Where did Mika go after school yesterday?

新傾向

**2** **あなたは英語の授業で，夏休みの出来事についてスピーチをすることになり，下の原稿を準備しました。①・②の内容を，それぞれ 6 語以上の英文で表しなさい。**

writing　〈三重県・改〉

【原稿】

> Hello, everyone.  I'm going to tell you about my trip to Yamanaka City.
> ① Yamanaka City に電車で家族と行ったこと。
> ② 晴れていたので，公園を散歩したこと。
> Thank you.

①

②

**3** **次の英文は，英語の先生の Mr. Miller と生徒の Chika の会話です。この会話文を読んで，下の問いに答えなさい。** reading

*Mr. Miller:* What did you do last weekend?
*Chika:* I went to the movies with my brother.
*Mr. Miller:* Oh, ( movie / see / you / what / did ) ?
*Chika:* *Star Man 2*. It's a new movie.
*Mr. Miller:* How was it?
*Chika:* *Actually, I didn't like it very much.
*Mr. Miller:* No? Why?
*Chika:* Well, the story was *boring.

*actually：実は　boring：退屈な

(1) (　　) 内の語を並べかえて意味の通る英文にしなさい。

Oh, ______________________________?

(2) 次の**ア**〜**ウ**の中から本文の内容に合うものを 1 つ選び，記号を○で囲みなさい。

**ア** Chika saw a movie with Mr. Miller last weekend.
**イ** Chika wrote the story of *Star Man 2*.
**ウ** The movie was not very interesting to Chika.

難問

**4** 13 **英文とそのあとの質問を聞いて，その答えとして適するものをア〜エから 1 つ選び，記号を○で囲みなさい。** listening

(1)
**ア** She studied with her friends.
**イ** At the library.
**ウ** She bought video games.
**エ** Yes, she did.

(2)
**ア** He knew it.
**イ** He was practicing soccer.
**ウ** He was sleeping.
**エ** He forgot.

(3)
**ア** Yesterday.
**イ** At the department store.
**ウ** Yuta likes his new hat.
**エ** He liked it.

(4)
**ア** In Kyoto.
**イ** In Tokyo.
**ウ** In Canada.
**エ** Two years ago.

(5)
**ア** It was great.
**イ** It was old.
**ウ** Three weeks.
**エ** For a week.

(6)
**ア** He bought a lot of fish.
**イ** He ate fish for dinner.
**ウ** He cooked fish for his uncle.
**エ** He visited his uncle for the first time.

重要度 ★★★

# 12 未来の文

## STEP01 要点まとめ

➡ 解答は 24 ページ

(　　)にあてはまる語句を書いて(選んで)，この章の内容を確認しよう。

## 1 be going to ～

### 1 形と意味

POINT ●形…〈be 動詞＋ going to ＋動詞の原形〉。主語により am，is，are を使い分ける。

| ▼主語 | ▼be 動詞 | | ▼動詞の原形 | |
|---|---|---|---|---|
| I | am | going to | play など | ～. |
| He / She / It など3人称単数 | is | | | |
| You | are | | | |
| We / They など複数 | | | | |

●意味…①「～するつもりです」のように，すでに心に決めている予定を表す。

▸ I'm 01(　　　　) to take a vacation in August.　私は8月に休暇を取る予定です。

②今の状況をもとに判断して，将来起きる出来事を予想する。

▸ Look at the sky.　It's going to 02(　　　　).　空を見て。雨が降りますよ。

### 2 疑問文と否定文

POINT ●疑問文…ふつうの be 動詞の疑問文と同じように，be 動詞を主語の前に出す。答え方もふつうの be 動詞の疑問文と同じ。

▸ 03(　　　　) you going to cook dinner?　あなたは夕食を作るつもりですか。

— Yes, I 04(　　　　).　はい，そのつもりです。

▸ 05(　　　　) he going to buy a new car?　彼は新しい車を買うつもりですか。

— No, he 06(　　　　).　いいえ，そのつもりはありません。

▸ What 07(　　　　) you going to do tomorrow?　あなたは明日何をするつもりですか。

— 08(　　　　) going to go shopping.　私は買い物に行くつもりです。

●否定文…ふつうの be 動詞の否定文と同じように，be 動詞のあとに not をおく。

▸ Jack 09(　　　　) going to play soccer after school.

ジャックは放課後にサッカーをするつもりはありません。

# 2 will

## 1 形と意味

POINT ●形…〈will ＋動詞の原形〉。will は助動詞で，主語が何であっても形は変わらない。

| ▼主語 | | ▼動詞の原形 | |
|---|---|---|---|
| I | will | play など | ～. |
| He / She / It など３人称単数 | | | |
| You | | | |
| We / They など複数 | | | |

●意味…①今その場で決めたことを言う。

▶ 10(　　　　　) [I will] answer the phone.　私が電話に出ます。
[➡ I will の短縮形]

②未来の予測・予想を言う。

▶ 11(　　　　　) [She will] be a good teacher.　彼女はよい教師になるでしょう。
[➡ She will の短縮形]

●短縮形… I will → I'll ／ you will → you'll ／ he will → he'll ／ she will → she'll ／ it will → it'll ／ we will → we'll ／ they will → they'll

## 2 疑問文と否定文

POINT ●疑問文…will を主語の前に出す。

答え方…ふつう Yes, ～ will.　か No, ～ will not [won't]. で答える。

▶ 12(　　　　　) Jane come to the party today?　ジェインは今日，パーティーに来るでしょうか。

– Yes, she 13(　　　　　).　はい，来るでしょう。

– No, she 14(　　　　　).　いいえ，来ないでしょう。

▶ How 15(　　　　　) the weather be tomorrow?　明日の天気はどうなるでしょうか。

●否定文…will のあとに not をおく。短縮形の won't がよく使われる。

▶ Jenny 16(　　　　　) be at the meeting.　ジェニーは会合に出席しないでしょう。

# 3 be going to ～と will の使い分け

POINT ●be going to ～…すでに決まっている予定を伝えるときに使うことが多い。

●will…今その場で決めたことを言うときに使うことが多い。

▶ I 17( will / am going to ) study abroad this summer.　よし！　今年の夏は留学するぞ。
[➡今その場で留学しようと決めた場合]

▶ I 18( will / am going to ) study abroad this summer.　今年の夏は留学する予定です。
[➡留学することがすでに決まっている場合]

# STEP 02 基本問題

➡ 解答は 24 ページ

**学習内容が身についたか，問題を解いてチェックしよう。**

## 1 日本文に合う英文になるように，____に適する語を書きなさい。

(1) 私は明日，おばを訪ねるつもりです。

I'm ________ ________ visit my aunt tomorrow.

(2) あの黒い雲を見て。雪が降りますよ。

Look at those black clouds. ________ ________ ________ snow.

(3) 彼はすぐにここに来るでしょう。

He ________ ________ here soon.

(4) わかりました。私がサンドイッチを買ってきましょう。

OK. ________ get some sandwiches.

**ヒント**

未来の文で使われるのはbe going toとwill。それぞれの形と意味のちがいを理解すること。

(2) snowは「雪が降る」という意味の動詞。

## 2 日本文に合う英文になるように，____に適する語を書きなさい。

(1) あなたは今度の日曜日にテニスをするつもりですか。

________ you ________ to play tennis next Sunday?

(2) アヤは今夜，英語を勉強するつもりはありません。

Aya ________ ________ ________ study English tonight.

(3) コーディーは明日，家にいるでしょうか。

________ Cody be home tomorrow?

(4) 彼は私には話しかけないでしょう。

He ________ talk to me.

**ヒント**

be going toの疑問文・否定文のつくり方はbe動詞の文と同様に考えればよい。willの疑問文は，willを主語の前に出し，否定文はwillのあとにnotをおく。

## 3 次のそれぞれの場面では，ア，イのどちらがより適切な言い方かを判断し，記号を○で囲みなさい。

(1) 「私たちは明日，映画に行くつもりです」と言うとき。

(チケットをすでに買っている場合)

ア We will go to the movies tomorrow.

イ We are going to go to the movies tomorrow.

(2) 重いかばんを運んでいる人に「私が運んであげましょう」と言うとき。

ア I'll carry it for you.

イ I'm going to carry it for you.

**ヒント**

be going toは「すでに心に決めている予定」，willは「今その場で決めたこと」を表す場合が多い。

## 4 次の文を〔　〕内の指示に従って書きかえなさい。

(1) We play basketball on weekends.
〔下線部を next weekend にかえて〕

→

(2) I will be busy tomorrow. 〔下線部を my father にかえて〕

→

(3) I am going to get up early. 〔下線部を Emma にかえて〕

→

(4) Takeshi will pass the exam. 〔疑問文に〕

→

(5) She is going to buy a new car. 〔疑問文に〕

→

(6) I will be late again. 〔否定文に〕

→

(7) We are going to play soccer after school. 〔否定文に〕

→

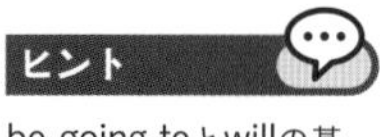


be going toとwillの基本的な形をおさえよう。

(6) notの位置に注意する。

## 5 (　) 内の語句を並べかえて文を完成しなさい。

(1) 私は夕食後にシャワーを浴びるつもりです。
( to / I'm / take / going ) a shower after dinner.

______ a shower after dinner.

(2) 明日は暑くなるでしょうか。
( it / hot / will / be ) tomorrow?

______ tomorrow?

(3) 彼はこの映画が気に入らないでしょう。
( this / like / he / movie / won't ).

______ .

(4) あなたは夕食に何を作るつもりですか。
What ( to / you / going / make / are ) for dinner?

______ for dinner?

# STEP 03 実戦問題

入試レベルの問題で力をつけよう。

目標時間 30分

➡ 解答は 25 ページ

**1** 意味の通る会話になるように，(　　) 内の語句を並べかえなさい。

(1) *A:* How ( be / weather / the / will ) tomorrow?
*B:* It'll be sunny.

How ＿＿＿＿＿＿＿＿＿＿＿＿ tomorrow?

(2) *A:* How ( to / are / going / you / long ) stay in Okinawa?
*B:* For a week.

How ＿＿＿＿＿＿＿＿＿＿＿＿ stay in Okinawa?

(3) *A:* ( parents / to / your / will / come ) Japan this summer?
*B:* No, they won't. I will go back to America.

＿＿＿＿＿＿＿＿＿＿＿＿ Japan this summer?

(4) *A:* ( of / who / care / will / take ) the dog? 〈栃木県・改〉
*B:* I will.

＿＿＿＿＿＿＿＿＿＿＿＿ the dog?

**2** 次の文を英語にしなさい。 writing

(1) 私は明日，母と買い物に行くつもりです。

＿＿＿＿＿＿＿＿＿＿＿＿

(2) 今日の午後，雨は降らないでしょう。

＿＿＿＿＿＿＿＿＿＿＿＿

発想力

**3** 会話の流れに合うように，□ に適する英語を書きなさい。 writing

(1) *Emma:* Hi, Cody. □ tomorrow?
*Cody:* I'll go to the library in the afternoon.

＿＿＿＿＿＿＿＿＿＿＿＿ tomorrow?

(2) *Alex:* What time will the bus leave?
*Sayaka:* □. It's five o'clock now. So you have ten minutes.

＿＿＿＿＿＿＿＿＿＿＿＿.

4 次の会話文を読んで，下の英語の問いに３語以上の英語で答えなさい。 reading

*Bob:* Do you have any plans for summer vacation?
*Chika:* Yes. I'm going to go to Hawaii.
*Bob:* Wow, that's great! When are you going to leave?
*Chika:* This Friday. We're going to stay for one week.
*Bob:* Nice. I went to Hawaii last year. It was wonderful. Well, have fun!
*Chika:* Thanks. I'll send a *postcard!

*postcard：はがき，絵はがき

(1) Where is Chika going to go?

(2) When is she going to leave?

(3) How long is she going to stay there?

(4) What will she send to Bob?

5 

英文(1)～(4)では，それぞれ最後の人物の発言の途中でチャイムが鳴ります。発言の続きの文として適するものをア～ウから１つ選び，記号を○で囲みなさい。 listening

(1) ア I'll put on my coat.
イ I'll take a shower.
ウ I'll turn on the heater.

(2) ア It'll be 3 soon.
イ He'll be here soon.
ウ He won't be late.

(3) ア It will be sunny tomorrow, too.
イ It rained for three days.
ウ It's going to rain tomorrow, too.

(4) ア I'll call you around 1 p.m.
イ I studied English very hard.
ウ You'll enjoy the game there.

重要度 ★★★

# 13 助動詞 must, have to など

## STEP01 要点まとめ

➡ 解答は 27 ページ

(　　)にあてはまる語句を書いて，この章の内容を確認しよう。

### 1 助動詞の文の形

POINT

- **肯定文**…〈助動詞（can, will など）＋動詞の原形〉。
- **疑問文**…助動詞を主語の前に出す。答えの文でもふつう同じ助動詞を使う。
- **否定文**…助動詞のあとに not をおく。

### 2 have to, must

#### 1 have to

POINT

- **形**…〈have［has］ to＋動詞の原形〉。主語によって have, has を使い分ける。
- **意味**…「～しなければならない」
  - ▸ **I 01(　　　　) to leave home at seven tomorrow.**
    私は明日 7 時に家を出なければなりません。
- **疑問文**…Do［Does］… have to ～? の形で「～しなければなりませんか」という意味になる。
  - ▸ 02(　　　　) **I have to be here?** 私はここにいなければなりませんか。
    — **Yes, you** 03(　　　　). はい，そうです。
- **否定文**…don't［doesn't］ have to ～で「～する必要はない」という意味になる。
  - ▸ **You** 04(　　　　) **have to come tomorrow.** 明日はあなたは来る必要はありません。

#### 2 must

POINT

- **意味**…① 「～しなければならない」
  - ▸ **I** 05(　　　　) **go to the hospital.** 私は病院に行かなければなりません。

  **否定文**は「～してはならない」という強い禁止を表す（短縮形は mustn't）。
  - ▸ **You must** 06(　　　　) **drink the water in this bottle.**
    このびんの水を飲んではいけません。

  ② 「～にちがいない」（推量）
  - ▸ **It** 07(　　　　) **be true.** それは本当にちがいない。

## 3 should

POINT ●意味…「～したほうがよい」(提案・アドバイス),「～すべきだ」(義務)

▸ You 08(　　　　) see a doctor. あなたは医者に行ったほうがいい。

▸ I think he 09(　　　　) be more careful.

彼はもっと注意深くするべきだと私は思います。

●否定文…「～しないほうがよい」,「～すべきでない」(短縮形は shouldn't)

▸ You 10(　　　　) go there alone. あなたはそこに一人で行かないほうがいい。

●Should I ～?…「(私は) ～したほうがいいですか」という意味のほかに,「(私が) ～しましょうか」と相手に申し出るときにも使われる。

▸ 11(　　　　)(　　　　) stay home today? 私は今日,家にいたほうがいいですか。

▸ 12(　　　　)(　　　　) open the window? 窓を開けましょうか。

## 4 may, might

POINT ●意味…①「～してもよろしい」

▸ You 13(　　　　) go now. 〈目下の人に対して〉あなたはもう行ってもよろしい。

▸ 14(　　　　) I use your telephone? あなたの電話を使ってもよろしいですか。

May I ～? はていねいに申し出るときにも使われる。

▸ 15(　　　　)(　　　　) help you? お手伝いしましょうか。

②「～かもしれない」(可能性)

過去形 might も同じ意味で,might のほうがよく使われる。

▸ It 16(　　　　) be true. それは本当かもしれません。

## 5 shall, could, would

POINT ●Shall I ～?…「(私が) ～しましょうか」(相手への申し出)

▸ 17(　　　　)(　　　　) open the window? 窓を開けましょうか。

●Shall we ～?…「(いっしょに) ～しましょうか」(勧誘・提案)

▸ 18(　　　　)(　　　　) go to the movies? 映画に行きましょうか。

●Could you ～?…「～していただけますか」(ていねいな依頼)

Can you ～? (～してくれますか。) よりもていねいな表現で,目上の人などにも使える。

▸ 19(　　　　)(　　　　) give me a hand? 手を貸していただけますか。

●Would you ～?…「～していただけますか」(ていねいな依頼)

Will you ～? (～してくれますか。) よりもていねいな表現。

▸ 20(　　　　)(　　　　) come with me? 私といっしょに来ていただけますか。

# STEP 02 基本問題

➡ 解答は 27 ページ

**学習内容が身についたか，問題を解いてチェックしよう。**

## 1 日本文に合う英文になるように，＿＿に適する語を書きなさい。

(1) あなたは野菜を食べなければなりません。
You ＿＿ ＿＿ ＿＿ vegetables.

(2) アヤは部屋をそうじしなければなりません。
Aya ＿＿ ＿＿ ＿＿ her room.

(3) 私は今，家を出なければなりませんか。
＿＿ I ＿＿ ＿＿ leave home now?

(4) あなたは数学を勉強しなければなりません。
You ＿＿ ＿＿ math.

(5) 私はこの本を買わなければなりませんか。
＿＿ ＿＿ buy this book?

(6) あなたはこの本を買う必要はありません。
You ＿＿ ＿＿ ＿＿ buy this book.

(7) この川で泳いではいけません。
You ＿＿ ＿＿ ＿＿ in this river.

(8) コーディーの話は本当にちがいありません。
Cody's story ＿＿ ＿＿ true.

**ヒント**
have toとmustの使い分けでは，特に否定文の場合の意味のちがいに注意。また，主語によって have to と has toを使い分ける。

## 2 (　　) 内から適するものを選びなさい。

(1) あなたはすぐにそこへ行ったほうがいい。
You ( may / should ) go there at once.

(2) あなたは食べすぎないほうがいい。
You ( may not / should not ) eat too much.

(3) あなたはこのコンピューターを使ってもよろしい。
You ( may / should ) use this computer.

(4) 私はこの本を読んだほうがいいですか。
( May / Should ) I read this book?

(5) あなたの自転車を使ってもよろしいですか。
( May / Should ) I use your bicycle?

(6) 彼らのチームはその試合に勝つかもしれません。
Their team ( might / should ) win the game.

**ヒント**
意味に応じて適切な助動詞を選ぶ。

## 3 (　　) 内から適するものを選びなさい。

**ヒント**

申し出，勧誘・提案，依頼の意味の表現を適切に使い分ける。
(1) 相手への申し出。
(2) 勧誘・提案。
(3) ていねいな依頼。
(4) ていねいな依頼。

(1) 電気を消しましょうか。
( Shall I / Could you ) turn the light off?

(2) ちょっと休憩しましょうか。
( Would you / Shall we ) take a rest for a while?

(3) 窓を開けていただけますか。
( Shall I / Could you ) open the window?

(4) 駅へ行く道を教えていただけますか。
( Would you / Shall we ) tell me the way to the station?

## 4 次の疑問文の答えとして適切なものを，下から選びなさい。

**ヒント**

疑問文は答え方とセットで覚えておくとよい。

(1) Must I do my homework now? (　　)

(2) May I use your dictionary? (　　)

(3) Shall I carry your bag? (　　)

(4) Shall we have lunch now? (　　)

| | |
|---|---|
| ア Yes, let's. | イ Yes, please. |
| ウ No, you mustn't. | エ No, you don't have to. |
| オ Sure. | |

## 5 次の英文を，〔　　〕内の指示にしたがって書きかえなさい。

(1) Sayaka reads books. 〔「〜すべきだ」という文に〕

→ Sayaka ＿＿＿＿＿＿＿＿ books.

(2) Alex is right. 〔「〜かもしれない」という文に〕

→ Alex ＿＿＿＿＿＿＿＿ right.

(3) Emma is tired. 〔「〜にちがいない」という文に〕

→ Emma ＿＿＿＿＿＿＿＿ tired.

(4) We practiced very hard. 〔「〜しなければならなかった」という文に〕

→ We ＿＿＿＿＿＿＿＿ very hard.

(5) I must walk to school today.
〔「明日は〜しなければならないだろう」という文に〕

→ I ＿＿＿＿＿＿＿＿ to school tomorrow.

**ヒント**

(4) mustには過去形がないので，代わりにhave toを過去形にして使う。

(5) 助動詞のwillとmustをいっしょに使うことはできないので，mustの代わりにhave toを使う。

# STEP 03 実戦問題

入試レベルの問題で力をつけよう。

目標時間 30分

➡ 解答は 28 ページ

**1** 次の（　）内から適するものを選びなさい。

(1) Slow down. You ( have to / may / shouldn't ) drive so fast.
(2) I didn't have a bike, so I ( don't have to / had to / must ) walk to school.
(3) It's hot in this room. ( Do / Have / May ) I open the window?
(4) I slept for only two hours. — Oh, you ( may not / must / won't ) be sleepy.
(5) ( Must I / Shall I / Would you ) carry your bag? — No, thank you.
(6) ( Could you / Shall we / Should I ) take a taxi to the airport? — Yes, let's.

よく出る

**2** 次の会話文の（　）内の語句を並べかえて，意味の通る英文にしなさい。

(1) *A:* Excuse me.
*B:* What's the matter?
*A:* ( not / drink / must / you / in ) this room.
*B:* Oh, I didn't know that. 〈岩手県・改〉

____________________ this room.

(2) *A:* Do you think I can read this English book?
*B:* Yes, I think you can. You ( difficult / to / don't / know / have / words ).
*Try to understand the *outline of the story. 〈兵庫県〉

*try to ～：～してみる　outline：概要

You ____________________ .

**3** 次の文を英語にしなさい。 writing

(1) 彼は今日はここに来ないかもしれません。

(2) 私はこの本を買わなければなりませんか。

(3) 私はあなたといっしょに行ったほうがいいですか。

(4) 私のために昼食を作っていただけますか。

4 次の会話文の（　　）に適するものを選び，記号を○で囲みなさい。 reading

(1) *Tim:* Miya, your phone is ringing.
*Miya:* Oh, (　　　　). I'll answer it.
ア that must be Yuki
イ I have to call Yuki
ウ you should visit Yuki

(2) *George:* You look really tired, Yuki. You should go to bed.
*Yuki:* Yeah, but (　　　　).
ア I won't play tennis this afternoon
イ I must do so
ウ I have to do my homework first

(3) *A:* Shall we go to the movies next Sunday? 〈北海道・改〉
*B:* (　　　　) I have to stay home next Sunday.
ア I'm sorry, I can't.
イ Oh, it's beautiful.
ウ Sure. I'm very happy.
エ OK. What time shall we go there?

5 15 音声を聞いて，その内容と異なるものをア〜ウから１つ選び，記号を○で囲みなさい。 listening

(1) ア 女性は男性が空腹だと思っている。
イ 女性は男性に喫茶店に行こうと誘っている。
ウ 男性は女性の誘いを断っている。

(2) ア ポールは今夜の会合を欠席したいと思っている。
イ スミス先生はポールが会合に参加しなければならないと言っている。
ウ ポールは今日，家族のために夕食を作らなければならない。

(3) ア 少年は今夜，祖母のところに行かなければならない。
イ 少年は家にいて赤ちゃんの世話をしようと申し出ている。
ウ 母親は少年の申し出を受け入れている。

(4) ア 女性は男性を手助けしようと思っている。
イ 男性は美術館に行きたいと思っている。
ウ 女性は美術館の場所を知らない。

重要度 ★★★

# 14 いろいろな文型

## STEP01 要点まとめ

➡ 解答は 30 ページ

（　）にあてはまる語句を書いて，この章の内容を確認しよう。

### 1 基本的な一般動詞の文型（SV, SVO）

POINT

● **SV の文**…**主語**（S）のあとに **動詞**（V）がくる文。

▸ **I swim every day.** 私は毎日泳ぎます。
S V 修飾語

● **SVO の文**…SV のあとに「～を」にあたる**目的語**（O）がくる文。

▸ **I watch TV.** 私はテレビを見ます。
S V O

### 2 become, look の文型（SVC）

POINT

● **SVC の文**…**主語と動詞のあとの語句がイコールの関係**になる文。主語とイコールの関係になる語句を**補語**（C）と呼ぶ。

▸ **Mark is a student.** マークは学生です。
S V C　Mark = a student の関係

| | | |
|---|---|---|
| **become**（～になる） | **look**（～に見える） | **get**（～になる） |
| **feel**（～を感じる） | **sound**（～に聞こえる） | **taste**（～の味がする） |
| **smell**（～のにおいがする） | **keep**（ずっと～である） | |

▸ **You** 01（　　　　） **happy today, Aya.** 今日は幸せそうに見えるわね，アヤ。

### 3 give, show の文型（SVOO）

POINT

● **SVOO の文**…〈(人)に＋(物)を〉の順で目的語（O）を 2 つとる文。

▸ **I gave him a present.** 私は彼にプレゼントをあげました。
S V O O

| | | |
|---|---|---|
| **give**（～に～を与える） | **show**（～に～を見せる） | **tell**（～に～を教える・伝える） |
| **teach**（～に～を教える） | **send**（～に～を送る） | **lend**（～に～を貸す） |
| **make**（～に～を作る） | **ask**（～に～をたずねる） | |

▸ **Please** 02(　　　　　) **me your ID.** 身分証を見せてください。

▸ **He** 03(　　　　　) **me an interesting story.** 彼は私におもしろい話をしてくれました。

● **give ～ to …などの文**…SVOO の文は，to か for を使って別な語順で表すことができる。

**to を使う動詞（SVO + to …）**…give, teach, show, tell, send, lend など

▸ **She teaches** 04(　　　　　) **math.** 彼女は私たちに数学を教えます。

**She teaches math** 05(　　　　　) **us.**

**for を使う動詞（SVO + for …）**…make, buy, cook, find, get など

▸ **She made** 06(　　　　　) **some cookies.** 彼女は私のためにクッキーを作ってくれました。

**She made some cookies** 07(　　　　　) **me.**

## 4 tell me that ～ などの文型

POINT ● **tell/show me that ～**…SVOO の後ろの目的語に〈**that ＋主語＋動詞…**〉がくることがある。

▸ **Aya told me** 08(　　　　　) **she was happy.** アヤは，自分が幸せだと私に言いました。

S　V　O　　O ＝〈that ＋主語＋動詞…〉

## 5 call, make の文型（SVOC）

POINT ● **SVOC の文**…動詞のあとに目的語と補語が続き，**O ＝ C** の関係を表す文。

▸ **We call him Billy.** 私たちは彼をビリーと呼びます。

S　V　O　C　　him ＝ Billy の関係

| | | |
|---|---|---|
| **call A B**（A をB と呼ぶ） | **name A B**（A をB と名づける） | **make A B**（A をB にする） |
| **keep A B**（A をB に保つ） | **find A B**（A がB とわかる） | **leave A B**（A をB のままにする） |

▸ **She** 09(　　　　　) **the dog Macaron.** 彼女はその犬をマカロンと名づけました。

▸ **Her smile always** 10(　　　　　) **me happy.** 彼女の笑顔はいつも私を幸せにします。

# STEP 02 基本問題

➡ 解答は 30 ページ

学習内容が身についたか，問題を解いてチェックしよう。

## 1 日本文に合う英文になるように，＿＿に適する語を書きなさい。

(1) 私の兄は走るのが速い。
My brother ＿＿＿＿ fast.

(2) 私たちは野球が好きです。
We ＿＿＿＿ ＿＿＿＿.

(3) コーディーは日本語を話します。
Cody ＿＿＿＿ ＿＿＿＿.

ヒント

SVの文は，動詞が自動詞で目的語がない。SVOの文は，動詞が他動詞で目的語がある。

## 2 日本文に合う英文になるように，＿＿に適する語を書きなさい。

(1) ジャスミンは高校生です。
Jasmine ＿＿＿＿ a high school student.

(2) アヤは疲れているように見えます。
Aya ＿＿＿＿ ＿＿＿＿.

(3) 彼は有名になりました。
He ＿＿＿＿ ＿＿＿＿.

(4) 私は暖かく感じます。
I ＿＿＿＿ ＿＿＿＿.

(5) あなたの計画は難しそうに聞こえます。
Your plan ＿＿＿＿ ＿＿＿＿.

ヒント

SVCの文では，S=Cの関係があり，動詞はさまざまな変化や感覚の意味を表す。

## 3 日本文に合う英文になるように，＿＿に適する語を書きなさい。

(1) エマは私にこの本をくれました。
Emma ＿＿＿＿ ＿＿＿＿ this book.

(2) 彼は私たちに大切な話をしてくれました。
He ＿＿＿＿ ＿＿＿＿ an important story.

(3) ジョーンズ先生は私たちにいくつか質問をしました。
Mr. Jones asked ＿＿＿＿ ＿＿＿＿ ＿＿＿＿.

(4) 私にあなたのノートを見せてください。
Please show ＿＿＿＿ ＿＿＿＿ ＿＿＿＿.

(5) あなたに何枚か写真を送ります。
I'll send ＿＿＿＿ ＿＿＿＿ ＿＿＿＿.

ヒント

SVOOの文は，動詞のあとに目的語が2つくる。〈(人)に＋(物)を〉の語順に注意。

## 4 日本文に合う英文になるように，＿＿に適する語を書きなさい。

(1) ロバートの友達は，彼をボブと呼びます。
Robert's friends ＿＿＿＿ ＿＿＿＿ Bob.

(2) 音楽は私たちを幸せにします。
Music ＿＿＿＿ ＿＿＿＿ happy.

(3) 彼らは，彼らの犬をモモと名づけました。
They ＿＿＿＿ ＿＿＿＿ ＿＿＿＿ Momo.

(4) 父はよく私に，英語は大切だと言います。
My father often tells ＿＿＿＿ ＿＿＿＿ English is important.

**ヒント**
SVOCの文では，O=Cの関係がある。

(4) SVOOの後ろの目的語に〈that＋主語＋動詞…〉がくる形。

## 5 各組がほぼ同じ内容を表すように，＿＿に適する語を書きなさい。

(1) My mother bought me a T-shirt.
My mother bought a T-shirt ＿＿＿＿ ＿＿＿＿.

(2) I gave some CDs to Jane.
I gave Jane ＿＿＿＿ ＿＿＿＿.

(3) Alex told us the good news.
Alex told the good news ＿＿＿＿ ＿＿＿＿.

(4) I cooked lunch for them.
I cooked ＿＿＿＿ ＿＿＿＿.

(5) Mr. Jones is our English teacher.
Mr. Jones teaches ＿＿＿＿ ＿＿＿＿.

(6) Sayaka was very happy when she heard the news.
The news ＿＿＿＿ Sayaka very happy.

**ヒント**
(1)～(4) SVOOの2つの目的語の位置を入れかえるときには，toまたはforを使う。

## 6 (　　) に適する語句を下から選び，記号を○で囲みなさい。

(1) I'll (　　) you my idea.
ア talk　イ tell　ウ speak　エ say

(2) That hotel (　　) a castle.
ア look　イ looks　ウ look like　エ looks like

(3) I like this bag. — Really?　Then I'll give (　　).
ア you it　イ it you　ウ it to you　エ to you it

(4) How about going to the movies? — That (　　) nice.
ア looks　イ sounds　ウ smells　エ tastes

(5) Don't (　　) the door open.　I'm cold.
ア find　イ feel　ウ leave　エ show

**ヒント**
まず動詞に注目して，全体がどのような文型になるかを考えてみる。

# STEP 03 実戦問題

入試レベルの問題で力をつけよう。

➡ 解答は 31 ページ

**1 （　　）内の語を並べかえて文を完成しなさい。**

(1) このスープはおいしい。 ( soup / good / this / tastes ).

________________________________.

(2) 私たちの教室を清潔に保ちましょう。 ( keep / clean / classroom / let's / our ).

________________________________.

(3) この花を英語で何と呼びますか。
( you / what / this / call / flower / do ) in English?

________________________________ in English?

よく出る

**2 次の会話の（　　）内の語を並べかえて，意味の通る英文を完成しなさい。**

(1) *A:* Did you hear that Tom saved a child?
*B:* Yes. That ( happy / me / made / news ). 〈愛媛県〉
That ________________________________.

(2) *A:* What are you doing?
*B:* I'm writing a letter to Ms. Green. Last year, ( English / she / me / taught ). 〈山口県・改〉
Last year, ________________________________.

**3 （　　）内の語句を使って，次の文を英語にしなさい。** writing

(1) 私は彼女に美しい花を数本あげました。 ( some )

________________________________

(2) 図書館への道を私に教えてください。 ( way )

________________________________

(3) アイコは人気のある歌手になりました。 ( popular )

________________________________

(4) 彼女の親切な言葉は私を幸せにしました。 ( kind words )

________________________________

4 次の会話文を読んで，下の問いに答えなさい。 reading

*Bob:* What's wrong, Chika? You look sad.
*Chika:* Alice is angry with me.
*Bob:* Why?
*Chika:* She lent me a book, but I lost it this morning.
*Bob:* Oh, I see. Well, don't be sad, Chika. We'll find it. I'll help you.
*Chika:* Really? Thanks.

問 次のア～オについて，本文の内容と合っていれば○を，合っていなければ×を書きなさい。

ア Chika looked sad when Bob saw her. ( )
イ Alice made Chika angry. ( )
ウ Alice lent a book to Chika. ( )
エ Chika lost Alice's book. ( )
オ Bob found the book interesting. ( )

5 16 それぞれの場面について，会話に続く男性の発言としてもっとも適するものを，読まれたa～cの英文から1つ選び，記号を○で囲みなさい。 listening

(1)

a b c

(2)

a b c

6 17 英文を聞いて，その内容に合っているものをア～ウから1つ選び，記号を○で囲みなさい。 listening

(1) ア Linda made many presents.
イ Linda got a dress from her parents.
ウ Linda gave two CDs to her friends.

(2) ア The girl became fifteen years old.
イ The girl is a high school student.
ウ The girl's brother is a high school student.

(3) ア Andy sent an e-mail to Yutaka.
イ Yutaka asked Andy his e-mail address.
ウ Yutaka became a new member of the soccer team.

重要度 ★★★

# 15 接続詞

## STEP01 要点まとめ ➡ 解答は 33 ページ

(　　)にあてはまる語句を書いて，この章の内容を確認しよう。

### 1 and, but, or, so

POINT

● **and の意味と使い方**…A and B で「A と B」の意味を表す。

▸ I have a dog 01(　　　　　) a cat.　私は犬とねこを飼っています。

〈命令文 , and ….〉の形で「～しなさい，そうすれば…」の意味を表す。

▸ Get up early, 02(　　　　　) you won't be late.

早く起きなさい，そうすれば遅れないでしょう。

〈both A and B〉で「両方」であることを強調する。

▸ He speaks 03(　　　　　) English (　　　　　) French.

彼は英語とフランス語の両方を話します。

● **but の意味と使い方**…「しかし」の意味を表す。

▸ He likes dogs, 04(　　　　　) his wife doesn't.

彼は犬が好きですが，彼の妻は好きではありません。

〈not A but B〉で「A ではなくて B」の意味を表す。

▸ He is 05(　　　　　) a teacher (　　　　　) a doctor.　彼は教師ではなくて医者です。

〈not only A but (also) B〉で「A だけでなく B も」の意味を表す。

▸ He speaks not 06(　　　　　) English (　　　　　) French.

彼は英語だけでなくフランス語も話します。

● **or の意味と使い方**…A or B で「A か B」「A または B」の意味を表す。

▸ Do you like tea 07(　　　　　) coffee?

あなたは紅茶が好きですか，それともコーヒーが好きですか。

〈命令文 , or ….〉の形で「～しなさい，そうしないと…」の意味を表す。

▸ Hurry up, 08(　　　　　) you'll miss the train.

急ぎなさい，そうしないと電車に乗り遅れますよ。

● **so の意味と使い方**…「それで」「だから」の意味を表す。

▸ I was hungry, 09(　　　　　) I made some sandwiches.

私は空腹だったので，サンドイッチを作りました。

## 2 接続詞 that

POINT

- **接続詞 that の働き**…I think や I know などにほかの〈主語＋動詞〉をつなげて，**think や know などの目的語**にする。この that はよく省略される。
  - **I think** 10(　　　　　) **he can swim well.** 私は彼がじょうずに泳げると思います。

  〈**be 動詞＋形容詞**〉**のあと**にも〈that ＋主語＋動詞〉が続く。
  - **I'm glad** 11(　　　　　) **we can see each other again.**
    私たちがまた会うことができてうれしい。
- **時制の一致**…think や know などが過去形になると，**that 以下の動詞も過去形になる。**
  - **I thought** (**that**) **he** 12(　　　　　) **sick.** 私は彼が病気だと思いました。
    過去形　［➡ that 以下の動詞も過去形になる］

## 3 接続詞 when, while など

POINT

- **when**…〈**A when B.**〉または〈**When B, A.**〉の形で「**B のとき A**」という意味を表す。
  - **He was sleeping** 13(　　　　　) **I called him.**
  - 14(　　　　　) **I called him, he was sleeping.** 私が彼に電話したとき，彼は眠っていました。
- **while**…「**～する間に**」という意味を表す。
  - **I often sing** 15(　　　　　) **I'm taking a shower.** 私はシャワーを浴びながらよく歌います。
- **before, after, until / because, as, if**

| | |
|---|---|
| **before**（～する前に） | **after**（～したあとに） |
| **until**（～するまで（ずっと）） | **because**（(なぜなら)～なので・～だから） |
| **as**（～するように・～のとおりに） | **if**（もし～ならば） |

## 4 so … that ～ / as soon as ～

POINT

- **so … that ～**…「**とても…なので～**」という意味を表す。
  - **Aya is** 16(　　　　　) **kind** (　　　　　) **everybody likes her.**
    アヤはとても親切なので，みんな彼女が好きです。

  〈**so … that — can't ～**〉の形で「**とても…なので—は～できない**」という意味を表す。
  - **He is** 17(　　　　　) **tired** (　　　　　) **he can't walk anymore.**
    彼はとても疲れているので，これ以上歩けません。
- **as soon as ～**…「**～するとすぐに**」「**～したとたんに**」という意味を表す。
  - **I'll call you** 18(　　　　　) (　　　　　) (　　　　　) **he gets back.**
    彼が戻ってきたらすぐにあなたに電話します。

# STEP 02 基本問題

➡ 解答は 33 ページ

学習内容が身についたか，問題を解いてチェックしよう。

**1** 次の文の____に適する語を下から選んで，入れなさい。同じ語を何回使ってもかまいません。

(1) あなたは犬が好きですか，それともねこが好きですか。
Do you like dogs ______ cats?

(2) 私は犬とねこの両方が好きです。
I like ______ dogs ______ cats.

(3) コーディーは犬だけでなくねこも好きです。
Cody likes not ______ dogs ______ also cats.

(4) コーディーは犬とねこを飼っています。
Cody has a dog ______ a cat.

(5) アヤは犬は好きですが，ねこは好きではありません。
Aya likes dogs, ______ she doesn't like cats.

(6) アヤは犬が大好きです，だから２匹飼っています。
Aya loves dogs, ______ she has two.

(7) 私の母は看護師ではなく医師です。
My mother is not a nurse ______ a doctor.

(8) 急ぎなさい，そうしないと学校に遅刻しますよ。
Hurry up, ______ you'll be late for school.

(9) 急ぎなさい，そうすれば次のバスに間に合いますよ。
Hurry up, ______ you'll catch the next bus.

| and | both | but | only | or | so |
|---|---|---|---|---|---|

**ヒント**

日本語の中のどの部分が接続詞の意味にあたるかを考え，適切な語を選ぶ。

(3)「AだけでなくBも」の意味の決まった表現。

(7)「AではなくてB」の意味の決まった表現。

**2** 日本文に合う英文になるように，____に適する語を書きなさい。

(1) 私は，サヤカはとても親切だと思います。
I ______ ______ Sayaka is very kind.

(2) エマが私の誕生日パーティーに来てくれたことがうれしかった。
I was happy ______ Emma came to my birthday party.

(3) 私は，彼女が正しいと知っていました。
I knew ______ she ______ right.

**ヒント**

(3) 時制の一致に注意。

## 3 次の文の____に適する語を下から選んで，入れなさい。

(1) 私たちは太陽が昇る前に家を出ました。
We left home ________ the sun rose.

(2) 彼女は風邪をひいていたので学校に来ませんでした。
She didn't come to school ________ she had a cold.

(3) 食事をしたあとは歯を磨きなさい。
Brush your teeth ________ you eat.

(4) 私が家に着いたとき，母は眠っていました。
________ I got home, my mother was sleeping.

(5) もし明日雨なら，私は家にいます。
I'll stay home ________ it rains tomorrow.

(6) 私の母は 18 歳まで秋田に住んでいました。
My mother lived in Akita ________ she was eighteen.

(7) 私は勉強している間，いつも音楽を聞いています。
I always listen to music ________ I am studying.

(8) あなたも知っているように，タケシはとてもうまくサッカーをします。
________ you know, Takeshi plays soccer very well.

| after | as | because | before | if |
|---|---|---|---|---|
| until | when | while | | |

**ヒント**

日本語の中のどの部分が接続詞の意味にあたるかを考え，適切な語を選ぶ。

## 4 日本文に合う英文になるように，____に適する語を書きなさい。

(1) そのクッキーはとてもおいしかったので，すべて食べてしまいました。
The cookies were ________ delicious ________ I ate all of them.

(2) この本は難しすぎて私には読めません。
This book is ________ difficult ________ I can't read it.

(3) 私はとても疲れていたので，早く寝ました。
I was ________ tired I went to bed early.

(4) あなたが宿題を終えたらすぐに，夕食を食べに行こう。
Let's go out for dinner ________ ________ ________ you finish your homework.

**ヒント**

(3) くだけた言い方ではthatが省略されることもある。I の前にthatを補って考える。

# STEP 03 実戦問題

入試レベルの問題で力をつけよう。

➡ 解答は 34 ページ

## 1 日本文に合う英文になるように，＿＿に適する語を書きなさい。

(1) 彼は医師ではなくて作家です。
He is ＿＿＿＿ a doctor ＿＿＿＿ a writer.

(2) 彼は歌だけでなく踊りもじょうずです。
He is ＿＿＿＿ ＿＿＿＿ a good singer ＿＿＿＿ a good dancer.

(3) 私がそのニュースを聞くとすぐに，電話が鳴りました。
As ＿＿＿＿ ＿＿＿＿ I heard the news, the telephone rang.

(4) 早起きしなさい，そうしないとそのテレビ番組を見逃しますよ。
Get up early, ＿＿＿＿ you'll miss the TV program.

## 2 (　　) 内の語句を並べかえて文を完成しなさい。

(1) それらの本はそのままにしておきなさい。
( books / they / as / leave / are / those ).

＿＿＿＿＿＿＿＿＿＿＿＿＿＿＿＿.

(2) もし今度の土曜日が晴れなら，買い物に行きましょう。
( go / if / is / it / let's / shopping / sunny ) next Saturday.

＿＿＿＿＿＿＿＿＿＿＿＿＿＿＿＿ next Saturday.

よく出る
(3) *A:* How was your summer vacation?
*B:* It was not so good. I was so ( I / visit / busy / couldn't / that ) my grandmother. 〈千葉県〉

I was so ＿＿＿＿＿＿＿＿＿＿＿＿＿＿＿＿ my grandmother.

## 3 次の文を英語にしなさい。 writing

(1) 私が家を出たときは雨が降っていました。

＿＿＿＿＿＿＿＿＿＿＿＿＿＿＿＿

難問
(2) 暗くならないうちに家に帰りましょう。

＿＿＿＿＿＿＿＿＿＿＿＿＿＿＿＿

難問
(3) 彼が戻ってくるまでここで待っていてください。

＿＿＿＿＿＿＿＿＿＿＿＿＿＿＿＿

**4** **次の会話文を読んで，下の問いに答えなさい。** reading

*Chika:* Oh, it's noon. I'm hungry, so let's go for lunch, Bob.
*Bob:* I'm sorry, but I have to finish my homework first.
*Chika:* OK. I'll wait until you finish it.
*Bob:* Thank you. I think I'll finish it by twelve thirty.
*Chika:* Then, I'll read a book while you do your homework.
*Bob:* OK. After we have lunch, let's go to the park.
*Chika:* That's a good idea! It's warm and sunny so I'd like to take a walk.

(1) このあと最初にチカとボブは何をしますか。適するものをそれぞれ1つ選んで記号で答えなさい。

**ア** 昼食を食べに出かける。　　チカ（　　）
**イ** 宿題をする。　　ボブ（　　）
**ウ** 本を読む。
**エ** 公園へ行く。

(2) チカはなぜ散歩をしたいと言っていますか。日本語で説明しなさい。

---

**5** 🔊18 **音声を聞いて，その内容と異なるものをア～ウから1つ選び，記号を○で囲みなさい。** listening

(1) **ア** 少年は今朝，7時に起きた。
**イ** 少年は今朝，朝食を食べなかった。
**ウ** 少年は今朝，学校に遅刻した。

(2) **ア** 少女は昨日，祖父から電話をもらった。
**イ** 祖父から電話を受けたとき，少女は風呂に入っていた。
**ウ** 少女は風呂から出たあと，祖父に電話をかけた。

(3) **ア** 少年はとても疲れている。
**イ** 少年は宿題を明日中に終えなければならない。
**ウ** 少年は少し寝てから宿題をする。

(4) **ア** ポールは来週，日本にやって来る。
**イ** 少女とポールは前に会ったことがある。
**ウ** 少女はポールが到着したらすぐに会うつもりだ。

重要度 ★★★

# There is ～. の文

## STEP01 要点まとめ

➡ 解答は 35 ページ

(　　)にあてはまる語句を書いて，この章の内容を確認しよう。

### 1 There is ～. の文の形

POINT

- **形**…〈There is[are]＋名詞＋場所を表す語句.〉の形。名詞が単数なら is を，複数なら are を使う。
- **意味**…「(場所) に～がある［いる］」の意味を表す。
  - ▸ There 01(　　　　　) a book on the desk.　机の上に本が1冊あります。
    ［➡あとに続く名詞は単数］
  - ▸ There 02(　　　　　) some pens on the desk.　机の上に何本かペンがあります。
    ［➡あとに続く名詞は複数］
- **過去の文**…be 動詞を過去形にする。名詞が単数なら was を，複数なら were を使う。
  - ▸ There 03(　　　　　) ten students in the gym.　体育館には10人の生徒がいました。
    ［➡あとに続く名詞は複数］
- **助動詞の文**…will や can などの助動詞は there のあとにおく。be 動詞は原形にする。
  - ▸ There 04(　　　　　) be another test next week.　来週テストがもう1つあるでしょう。

### 2 There is ～. の疑問文・否定文

POINT

- **疑問文**…be 動詞を there の前に出す。
  **答え方**…Yes, there is[are]. か No, there isn't[aren't]. で答える。
  - ▸ 05(　　　　　) there anyone at the gate?　門のところにだれかいますか。
    — Yes, there 06(　　　　　).　はい，います。
    — No, there 07(　　　　　).　いいえ，いません。

  〈How many ～ are there ...?〉で「いくつの～がありますか」「何人の～がいますか」を表す。How many のあとの名詞は複数形にする。
  - ▸ 08(　　　　　)(　　　　　) teachers are there in your school?
    あなたの学校には何人の先生がいますか。
- **否定文**…be 動詞のあとに not を入れる。
  - ▸ There 09(　　　　　)(　　　　　) a cat on the bed.　ベッドの上にネコはいません。

# STEP 02 基本問題

➡ 解答は 35 ページ

**学習内容が身についたか，問題を解いてチェックしよう。**

## 1 日本文に合う英文になるように，＿＿に適する語を書きなさい。

**ヒント**
There is [are] ～.のあとにくる名詞が単数か複数かに注目する。過去・未来の文はbe動詞の形を変えて表す。

(1) 私の家の前に大きな木があります。
＿＿＿＿ ＿＿＿＿ a big tree in front of my house.

(2) 机の上に本が何冊かあります。
＿＿＿＿ ＿＿＿＿ some books on the desk.

(3) ドアのところにだれかいます。
＿＿＿＿ ＿＿＿＿ someone at the door.

(4) そのとき公園には男の子が５人いました。
＿＿＿＿ ＿＿＿＿ five boys in the park then.

(5) 地面には雪がたくさんありました。
＿＿＿＿ ＿＿＿＿ a lot of snow on the ground.

(6) 来週，英語のテストがもう１つあるでしょう。
There ＿＿＿＿ ＿＿＿＿ another English test next week.

## 2 日本文に合う英文になるように，＿＿に適する語を書きなさい。

**ヒント**
There is ～.の疑問文は，be動詞をthereの前に出す。否定文は，be動詞のあとにnotをおく。

(4) 人数をたずねるときに使う疑問詞は？

(1) そのとき体育館には生徒は１人もいませんでした。
＿＿＿＿ ＿＿＿＿ any students in the gym then.

(2) この近くに書店はありますか。
＿＿＿＿ ＿＿＿＿ a bookstore near here?

(3) 昨夜，公園にだれかいましたか。
＿＿＿＿ ＿＿＿＿ anyone in the park last night?

(4) あなたのクラスには生徒は何人いますか。
＿＿＿＿ ＿＿＿＿ students ＿＿＿＿ there in your class?

## 3 (　　) に適する語句を下から選び，記号を○で囲みなさい。

**ヒント**
There is ～.の疑問文の答え方を確認しよう。

(1) Are there any English books in the library? — Yes, (　　).
ア there are　　イ it is　　ウ they are

(2) Is there a swimming pool in your school? — No, (　　).
ア it isn't　　イ there isn't　　ウ there aren't

# STEP 03 実戦問題

目標時間 30分

入試レベルの問題で力をつけよう。

➡ 解答は 36 ページ

## 1 (　　) に適する語句を下から選び，記号を○で囲みなさい。

(1) There (　　) any people in the store last night.
　ア aren't　　イ didn't　　ウ wasn't　　エ weren't

(2) There (　　) a lot of nice restaurants in this town.
　ア be　　イ is　　ウ are　　エ was

(3) How many apples (　　) on the table?
　ア there are　　イ are there　　ウ there is　　エ is there

## 2 (　　) 内の語句を並べかえて文を完成しなさい。

(1) この近くに郵便局はありますか。
( near / there / post office / is / here / a )?

________________________________________?

(2) 公園にはまったく子どもがいませんでした。
There ( were / children / in / no / the park ).

There ________________________________________.

よく出る

(3) *A:* I *want to buy something for my mother's birthday. 〈愛媛県〉
*B:* There ( front / in / a flower shop / is ) of the station. You can buy beautiful flowers there.
*A:* That's a good idea. *want to ～：～したい

There ________________________________ of the station.

## 3 次の文を英語にしなさい。 writing

(1) 京都にはお寺（temple）がたくさんあります。

________________________________________

(2) そのベンチ（bench）の下にはねこが２匹いました。

________________________________________

(3) この市（city）には高校がいくつありますか。

________________________________________

**4** **Bobが自分の住んでいる町について話しています。英文を読んで，下の問いに3語以上の英語で答えなさい。** reading

My house is in a very quiet *area of town. There are no large stores near my house. There aren't any fast-food restaurants, either. But there is a nice park *three minutes from my house. The park has a lot of trees and a big *pond. I often go to the park with my dog.

*area：地域　three minutes from my house：家から3分のところに　pond：池

(1) Is there a fast-food restaurant near Bob's house?

(2) Is there a big pond in the park?

**5** 19 **それぞれの絵について，a～cの3つの英文が読まれます。英文が絵の内容に合っていれば○を，合わなければ×を書きなさい。** listening

(1)

a (　　) b (　　) c (　　)

(2)

a (　　) b (　　) c (　　)

**6** 20 **読まれる英語を聞き，その内容に合っているものをア～ウから1つ選び，記号を○で囲みなさい。** listening

(1) **ア** 生徒数4人
**イ** 生徒数14人
**ウ** 生徒数40人

(2) **ア** 昨日　雨　今日　晴れ
**イ** 昨日　晴れ　今日　晴れ
**ウ** 昨日　雨　今日　雨

重要度 ★★★

# 17 不定詞の基本３用法・動名詞

## STEP01 要点まとめ

➡ 解答は 37 ページ

(　　)にあてはまる語句を書いて(選んで)，この章の内容を確認しよう。

## 1 不定詞の基本3用法

### 1 「～するために」を表す to ～（不定詞の副詞的用法）

POINT
- **目的を表す〈to ＋動詞の原形〉**…「**～するために**」のように目的を伝えるときは〈**to ＋動詞の原形**〉（不定詞）で表す。
  - Aya ran 01(　　　　) catch the bus.　アヤはバスに間に合うために走りました。
  - Why did you get up so early?　どうしてそんなに早く起きたのですか。
  
    — 02(　　　　) make breakfast.　朝食を作るためです。
- **感情の原因を表す〈to ＋動詞の原形〉**…glad（うれしい）などの感情を表す形容詞のあとに〈to ＋動詞の原形〉がくると，「**～して（うれしい）**」のように感情の原因を表す。
  - I'm glad 03(　　　　) meet you.　私はあなたに会えてうれしい。

### 2 「～すること」を表す to ～（不定詞の名詞的用法）

POINT
- 〈to ＋動詞の原形〉は「**～すること**」の意味を表すことができる。
  - I like 04(　　　　) watch TV.　私はテレビを見ることが好きです。
    [➡一般動詞のあと（目的語）]
  - My dream is 05(　　　　) be a musician.　私の夢は音楽家になることです。
    [➡ be 動詞のあと（補語）]
  - 06(　　　　)(　　　　) English is important.　英語を勉強することは大切です。
    [➡文の主語]　[➡不定詞の主語は３人称単数として扱う]

### 3 「～するための」を表す to ～（不定詞の形容詞的用法）

POINT
- 名詞のあとに〈to ＋動詞の原形〉がきて，「**～するための**」「**～すべき**」「**～しなければならない**」といった意味を表すことがある。
  - It's time 07(　　　　) go to bed.　もう寝る時間ですよ。
    名詞を後ろから修飾 [➡形容詞の働き]
  - I have something important 08(　　　　) tell you.　私はあなたに話す大切なことがあります。
    [➡ something to ～などに形容詞がつく場合は〈something など＋形容詞＋ to ＋動詞の原形〉の語順になる]

## 2 動名詞

POINT ●**動詞の ing 形**（動名詞）は「**～すること**」の意味を表すことができる。

▸ **I like** 09(　　　　　) **TV.** 私はテレビを見ることが好きです。
［➡一般動詞のあと（目的語）］

▸ 10(　　　　　) **old people is important.** お年寄りを助けることは大切です。
［➡文の主語］［➡動名詞の主語は３人称単数として扱う］

▸ **His hobby is** 11(　　　　　) **stamps.** 彼の趣味は切手を集めることです。
［➡ be 動詞のあと（補語）］

▸ **Alex is good at** 12(　　　　　) **basketball.**
［➡前置詞のあと］
アレックスはバスケットボールをすることが得意です。

## 3 〈to ＋動詞の原形〉と動名詞

●目的語に〈to ＋動詞の原形〉をとるか動名詞をとるかは動詞によって決まっている。

### 1 目的語に〈to ＋動詞の原形〉だけをとる動詞

POINT ●want（欲する），hope（望む），wish（願う），decide（決める），promise（約束する）など

▸ **I want** 13( **to run / running** ). 私は走りたい。

### 2 目的語に動名詞だけをとる動詞

POINT ●enjoy（楽しむ），finish（終える），stop（やめる），practice（練習する），mind（気にする），give up（あきらめる）など

▸ **Stop** 14( **to talk / talking** ). おしゃべりをやめなさい。

### 3 目的語に〈to ＋動詞の原形〉も動名詞もとる動詞

POINT ●**意味がほとんど同じもの**…like（好む），love（愛する），begin（始める），start（始める），continue（続ける）など

▸ **I like to dance[dancing].** 私は踊ることが好きです。

●**〈to ＋動詞の原形〉と動名詞で意味が変わるもの**

**try to ～**（～しようと努力する）／**try ～ing**（試しに～してみる）
**remember to ～**（忘れずに～する）／**remember ～ing**（～したことを覚えている）
**forget to ～**（～するのを忘れる）／**forget ～ing**（～したことを忘れる）

▸ **I tried** 15( **to get up / getting up** ) **early.** 私は早く起きようとしました。

▸ **I tried** 16( **to get up / getting up** ) **early.** 私は早起きしてみました。

# STEP 02 基本問題

➡ 解答は 37 ページ

学習内容が身についたか，問題を解いてチェックしよう。

**1 日本文に合う英文になるように，＿＿に適する語を書きなさい。**

**ヒント**

不定詞の副詞的用法は，「〜するために」（動作の目的）や「〜して」（感情の原因）の意味を表す。

(1) 私は散歩をするために朝早く起きました。
I got up early ＿＿＿＿ ＿＿＿＿ a walk.

(2) 彼女は宿題をするために図書館へ行きました。
She went to the library ＿＿＿＿ ＿＿＿＿ her homework.

(3) なぜあなたはパリに行ったのですか。美術を勉強するためです。
Why did you go to Paris? ― ＿＿＿＿ ＿＿＿＿ art.

(4) 私たちはその知らせを聞いてとてもうれしかった。
We were very happy ＿＿＿＿ ＿＿＿＿ the news.

**2 日本文に合う英文になるように，＿＿に適する語を書きなさい。**

**ヒント**

不定詞の名詞的用法は「〜すること」の意味を表す。不定詞を目的語にとる動詞を覚えておくこと。

(1) 私は中国の歴史を学びたい。
I want ＿＿＿＿ ＿＿＿＿ Chinese history.

(2) タケシは野球をするのが好きです。
Takeshi likes ＿＿＿＿ ＿＿＿＿ baseball.

(3) 突然，雨が降り出しました。
It began ＿＿＿＿ ＿＿＿＿ suddenly.

(4) 私たちはお互いを理解しようとしました。
We ＿＿＿＿ ＿＿＿＿ understand each other.

**3 （　　）内の日本語を参考にして，英文を完成しなさい。**

**ヒント**

不定詞の形容詞的用法は「〜するための［すべき］」の意味を表し，前の名詞や代名詞を修飾する。

(1) I have something ＿＿＿＿ ＿＿＿＿ you.
（あなたに話すこと）

(2) Aya has a lot of friends ＿＿＿＿ ＿＿＿＿ her.
（助けてくれる友達）

(3) I want a book ＿＿＿＿ ＿＿＿＿ on the train.
（電車の中で読む本）

(4) It's ＿＿＿＿ ＿＿＿＿ ＿＿＿＿ home now.
（帰宅する時間）

(5) Do you have anything ＿＿＿＿ ＿＿＿＿?
（食べるもの）

## 4 日本文に合う英文になるように，＿＿に適する語を書きなさい。

ヒント

「～すること」の意味を表す動詞のing形を動名詞という。動詞や前置詞の目的語，文の主語や補語になる。

(1) 私は英語を勉強することが好きです。
I like ＿＿＿＿＿＿ English.

(2) その赤ちゃんはついに泣きやみました。
The baby finally stopped ＿＿＿＿＿＿.

(3) スマートフォンを使うのをやめなさい。
Stop ＿＿＿＿＿＿ your smartphone.

(4) テレビを見ることはおもしろい。
＿＿＿＿＿＿ TV is fun.

(5) 私を手伝ってくれてありがとう。
Thank you for ＿＿＿＿＿＿ me.

## 5 日本文に合う英文にするには，不定詞と動名詞のどちらが適切かを判断し，（　）内から適するものを選びなさい。

ヒント

目的語として不定詞と動名詞のどちらをとるかは動詞によって決まっている。また，不定詞は前置詞の目的語にならないことに注意。

(1) 私たちは，昨日サッカーをして楽しみました。
We enjoyed ( playing / to play ) soccer yesterday.

(2) あなたにまたお会いしたいです。
I hope ( seeing / to see ) you again.

(3) 私は1時間前に夕食を作り終えました。
I finished ( making / to make ) dinner an hour ago.

(4) 私はあなたにここで会ったことを決して忘れません。
I'll never forget ( seeing / to see ) you here.

(5) サヤカは寝る前に本を読みました。
Sayaka read a book before ( going / to go ) to bed.

(6) 努力するのをあきらめてはいけません。
Don't give up ( trying / to try ).

(7) アレックスはバスケットボールをするのが得意です。
Alex is good at ( playing / to play ) basketball.

## 6 （　）に適する語句を下から選び，記号を○で囲みなさい。

(1) I didn't have time (　　) lunch yesterday.
ア have　イ to have　ウ for have　エ having

(2) Emma came to (　　) me last Sunday.
ア see　イ saw　ウ seeing　エ sees

(3) Reading a lot of books (　　) important.
ア is　イ are　ウ being　エ were

ヒント

(3) 動名詞が主語になる場合の動詞の形に注意。

# STEP 03 実戦問題

入試レベルの問題で力をつけよう。

目標時間 30分

➡ 解答は 38 ページ

## 1 (　　) 内の語句を並べかえて文を完成しなさい。

(1) 彼女は全力を尽くそうとしています。 〈北海道〉

She tries ( best / do / her / to ).

She tries ＿＿＿＿＿＿＿＿＿＿＿＿＿＿＿＿.

(2) 何か熱い飲み物がほしいですか。

Do you ( hot / drink / something / want / to )? 〈沖縄県・改〉

Do you ＿＿＿＿＿＿＿＿＿＿＿＿＿＿＿＿?

(3) 毎日歩くことはあなたを健康にします。

( you / walking / healthy / every day / makes ).

＿＿＿＿＿＿＿＿＿＿＿＿＿＿＿＿.

## 2 (　　) 内の語句を使って，次の文を英語にしなさい。 writing

(1) 私は本を何冊か借りに図書館に行きました。 ( the library )

＿＿＿＿＿＿＿＿＿＿＿＿＿＿＿＿

(2) 私はケーキを作ることに興味があります。 ( interested )

＿＿＿＿＿＿＿＿＿＿＿＿＿＿＿＿

発想力

## 3 ハヤト (Hayato) と留学生のナンシー (Nancy) は，町で人気のハンバーガー店に行きました。右の場面で，ハヤトの質問にナンシーは何と答えると思いますか。15 語程度の英文 1 文で書きなさい。 writing 〈千葉県・改〉

＿＿＿＿＿＿＿＿＿＿＿＿＿＿＿＿

＿＿＿＿＿＿＿＿＿＿＿＿＿＿＿＿

4 次の英文は，Daigo が英語の授業で発表したスピーチの原稿です。テーマは「将来の夢」です。英文を読んで，下の問いに答えなさい。 reading

①( to / a / my / be / is / dream ) doctor. Five years ago, I became very sick and had *surgery. I felt *scared at the hospital. I was *lonely. But my doctor was very kind. ② Every day, he ( to / to / hello / room / my / came / say ). We talked and laughed about many things. After two weeks, I was healthy and left the hospital.

My doctor is my hero. ③( doctor / easy / a / isn't / becoming ), but I will do my best to *realize my dream.

*surgery：手術　scared：こわがった　lonely：さびしい　realize：実現させる

(1) 下線部①～③の（　　）内の語句を並べかえて，意味の通る英文にしなさい。

① ______________________ doctor.

② Every day, he ______________________.

③ ______________________, but I will do my best to realize my dream.

(2) 次の質問に 3 語以上の英語で答えなさい。

What does Daigo want to be?

______________________

5 21 それぞれの場面について，男性の発言のあとでチャイムが鳴り，a～c の 3 つの英文が読まれます。それに続く女性の発言としてもっとも適するものを，読まれた a～c の英文から 1 つ選び，記号を○で囲みなさい。 listening

(1)

a　b　c

(2)

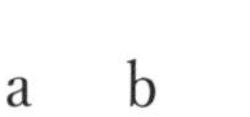

a　b　c

重要度 ★★★

# 18 比較

## STEP01 要点まとめ ➡ 解答は 40 ページ

(　　)にあてはまる語句を書いて，この章の内容を確認しよう。

### 1 比較級・最上級のつくり方

POINT

- 「より～」にあたる形を**比較級**，「いちばん～」にあたる形を**最上級**という。
- **比較級・最上級のつくり方**…規則的に形が変化するものと，不規則に変化するものがある。

①**規則変化**

- **基本パターン**…原級の語尾にそのまま **er**，**est** をつける。

long → 比較級 01(　　　　　) ― 最上級 02(　　　　　)

- **e で終わる語**…語尾に **r, st** だけをつける。

large → 比較級 03(　　　　　) ― 最上級 04(　　　　　)

- **〈子音字＋y〉で終わる語**…**y を i に変えて er，est** をつける。

easy → 比較級 05(　　　　　) ― 最上級 06(　　　　　)

- **〈子音字＋アクセントのある母音字＋子音字〉で終わる語**…**語尾の 1 文字を重ねて er，est** をつける。

big → 比較級 07(　　　　　) ― 最上級 08(　　　　　)

- **長めの語**…2 音節の語の大部分と 3 音節以上の語，〈形容詞＋ ly〉の副詞は，**前に more，most** をおく。

beautiful → 比較級 09(　　　　　) beautiful ― 最上級 10(　　　　　) beautiful

②**不規則変化**

good / well – better – best　many / much – more – most など

### 2 比較級の文

POINT

- **形と意味**…〈A is 比較級 than B.〉で「A は B よりも～です」の意味を表す。

▸ Alex is 11(　　　　　)(　　　　　) his father.　アレックスはお父さんよりも背が高い。
[➡ tall の比較級]

▸ Cellphones are 12(　　　　　) popular among children (　　　　　) before.
携帯電話は以前よりも子どもたちに普及しています。

- 「AとBでどちらがより～ですか」は〈Which is 比較級, A or B?〉で表す。
  - Which is 13(　　　　), the tiger (　　　　) the lion?
    [➡ strongの比較級]
    トラとライオンでは，どちらのほうが強いですか。
- 「BよりもAのほうが好きです」は〈like A better than B〉で表す。
  - I like winter 14(　　　　)(　　　　) summer.　私は夏よりも冬のほうが好きです。

## 3 最上級の文

POINT
- **形と意味**…〈the＋最上級＋of[in]…〉で「…の中でいちばん～」の意味を表す。
  - This is 15(　　　　)(　　　　) hotel in town.　これは町でいちばん古いホテルです。
    [➡ oldの最上級]
- **ofとinの使い分け**…比較する範囲や対象を示すときは〈of＋複数を表す語句〉か〈in＋場所や範囲を表す語句〉を使う。
  - Miki is the youngest 16(　　　　) us all.　ミキは私たちみんなの中でいちばん年下です。
    [➡複数を表す語句]
  - This place is the most famous 17(　　　　) our town.
    [➡場所を表す語句]
    この場所は私たちの町でもっとも有名です。
- 「どれ[何／だれ]がいちばん～ですか」は〈Which[What / Who] is the＋最上級 …?〉で表す。
  - Which is 18(　　　　)(　　　　) of these cellphones?
    [➡ lightの最上級]
    これらの携帯電話の中でどれがいちばん軽いですか。
- 「～がいちばん好きです」は〈like ～ (the) best〉で表す。
  - I like math 19(　　　　) of all subjects.　私はすべての教科の中で数学がいちばん好きです。

## 4 as ～ as … の文

POINT
- **形と意味**…〈as ～ as …〉で「…と同じくらい～」の意味を表す。asとasの間には，原級（変化しないもとの形）がくる。
  - I'm 20(　　　　) old (　　　　) Jim.　私はジムと同い年です。
- 〈not as ～ as …〉で「…ほど～ではありません」の意味を表す。
  - The Kiso River is 21(　　　　)(　　　　) long (　　　　) the Tone River.
    木曽川は利根川ほど長くはありません。

# STEP 02 基本問題

➡ 解答は 40 ページ

学習内容が身についたか，問題を解いてチェックしよう。

## 1 （　　）内の語の比較級を＿＿に入れ，英文を完成しなさい。

ヒント

比較級のつくり方には，語尾にerをつけるもの，前に more をおくもの，不規則変化の3種類がある。

(1) アレックスはコーディーよりも年上です。　( old )
Alex is ＿＿＿＿＿＿ than Cody.

(2) 私の犬はこの犬よりも大きい。　( big )
My dog is ＿＿＿＿＿＿ than this one.

(3) この本はあの本よりもやさしい。　( easy )
This book is ＿＿＿＿＿＿ than that one.

(4) このカメラは私の母のカメラよりもよい。　( good )
This camera is ＿＿＿＿＿＿ than my mother's.

(5) 野球とサッカーでは，どちらのほうがわくわくしますか。　( exciting )
Which is ＿＿＿＿＿＿ ＿＿＿＿＿＿, baseball or soccer?

## 2 （　　）内の語の最上級を＿＿に入れ，英文を完成しなさい。

ヒント

最上級の文の基本形は〈the＋最上級＋of [in] ～〉。最上級のつくり方に注意。

(1) この問題が全部の中でいちばん難しい。　( difficult )
This question is the ＿＿＿＿＿＿ ＿＿＿＿＿＿ of all.

(2) 富士山は日本でいちばん高い山です。　( high )
Mt. Fuji is the ＿＿＿＿＿＿ mountain in Japan.

(3) 5人の中でだれがいちばん走るのが速いですか。　( fast )
Who can run the ＿＿＿＿＿＿ of the five?

(4) 彼女は世界でいちばんじょうずな歌手です。　( good )
She is the ＿＿＿＿＿＿ singer in the world.

(5) この絵は3つの中でいちばん美しい。　( beautiful )
This picture is the ＿＿＿＿＿＿ ＿＿＿＿＿＿ of the three.

(6) この国では8月が1年のうちでいちばん暑い月です。　( hot )
August is the ＿＿＿＿＿＿ month of the year in this country.

## 3 日本文に合う英文になるように，＿＿に適する語を書きなさい。

ヒント

〈as ～ as …〉の文では「～」は原級になる。

(1) タケシは彼の父親と同じくらいの身長です。
Takeshi is ＿＿＿＿＿＿ ＿＿＿＿＿＿ ＿＿＿＿＿＿ his father.

(2) 私は兄ほど速く走れません。

I can't run ________ ________ ________
my brother.

## 4 (　　)に適する語句を下から選び，記号を○で囲みなさい。

(1) This story is (　　) than that one.
ア famous　イ much famous　ウ more famous　エ most famous

(2) Sayaka studies the hardest (　　) us all.
ア of　イ in　ウ at　エ than

(3) She has (　　) books than I do.
ア many　イ much　ウ more　エ most

(4) This desk is not (　　) as mine.
ア old　イ older　ウ as old　エ as older

(5) She is (　　) of the most popular singers in Japan.
ア much　イ that　ウ one　エ all

(6) Australia is about twenty (　　) large as Japan.
ア as　イ times as　ウ more　エ times more

(1) あとにthanが続くので比較級が入る。

(4) 〈not as ～ as …〉の形になる。

(5)「最も～のうちの1人」という意味の定型表現。

(6) 倍数を表すには，〈― times as ～ as …〉の形を用いる。

## 5 次の英文の下線部の語に，〔　　〕内の意味を加えて書きかえなさい。

(1) His smartphone is <u>heavy</u>. 〔私のよりも〕
→ His smartphone is ________________ mine.

(2) My new bike is <u>good</u>. 〔これよりも〕
→ My new bike is ________________ this one.

(3) I <u>like</u> summer. 〔冬よりも〕
→ I like summer ________________ winter.

(4) Emma can sing <u>well</u>. 〔アヤと同じくらい〕
→ Emma can sing ________________ Aya.

(5) Sayaka speaks English <u>well</u>. 〔彼女のクラスの中でいちばん〕
→ Sayaka speaks English ________________ her class.

(6) Mr. Jones is a <u>busy</u> teacher. 〔私たちの学校でいちばん〕
→ Mr. Jones is ________________ our school.

(7) This is an <u>important</u> thing. 〔すべての中でいちばん〕
→ This is ________________ all.

文意から，原級・比較級・最上級のどれを使うか判断する。



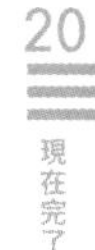

# STEP 03 実戦問題

入試レベルの問題で力をつけよう。

目標時間 30分

➡ 解答は41ページ

## 1 次の（　）内の語を並べかえて文を完成しなさい。

(1) あのレストランは私たちの町でいちばん人気があります。
That restaurant is ( the / popular / in / town / most / our ).

That restaurant is ________________________________.

(2) パンダは世界中のすべての動物の中でいちばんかわいいです。〈栃木県・改〉
( cutest / all / are / pandas / the / of ) animals in the world.

________________________________ animals in the world.

難問 (3) 彼はユカと同じくらい多くのCDを持っています。
( he / many / has / CDs / as / as ) Yuka.

________________________________ Yuka.

難問 (4) この問題は他のどの問題よりもやさしい。
( any / this / is / than / question / easier ) other question.

________________________________ other question.

(5) 私の家はこの家ほど大きくありません。
My house ( as / as / big / this / is / not / one ).

My house ________________________________.

## 2 次の文を英語にしなさい。 writing

(1) あなたはもっと注意するべきです。

________________________________

(2) 京都を訪れるのにいちばんよい季節はどれですか。

________________________________

(3) あなたの家族の中でだれがいちばん早く起きますか。

________________________________

(4) もっと大きいかばんはありますか。

________________________________

**3** **Chika と Bob が，映画館への交通手段について話しています。英文を読んで，何の交通手段を使うことに決めたか，また，その理由は何かを日本語で答えなさい。**

reading

*Chika:* Bob, do you want to go by train or by bus to the theater?
*Bob:* Which is cheaper?
*Chika:* The bus. But the train is much faster.
*Bob:* I see. Well, we don't have much time. The movie starts in thirty minutes.
*Chika:* You're right. Let's take the train then.
*Bob:* Where's the nearest station?
*Chika:* It's five minutes from here.

選んだ交通手段 (　　　　　　　　)

決めた理由 (　　　　　　　　　　　　　　　　　　　　　　　　)

**4** 22 **英文を聞いて，それぞれの指示に従いなさい。** listening

(1) 英文を聞いて，車の値段が高い順に並んでいるものを選び，その記号を○で囲みなさい。

**ア** Car A > Car B > Car C
**イ** Car C > Car B > Car A
**ウ** Car C > Car A > Car B
**エ** Car B > Car C > Car A

(2) 英文を聞いて，マサコがある季節をいちばん好きな季節にあげた理由として適するものを2つ選び，その記号を○で囲みなさい。

**ア** 天気が心地よい。
**イ** スポーツが楽しめる。
**ウ** 紅葉が美しい。
**エ** 花見ができる。

(3) 英文を聞いて，客が要求していることとして適するものを1つ選び，その記号を○で囲みなさい。

**ア** 気に入ったので包装してほしい。
**イ** 色ちがいのシャツがほしい。
**ウ** もっと小さいシャツがほしい。
**エ** もっと大きいシャツがほしい。

重要度 ★★★

# 19 受動態

## STEP01 要点まとめ

➡ 解答は 42 ページ

(　　)にあてはまる語句を書いて，この章の内容を確認しよう。

### 1 受け身の文

POINT ●「(主語) が～される」という言い方を受け身 (受動態) という。

●**現在の受け身の文**…〈be 動詞＋過去分詞〉で表す。

▸ This room 01(　　　　　) cleaned every day.　この部屋は毎日そうじされます。
[➡ clean の過去分詞]

「**だれによって**」されるのかを表すには **by** を使う。

▸ I 02(　　　　　) often invited (　　　　　) Aya.　私はよくアヤに招待されます。
[➡ invite の過去分詞]

●**過去の受け身の文**…**be 動詞を過去形**にする。

▸ This temple 03(　　　　　) built 1300 years ago.　この寺は1300年前に建てられました。
[➡ build の過去分詞]

▸ Karaoke 04(　　　　　) invented (　　　　　) a Japanese person.
[➡ invent の過去分詞]
カラオケは日本人によって発明されました。

### 2 過去分詞の形

POINT ①**規則動詞**…過去形と同じ形。

②**不規則動詞**…次の 4 つのパターンがあるが，大部分の動詞は過去形と同じ形。

| | ▼原形 | ▼過去形 | ▼過去分詞 |
|---|---|---|---|
| 過去形と過去分詞が同じ | build (建てる) | built | built |
| 3つともちがう | give (与える) | gave | given |
| 原形と過去分詞が同じ | run (走る) | ran | run |
| 形が変わらない | put (置く) | put | put |

## 3 受け身の疑問文・否定文

POINT

● **疑問文**…be 動詞を主語の前に出して〈**be 動詞＋主語＋過去分詞…?**〉の形で表す。

**答え方**…**Yes, ～ am[is, are].** か **No, ～ am[is, are] not.** で答える。

▸ 05(　　　　) this book (　　　　) in the U.S.?　この本はアメリカで読まれていますか。
[➡ read の過去分詞]

— Yes, it (　　　　).　はい，読まれています。

▸ Where 06(　　　　) the World Cup (　　　　) in 2018? — In Russia.
[➡ hold の過去分詞]

2018 年にワールドカップはどこで開かれましたか。—ロシアです。

● **否定文**…**be 動詞のあとに not をおいて，過去分詞を続ける。**

▸ Tickets 07(　　　　) (　　　　) (　　　　) here.　切符はここで売られていません。
[➡ sell の過去分詞]

## 4 注意すべき受け身

POINT

● **未来の受け身の文**…〈**will be ＋過去分詞**〉の形になる。

▸ The work 08(　　　　) (　　　　) (　　　　) soon.
[➡ finish の過去分詞]

その仕事はすぐに終わるでしょう。

● **助動詞の受け身の文**…〈**助動詞＋ be ＋過去分詞**〉の形になる。

▸ The books 09(　　　　) (　　　　) (　　　　) by July 20.
[➡ return の過去分詞]

本は 7 月 20 日までに返却しなければいけません。

● **受け身の進行形**…〈**be 動詞＋ being ＋過去分詞**〉の形になる。

▸ Dinner 10(　　　　) (　　　　) (　　　　).　夕食が準備されているところです。
[➡ prepare の過去分詞]

● **look after などの受け身**…look after ～（～の世話をする）や speak to ～（～に話しかける）などは，〈動詞＋前置詞〉などのまとまりをそのまま 1 つの動詞のように考えて受け身にする。

▸ He 11(　　　　) (　　　　) (　　　　) by his sister.　彼は姉に世話をされています。
[➡ look after を 1 つの動詞と考えて受け身にする]

● **いろいろな前置詞を使う受け身**…by 以外の前置詞と組み合わせていろいろな意味を表す受け身がある。

| | |
|---|---|
| **be made of ～**（～でできている） | **be made from ～**（～から作られる） |
| **be covered with ～**（～でおおわれている） | **be pleased with ～**（～に満足している） |
| **be known to ～**（～に知られている） | **be interested in ～**（～に興味がある） |

# STEP 02 基本問題

➡ 解答は 42 ページ

学習内容が身についたか，問題を解いてチェックしよう。

## 1 （　）内の動詞を使い，＿＿に適する語を入れなさい。

(1) オーストラリアでは英語が使われています。（ use ）
English ＿＿＿＿＿ ＿＿＿＿＿ in Australia.

(2) 彼の歌は世界じゅうに知られています。（ know ）
His songs ＿＿＿＿＿ ＿＿＿＿＿ around the world.

(3) 私たちの学校は 50 年前に建てられました。（ build ）
Our school ＿＿＿＿＿ ＿＿＿＿＿ fifty years ago.

(4) これらの写真は私の父によって撮られました。（ take ）
These pictures ＿＿＿＿＿ ＿＿＿＿＿ by my father.

**ヒント**
受け身の基本形は〈be動詞＋過去分詞〉。be動詞の形と，過去分詞のつくり方に注意。

## 2 （　）内の動詞を使い，＿＿に適する語を入れなさい。

(1) この本は若い人たちに読まれていますか。（ read ）
＿＿＿＿＿ this book ＿＿＿＿＿ by young people?

(2) このケーキはアヤが作ったのですか。（ make ）
＿＿＿＿＿ this cake ＿＿＿＿＿ ＿＿＿＿＿ Aya?

(3) この古い本はもう今は売られていません。（ sell ）
This old book ＿＿＿＿＿ ＿＿＿＿＿ anymore.

(4) 私の高校ではフランス語は教えられていませんでした。（ teach ）
French ＿＿＿＿＿ ＿＿＿＿＿ at my high school.

(5) この本はいつ書かれましたか。（ write ）
When ＿＿＿＿＿ this book ＿＿＿＿＿ ?

**ヒント**
受け身の疑問文・否定文は，be動詞の文と同様に考える。

## 3 日本文に合う英文になるように，＿＿に適する語を書きなさい。

(1) この車は明日，洗われるでしょう。
This car ＿＿＿＿＿ ＿＿＿＿＿ washed tomorrow.

(2) 彼はビルと呼ばれています。
He ＿＿＿＿＿ ＿＿＿＿＿ Bill.

(3) 彼女は，息子に世話をされました。
She was ＿＿＿＿＿ ＿＿＿＿＿ by her son.

(4) 毎日たくさんの木が切り倒されます。
A lot of trees ＿＿＿＿＿ ＿＿＿＿＿ down every day.

**ヒント**
(1) 助動詞がある文の受け身。

(3)「〜の世話をする」はlook after 〜。

(4)「〜を切り倒す」はcut down 〜。

**4** **(　　) に適する語句を下から選び，記号を○で囲みなさい。**

(1) This sweater should (　　) by hand.
　ア washed　イ is washed　ウ be wash　エ be washed

(2) (　　) you invited to Cody's birthday party?
　ア Be　イ Did　ウ Do　エ Were

(3) When (　　) these machines made?
　ア is　イ did　ウ do　エ were

(4) Who (　　) this machine? — It was invented by Edison.
　ア invent　イ invented　ウ is invented　エ was invented

(5) Lunch is (　　) prepared right now.
　ア being　イ be　ウ been　エ to

(6) I was surprised (　　) the news.
　ア on　イ at　ウ to　エ for

(7) The mountains are covered (　　) deep snow.
　ア with　イ to　ウ at　エ of

(8) I'm interested (　　) kabuki.
　ア for　イ with　ウ in　エ from

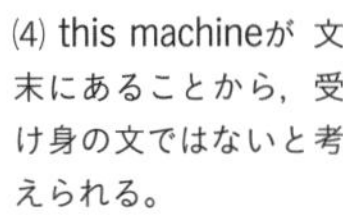

ヒント

(4) this machineが文末にあることから，受け身の文ではないと考えられる。

(6)～(8) by以外の前置詞と組み合わせて意味を表す受け身。

**5** **＿＿に適する語を書いて，会話文を完成しなさい。**

(1) *A:* Who cooked today's dinner?
　*B:* It was ＿＿＿＿ by my sister.

(2) *A:* ＿＿＿＿ ＿＿＿＿ is spoken in New Zealand?
　*B:* English.

(3) *A:* ＿＿＿＿ ＿＿＿＿ these windows broken?
　*B:* About a month ago.

(4) *A:* Where was the ceremony held?
　*B:* It ＿＿＿＿ ＿＿＿＿ in Kyoto.

(5) *A:* ＿＿＿＿ you introduced to her parents?
　*B:* Yes, I was.

ヒント

(2) 答えがEnglishなので，「何語」にあたることをたずねているとわかる。

**6** **与えられた語句を主語にして，受動態の文に書きかえなさい。**

(1) A lot of people love this song.
　→ This song ＿＿＿＿＿＿＿＿＿＿＿＿＿＿＿＿.

(2) Pablo Picasso painted this picture.
　→ This picture ＿＿＿＿＿＿＿＿＿＿＿＿＿＿＿＿.

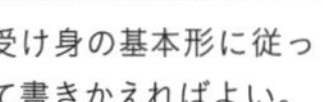

ヒント

受け身の基本形に従って書きかえればよい。

# STEP03 実戦問題

入試レベルの問題で力をつけよう。

➡ 解答は 43 ページ

## 1 (　　) 内の語を並べかえて文を完成しなさい。

(1) このコンピューターはあまりひんぱんには使われません。
( used / computer / this / not / very / is ) often.

＿＿＿＿＿＿＿＿＿＿ often.

難問 (2) たいてい，彼女の部屋はきれいに保たれています。
Usually, ( clean / room / kept / her / is ).

Usually, ＿＿＿＿＿＿＿＿＿＿.

(3) あの店は 1 週間は閉まっているでしょう。
That store ( week / a / be / will / for / closed ).

That store ＿＿＿＿＿＿＿＿＿＿.

## 2 次の質問に，(　　) 内の内容を答える文を完成しなさい。

(1) How old is this temple? (約 300 年前に建てられた)

— It ＿＿＿＿＿＿＿＿＿＿ about 300 years ago.

(2) Who made this table? (私の父によって作られた)

— It ＿＿＿＿＿＿＿＿＿＿ my father.

(3) Was the letter written in Japanese? (英語で書かれていた)

— No. It ＿＿＿＿＿＿＿＿＿＿.

## 3 次の文を英語にしなさい。(3)は〔　　〕内の指示に従うこと。 writing

(1) この花びん (vase) は 1570 年に作られました。

＿＿＿＿＿＿＿＿＿＿

(2) ブラジル (Brazil) ではポルトガル語 (Portuguese) が話されています。

＿＿＿＿＿＿＿＿＿＿

(3) 箱の中には何も残されていませんでした。〔nothing を主語にして〕

＿＿＿＿＿＿＿＿＿＿

**4** **次の英文を読み，本文の内容と合っているものに○を，合っていないものに×をつけなさい。** reading

*Tea has a very long history. *According to legend, tea was first *discovered in China almost 5000 years ago. Later, it was *introduced to Japan, and by the 13th century, drinking tea was *common in the country. Today, tea is drunk by about half of the world's *population. It is the most popular drink in the world.

*tea：茶（紅茶，緑茶などすべてを含む） according to legend：伝説によると discover：発見する introduce：紹介する，導入する common：一般的な population：人口

**ア** 茶は今から5000年近く前に発見されたとされている。（　　）
**イ** 茶が最初に発見されたのは日本だとされている。（　　）
**ウ** 13世紀以降になって，茶は日本に伝わってきた。（　　）
**エ** 茶は世界の人口の約半分の人が飲んでいる。（　　）
**オ** 世界で茶が飲まれている地域はまだ少ない。（　　）

**5** 23 **それぞれの場面について，男性の発言のあとで女性の応答として3つの英文が読まれます。もっとも適するものを，読まれたa～cの英文から1つ選び，記号を○で囲みなさい。** listening

(1)

a　b　c

(2)

a　b　c

(3)

a　b　c

(4)

a　b　c

重要度 ★★★

# 現在完了形

## STEP01 要点まとめ

➡ 解答は 45 ページ

(　)にあてはまる語句を書いて，この章の内容を確認しよう。

### 1 現在完了形とは

POINT

- **意味と働き**…過去とつながりのある現在の状態を伝える形。次の 3 つの働きがある。
  ①**完了**…「～したところだ，～してしまった」
  ②**経験**…「(今までに) ～したことがある」
  ③**継続**…「ずっと～している，ずっと～だ」
- **文の形**…〈**have[has]+過去分詞**〉で表す。
  ▸ The train 01(　　　)(　　　). 電車は到着しています。
  [➡ arrive の過去分詞]

### 2 現在完了形（完了）

POINT

- **意味と働き**…「**～したところだ**」「**～してしまっている**」の意味で，過去に始まった動作や状態の完了を表す。**just**（ちょうど）や **already**（すでに，もう）とよくいっしょに使われる。
  ▸ **I've just** 02(　　　) **my hands.** 私はちょうど手を洗ったところです。
- **疑問文**…**have[has]を主語の前**に出す。**yet**（もう）とよくいっしょに使う。**Yes, ～ have[has].** か **No, ～ have not[haven't] / has not[hasn't].** で答える。
  ▸ 03(　　　) **you** (　　　) **Ken yet?**
  — **Yes, I** (　　　). / **No, I** (　　　).
  あなたはもうケンに会いましたか。—はい，会いました。／いいえ，会っていません。
- **否定文**…**have[has]のあとに not** をおいて表す。**yet**（まだ）とよくいっしょに使う。
  ▸ **I** 04(　　　)(　　　)(　　　) **lunch yet.** 私は昼食をまだ食べていません。

### 3 現在完了形（経験）

POINT

- **意味と働き**…「**(今までに) ～したことがある**」の意味で，過去から現在までの経験を表す。**before**（以前に），**once**（1 度[回]），**～ times**（～度[回]），**sometimes**（ときどき），**often**（しばしば）などの語句とよくいっしょに使われる。

▸ We 05(　　　　　)(　　　　　) in New York before.

私たちは以前ニューヨークに住んだことがあります。

〈**have[has] been to ～**〉で「**～へ行ったことがある**」という意味を表す。

▸ I 06(　　　　　)(　　　　　)(　　　　　) Sendai three times.

私は仙台へ3回行ったことがあります。

● **疑問文**…よく **ever**（今までに）を過去分詞の前において使う。

▸ 07(　　　　　) you (　　　　　)(　　　　　) the trumpet?

あなたは今までにトランペットを吹いたことがありますか。

● **否定文**…「**1度も～したことがない**」は，ふつう **never** を have[has]のあとにおいて表す。

▸ I 08(　　　　　)(　　　　　)(　　　　　) *natto*.

私は1度も納豆を食べたことがありません。

## 4 現在完了形（継続）

POINT

● **意味と働き**…「**（ずっと）～している**」の意味で，過去から現在までの継続を表す。**for ～**（～の間）や **since ～**（～から）などの語句とよくいっしょに使われる。

▸ I 09(　　　　　)(　　　　　) in Osaka (　　　　　) fifteen years.

私は15年間ずっと大阪に住んでいます。

● **継続の期間を問う疑問文**…**How long** を疑問文の最初において表す。

▸ 10(　　　　　)(　　　　　)(　　　　　) you (　　　　　) Tom?

あなたはいつからトムを知っているのですか。

● **否定文**…ふつう，動詞部分を否定して「**ずっと～していない**」の意味になる。

▸ I 11(　　　　　)(　　　　　)(　　　　　) for over twenty-four hours.

私は24時間以上眠っていません。

## 5 現在完了進行形

POINT

● **意味と働き**…動作について「**ずっと～している**」と言う場合に使う。

● **文の形**…〈**have[has] been + ing形**〉で表す。

▸ Aya 12(　　　　　)(　　　　　)(　　　　　) TV for four hours.

アヤは4時間ずっとテレビを見ています。

● **疑問文**…**have[has]を主語の前**に出す。

▸ 13(　　　　　) you (　　　　　)(　　　　　) for a long time?

今まで長い間待っているのですか。

● **否定文**…**have[has]のあとに not** をおいて表す。

▸ I 14(　　　　　)(　　　　　)(　　　　　) well recently.

最近はずっと気分がよくありません。

# STEP 02 基本問題

➡ 解答は45ページ

学習内容が身についたか，問題を解いてチェックしよう。

## 1 (　　) 内の動詞を使い，＿＿に適する語を入れなさい。

(1) 私はちょうど自分の部屋をそうじしたところです。 ( clean )
I ＿＿＿＿ ＿＿＿＿ ＿＿＿＿ my room.

(2) 私はもうその仕事をしてしまいました。 ( do )
I ＿＿＿＿ ＿＿＿＿ ＿＿＿＿ the job.

(3) 私たちはまだ夕食をすませていません。 ( finish )
We ＿＿＿＿ ＿＿＿＿ dinner ＿＿＿＿ .

(4) 映画はもう始まりましたか。 ( start )
＿＿＿＿ the movie ＿＿＿＿ ＿＿＿＿ ?

**ヒント**

現在完了形は〈have [has] ＋過去分詞〉の形。「完了」の用法は「〜したところだ」「〜してしまった」の意味になる。just, already, yetなどとともに使われることが多い。

## 2 (　　) 内の動詞を使い，＿＿に適する語を入れなさい。

(1) 私はこの映画を何回も見たことがあります。 ( watch )
I ＿＿＿＿ ＿＿＿＿ this movie many times.

(2) 彼は今までにニューヨークに行ったことがありますか。 ( be )
＿＿＿＿ he ever ＿＿＿＿ to New York?

(3) 私は1度も沖縄を訪れたことがありません。 ( visit )
I've ＿＿＿＿ ＿＿＿＿ Okinawa.

(4) あなたはこの本を何回読んだことがありますか。 ( read )
How many ＿＿＿＿ ＿＿＿＿ you ＿＿＿＿ this book?

**ヒント**

「経験」の用法は「(今までに) 〜したことがある」の意味。回数を表す語句やever, neverなどとともに使われることが多い。

**ミス注意**

(2) 日本語では「行く」だが，goを使わないことに注意。

## 3 (　　) 内の動詞を使い，＿＿に適する語を入れなさい。

(1) 私は1週間ずっと大阪にいます。 ( be )
I ＿＿＿＿ ＿＿＿＿ in Osaka for a week.

(2) 私の父は最近ずっと忙しいです。 ( be )
My father ＿＿＿＿ ＿＿＿＿ busy lately.

(3) 私の祖父母は1990年からずっとこの市に住んでいます。 ( live )
My grandparents ＿＿＿＿ ＿＿＿＿ in this city since 1990.

(4) 私は先月からずっとアレックスに会っていません。 ( see )
I ＿＿＿＿ ＿＿＿＿ Alex since last month.

**ヒント**

「継続」の用法は「(現在まで) ずっと〜している」の意味になる。forやsinceとともに使われることが多い。

4 (　　) に適する英語を下から選び，記号を○で囲みなさい。

(1) *A:* Has your sister ever played *shogi*?
*B:* (　　　) She first played *shogi* a few years ago.
ア No, she hasn't.　イ Yes, she does.　ウ Yes, she has.

(2) *A:* Has the train left yet?
*B:* (　　　) It'll leave in five minutes.
ア Yes, it has.　イ No, not yet.　ウ No, it didn't.

(3) *A:* Have you written the letter to Andy?
*B:* (　　　) Maybe I should call him first.
ア Yes, I have.　イ Yes, I do.　ウ No, I haven't.

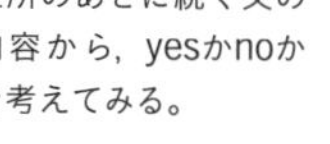
ヒント
空所のあとに続く文の内容から，yesかnoかを考えてみる。

5 日本語に合う英文になるように，(　　) に適する語句を下から選び，記号を○で囲みなさい。

(1) タケシは1時間ずっと走っています。
Takeshi (　　) for an hour.
ア is running　イ has running　ウ has been running

(2) コーディーは今朝からずっとアヤを待っています。
Cody (　　) for Aya since this morning.
ア is waited　イ has been waiting　ウ is waiting

(3) 私たちは10年前から知り合いです。
We (　　) each other for ten years.
ア know　イ have known　ウ have been knowing

ヒント
(3)「10年前から」は「10年間ずっと」と考える。

6 絵の内容に合うように，＿＿に適する語を書きなさい。

(1) 2時間前　現在　(2) この前の金曜日　現在

(1) Ken began to do his homework two hours ago.
He ＿＿＿＿＿ just ＿＿＿＿＿ it.

(2) Yuki became sick last Friday.
She ＿＿＿＿＿ ＿＿＿＿＿ sick in bed since then.

過去に始まった動作や状態と現在とのつながりを，絵の内容から読みとること。

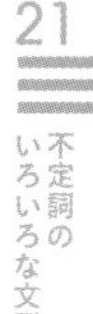

# STEP 03 実戦問題

入試レベルの問題で力をつけよう。

➡ 解答は 46 ページ

## 1 (　　) 内の語句を並べかえて文を完成しなさい。

(1) あなたは今までにバイオリンを弾いたことがありますか。
( the violin / have / you / played / ever )?

______________________________ ?

(2) コンサートはまだ始まっていません。
( the concert / started / has / not / yet ).

______________________________ .

(3) 私は今までにこんなに大きなハンバーガーを見たことがありません。
( hamburger / big / never / I / seen / have / a / such ).

______________________________ .

(4) 私は，日本について学び始めて以来ずっと，日本で桜の花を見たいと思っています。
( cherry blossoms / see / I / to / wanted / have ) in Japan since I started to learn about Japan. 〈大阪府・改〉

______________________________
in Japan since I started to learn about Japan.

(5) 私の息子は２時間ずっと私のスマートフォンを使い続けています。
My son ( using / has / for / my smartphone / been ) two hours.

My son ______________________________ two hours.

## 2 次の文を英語にしなさい。 writing

(1) あなたはこれまでにこの映画（this movie）を見たことがありますか。

______________________________

(2) あなたはもうその本を読んでしまいましたか。

______________________________

(3) あなたのお母さんはどれくらいの間そこで働いていますか。

______________________________

(4) あなたは今までに何回沖縄に行ったことがありますか。

______________________________

**3** **Ms. Anderson が自身の海外旅行経験について話しています。英文を読んで，あとの指示に従いなさい。** reading

I love traveling. I have visited many countries in Asia, such as Korea, China, Singapore, and Japan. However, I have ( ① ) been to Europe. ②( 私は長い間ヨーロッパへ行きたいと思っています ), but I haven't had the chance ( ③ ). I hope I can go in the future.

(1) ①，③に入る語を下の［　　］から選び，その記号を書きなさい。
① (　　　) ③ (　　　)
［ **ア** yet **イ** already **ウ** ever **エ** never ］

(2) ②の日本文を英語にしなさい。下の語を使って書くこと。
( have / go / time )

**4** 24 **英文を聞いて，次の指示に従いなさい。** listening

(1) この女性は何をしたところだと言っているのかを日本語で書きなさい。
(　　　　　　　　　　　　　　　)

(2) この男性は何をしたことがないと言っているのかを日本語で書きなさい。
(　　　　　　　　　　　　　　　)

**5** 25 **それぞれの場面について，女性の発言のあとで男性の応答として3つの英文が読まれます。もっとも適するものを，読まれたa〜cの英文から1つ選び，記号を○で囲みなさい。** listening

(1)

a b c

(2)

a b c

重要度 ★★

# 21 不定詞のいろいろな文型

## STEP01 要点まとめ

➡ 解答は 47 ページ

(　　)にあてはまる語句を書いて，この章の内容を確認しよう。

### 1 〈疑問詞＋to 〜〉

POINT ●**形と意味**…〈**疑問詞＋ to ＋動詞の原形**〉で「どう〜したらよいか」「何を〜したらよいか」などの意味を表す。

| | |
|---|---|
| **how to** 〜（どう〜したらよいか，どのように〜するか，〜のしかた，〜する方法） | |
| **what to** 〜（何を〜したらよいか） | **when to** 〜（いつ〜したらよいか） |
| **where to** 〜（どこで〜したらよいか） | **which to** 〜（どちら［どれ］を〜したらよいか） |

▸ **I don't know** 01(　　　　)(　　　　) **cook tempura.**

私は天ぷらの作り方がわかりません。

▸ **Do you know which bus** 02(　　　　) **take?**

［➡〈what[which]＋名詞＋ to 〜〉の形で使うこともある］

あなたはどのバスに乗ればよいか知っていますか。

▸ **I asked the instructor** 03(　　　　)(　　　　) **do next.**

私は教官に次に何をすればよいかたずねました。

### 2 It is … to 〜.

POINT ●**形と意味**…**It is … to 〜.** で「**〜することは…だ**」という意味を表す。

▸ **It is good** 04(　　　　)(　　　　)(　　　　) **early.** 早起きすることはよい。

［➡ It は to 以下の内容を表す］

●**It … for − to 〜.** …「**〜にとって**」「**〜が**」のように，to 〜の動作をするのがだれなのかをはっきりさせたいときは，〈**for ＋人**〉を to 〜の前において表す。

▸ **It was hard** 05(　　　　) **Jim** (　　　　) **do the work.**

［➡〈for ＋人〉が to 〜の意味上の主語になる］

ジムにとってその仕事をするのは大変でした。

## 3 〈tell ＋人＋ to ～〉など

POINT

- **tell［ask］＋人＋ to ～**…「**…に～するように言う［頼む］**」という意味を表す。
  - I'll 06(　　　　) him (　　　　) call. 私は彼に電話するように言います。
  - I'll 07(　　　　) her (　　　　) wait. 私は彼女に待ってくれるように頼みます。
- **want ＋人＋ to ～**…「**…に～してほしい**」という意味を表す。
  - I 08(　　　　) you (　　　　) clean this room.
    私はあなたにこの部屋をそうじしてほしい。
  - I'd like you 09(　　　　) join us. 私はあなたに私たちの仲間に加わってほしいのです。
    [➡ would like ＋人＋ to ～は want ＋人＋ to ～よりもていねいな言い方]

## 4 not to ～ / 原形不定詞

POINT

- **not to ～**…〈to ＋動詞の原形〉を否定するときは，**to のすぐ前に not をおく**。
  - Aya promised 10(　　　　) (　　　　) be late again.
    アヤはもう遅刻しないと約束しました。
- **原形不定詞**…「**…が～するのを見る［聞く，感じる］**」は〈**see［hear, feel］… 動詞の原形**〉で表す。あとの動詞は原形になることに注意。
  - I saw a man 11(　　　　) into the gate. 私は男の人が門の中に歩いていくのを見ました。
    [➡ see ＋人＋動詞の原形（×to ～）]

## 5 too … to ～ / enough to ～

POINT

- **too … to ～**…〈**too ＋形容詞［副詞］＋ to ～**〉の形で，「**（あまりに）…すぎて～できない**」という意味を表す。
  - I'm 12(　　　　) sleepy (　　　　) study. 勉強するにはあまりにも眠すぎます。
  - The bag was 13(　　　　) expensive (　　　　) her (　　　　) buy.
    そのバッグは彼女が買うには高すぎました。 [➡〈for ＋人〉を to ～の前におくことがある]
- **enough to ～**…〈**形容詞［副詞］＋ enough to ～**〉の形で，「**十分…なので～できる**」という意味を表す。
  - He's wise 14(　　　　) (　　　　) control himself.
    彼は自制するには十分賢い。＝彼は十分に賢いので自制できます。
  - It's warm 15(　　　　) (　　　　) them (　　　　) play outside.
    [➡〈for ＋人〉を to ～の前におくことがある]
    十分暖かいので彼らは外で遊ぶことができます。

# STEP 02 基本問題

➡ 解答は 47 ページ

学習内容が身についたか，問題を解いてチェックしよう。

## 1 日本文に合う英文になるように，＿＿に適する語を書きなさい。

(1) 私はギターの弾き方を知りません。
I don't know ＿＿＿＿ ＿＿＿＿ play the guitar.

(2) 私は何を言ったらよいかわかりませんでした。
I didn't know ＿＿＿＿ ＿＿＿＿ say.

(3) いつ始めればよいか私に教えてください。
Tell me ＿＿＿＿ ＿＿＿＿ start.

(4) あなたはどこで切符を買えばよいか知っていますか。
Do you know ＿＿＿＿ ＿＿＿＿ buy tickets?

ヒント
〈疑問詞＋不定詞〉の形。日本語から，どの疑問詞を使えばよいかを考える。

## 2 日本文に合う英文になるように，＿＿に適する語を書きなさい。

(1) ほかの人を助けることはとても大切です。
＿＿＿＿ is very important ＿＿＿＿ help other people.

(2) テレビを見ることはおもしろい。
It's fun ＿＿＿＿ ＿＿＿＿ TV.

(3) 彼にとって英語を話すことはやさしい。
It is easy ＿＿＿＿ him ＿＿＿＿ speak English.

(4) その問題を解決するのは難しかったですか。
Was ＿＿＿＿ difficult ＿＿＿＿ solve the problem?

(5) あなたが私たちを手伝ってくれるのは親切なことです。
It's kind ＿＿＿＿ you ＿＿＿＿ help us.

ヒント
〈It is … to ～.〉で「～することは…だ」の意味になる。

(3)「～にとって」と人を示すときの形に注意。

確認
(5) 人の性質を表す形容詞の場合は，〈It is ＋形容詞＋ of － to ～.〉の形になる。

## 3 (　　) 内の日本語を参考にして，英文を完成しなさい。

(1) I ＿＿＿＿ him ＿＿＿＿ help me.
(彼に手伝ってくれるように頼んだ)

(2) He ＿＿＿＿ me to ＿＿＿＿ up.
(私に立つように言った)

(3) I want ＿＿＿＿ ＿＿＿＿ come here.
(あなたにここに来てほしい)

ヒント
〈動詞＋人＋to ～〉の形にする。

## 4 (　　) 内の語句を並べかえて文を完成しなさい。

(1) 彼はそのドアを開けないと約束しました。
He promised ( open / to / not ) the door.

He promised ______________________ the door.

(2) 彼女は笑わないようにしました。
She ( to / tried / not / laugh ).

She ______________________ .

(3) 私はエマがタクシーを止めるのを見ました。
I ( Emma / stop / saw ) a taxi.

I ______________________ a taxi.

(4) 私はだれかが私の名前を呼ぶのを聞きました。
( heard / I / call / someone ) my name.

______________________ my name.

**ヒント**

(1)(2) 不定詞を否定するときは，notの位置に注意。

(3)(4) 原形不定詞を用いる文。

## 5 日本文に合う英文になるように，____に適する語を書きなさい。

(1) 私はあまりに忙しすぎて昼食を食べられません。
I'm __________ busy __________ eat lunch.

(2) 彼女は親切にも私を手伝ってくれました。
She was kind __________ __________ help me.

(3) コーディーはあまりに疲れていて走れませんでした。
Cody was __________ __________ to run.

(4) この本は十分にやさしいので，私は読むことができます。
This book is easy __________ __________ me to read.

**ヒント**

〈too … to ～〉〈… enough to ～〉の文ではtooやenoughの語順に注意。

(2)「十分に親切なので手伝ってくれた」と考える。

## 6 (　　) に適する語句を下から選び，記号で答えなさい。

(1) I asked Sayaka (　　) with me.
ア stay　　イ stays　　ウ to stay

(2) I want (　　) this letter again.
ア you to read　　イ to you read　　ウ you read

(3) My father told (　　) go out.
ア not to me　　イ me not　　ウ me not to

(4) Did you see anyone (　　) into this room?
ア come　　イ to come　　ウ comes

**ヒント** 

〈動詞＋人〉のあとにto ～がくるか原形不定詞がくるか。

# 実戦問題

入試レベルの問題で力をつけよう。

➡ 解答は 48 ページ

## 1 (　　) 内の語句を並べかえて文を完成しなさい。

(1) 私たちにとって，毎日英語を勉強することは大切です。
( us / is / to / for / important / study / it ) English every day.

____________________ English every day.

(2) 私にどうやって図書館へ行けばよいか教えてくださいませんか。
Could you ( how / me / the library / to / tell / to / get )?

Could you ____________________?

(3) 今日は暖かいので，私たちは泳ぐことができます。
It's ( enough / us / warm / for / swim / to ) today.

It's ____________________ today.

(4) 妹は，いっしょに買い物に行くよう私に頼みました。 〈沖縄県・改〉
My sister ( to / go / me / shopping / asked ) together.

My sister ____________________ together.

(5) その机はドアを通り抜けるには大きすぎるかもしれません。
The desk ( big / to / may / too / go / be ) through the door. 〈兵庫県・改〉

The desk ____________________ through the door.

## 2 次の文を英語にしなさい。 writing

(1) 私はこのコンピューターの使い方を知りません。

____________________

(2) 英語の本（English books）を読むのは，私には難しい。

____________________

(3) 二度と遅刻しないようにしなさい。

____________________

難問
(4) 私はあなたが教室の中へ走っていくのを見ました。

____________________

**3** **以下は，ボブ（Bob）が書いた日記です。英文を読んで，以下の問いに答えなさい。**

reading

I had guitar lessons today. My teacher tried to ①( to / play / me / how / show ) my favorite song. The song was difficult, and I couldn't play it well. ②( to / he / me / the guitar / told / play ) every day. I'm going to practice after I finish writing in my *diary. I hope I *improve by next week's lesson.

*diary：日記　improve：上達する

(1) ①②の（　　）内の語句を並べかえて，意味の通る英文にしなさい。

①

②

(2) この日記を書き終えたあと，ボブは何をするつもりですか。日本語で答えなさい。

（　　　　　　　　　　　　　　　　　　　　　　　　）

**4** 26 **英文と，その内容に関する質問が読まれます。質問の答えとして適するものをア～エから１つ選び，記号を○で囲みなさい。**　listening

(1)
ア She'll have a big test.
イ She'll study for a test.
ウ She'll be tired.
エ She'll sleep.

(2)
ア He'll go to school.
イ He'll help his friend.
ウ He'll clean his room.
エ He'll be at his home.

**5** 27 **それぞれの場面について，男性の発言の途中でチャイムが鳴ります。男性の発言の続きとして，チャイムの部分に適する英文をア～エから１つ選び，記号を○で囲みなさい。**　listening

(1)
ア It took half an hour to get there.
イ It'll be rainy tomorrow.
ウ It's nice of you to invite me.
エ We had a good time at the party.

(2)
ア Will you tell him to call me back?
イ Can I speak to him?
ウ Would you like to leave a message?
エ He'll be glad to hear that.

22

重要度 ★★

# 名詞を修飾する句・節

## STEP01 要点まとめ

➡ 解答は 50 ページ

(　　)にあてはまる語句を書いて，この章の内容を確認しよう。

### 1 名詞を修飾するing形

POINT ●動詞の ing 形（現在分詞）が「**〜している**」の意味で名詞を修飾することがある。

- Look at the 01(　　　　) baby. 眠っている赤ちゃんを見て。
  ［➡ 1 語の場合は，名詞の前から修飾］
- I know the girl 02(　　　　) under the tree.
  ［➡ほかの語句をともなう場合は，名詞を後ろから修飾］
  私は木の下にすわっている女の子を知っています。

### 2 名詞を修飾する過去分詞

POINT ●過去分詞が「**〜された**」の意味で名詞を修飾することがある。

- Don't touch the 03(　　　　) glass. 割れたガラスにさわらないで。
  ［➡ 1 語の場合は，名詞の前から修飾］
- I have a camera 04(　　　　) in Germany. 私はドイツで作られたカメラを持っています。
  ［➡ほかの語句をともなう場合は，名詞を後ろから修飾］

### 3 名詞を修飾する〈主語＋動詞〉

POINT ● **〈主語＋動詞〉**が名詞を**後ろから修飾**することがある。

- I saw pictures he 05(　　　　). 私は彼が撮った写真を見ました。
- This is the book I 06(　　　　) yesterday. これは私が昨日読んだ本です。
- The watch he 07(　　　　) me was expensive. 彼が私にくれた時計は高価でした。
  ［➡修飾する部分が文の途中にくることもある］

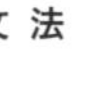

# STEP02 基本問題

➡解答は50ページ

学習内容が身についたか，問題を解いてチェックしよう。



## 1 (　　) 内の動詞を使って，英文を完成しなさい。

ヒント
ing形（現在分詞）が名詞を修飾する。名詞の前と後ろのどちらにおくかに注意。

(1) 門のところに立っているあの男の子を見て。　( stand )
Look at that boy ＿＿＿＿＿ at the gate.

(2) 私は木の下にすわっている女の子を知っています。　( sit )
I know the girl ＿＿＿＿＿ under the tree.

(3) 彼は通りをそうじしている女性を見ました。　( clean )
He looked at the ＿＿＿＿＿ ＿＿＿＿＿ the street.

(4) 向こうで走っている男性は私の兄です。　( run )
The ＿＿＿＿＿ ＿＿＿＿＿ over there is my brother.

(5) 私は落ちてくる雨の音が好きです。　( fall )
I like the sound of ＿＿＿＿＿ ＿＿＿＿＿ .

## 2 (　　) 内の動詞を使って，英文を完成しなさい。

ヒント
過去分詞が名詞を修飾する。名詞の前と後ろのどちらにおくかに注意。

(1) これはサヤカによって描かれた絵です。　( paint )
This is a picture ＿＿＿＿＿ by Sayaka.

(2) エマは日本で作られたお皿しか買いません。　( make )
Emma only buys dishes ＿＿＿＿＿ in Japan.

(3) これは調理された魚です。　( cook )
This is ＿＿＿＿＿ ＿＿＿＿＿ .

(4) ジョーンズ先生は多くの生徒に愛されている先生です。　( love )
Mr. Jones is a ＿＿＿＿＿ ＿＿＿＿＿ by many students.

(5) 私はやさしい英語で書かれた本を読みました。　( write )
I read a ＿＿＿＿＿ ＿＿＿＿＿ in easy English.

## 3 (　　) 内の日本語を参考にして，英文を完成しなさい。

ヒント
名詞を後ろから修飾する〈主語＋動詞〉。

(1) These are the pictures ＿＿＿＿＿ ＿＿＿＿＿ in Kyoto.
（アヤが京都で撮った写真）

(2) The ＿＿＿＿＿ ＿＿＿＿＿ ＿＿＿＿＿ last night was interesting.　（私が昨夜読んだ本）

(3) I know the ＿＿＿＿＿ ＿＿＿＿＿ ＿＿＿＿＿ yesterday.　（あなたが昨日会った男性）

# STEP 03 実戦問題

入試レベルの問題で力をつけよう。

➡ 解答は 50 ページ

## 1 （　）に適するものを下から選び，記号で答えなさい。

(1) Last week, I climbed that mountain (　　) with snow. 〈大阪府・改〉
ア cover　イ covered　ウ covering　エ covers

(2) There are many dogs (　　) all over the park on weekends. 〈兵庫県・改〉
ア play　イ played　ウ playing　エ to play

(3) The boy talking with the girls (　　) very happy.
ア look　イ looks　ウ looking　エ to look

(4) That is (　　) for you.
ア I can do all　イ all can I do　ウ all I can do　エ all can do I

(5) I received a (　　) in English.
ア letter writing　イ writing letter　ウ letter written　エ written letter

## 2 （　）内の語句を並べかえて文を完成しなさい。

(1) アレックスと呼ばれる男の子が私の家に来ました。
( Alex / came / boy / called / a ) to my house.

________________________________ to my house.

(2) この湖で捕った魚は食べられません。
You can't eat ( lake / fish / in / this / caught ).

You can't eat ________________________________.

(3) 公園で絵を描いている女の子はサヤカです。
( in / the / a picture / painting / park / girl / the ) is Sayaka.

________________________________ is Sayaka.

(4) 私が昨日見た映画はとてもわくわくしました。
( yesterday / was / the / I / movie / saw ) very exciting.

________________________________ very exciting.

難問
(5) 私は世界で使われている言語の数を調べようとしています。 〈兵庫県・改〉
I'm trying to find out ( languages / in / used / the number / the world / of ).

I'm trying to find out ________________________________.

**3 次の日本文を英語にしなさい。** writing

(1) ピアノを弾いているあの男の子はだれですか。

(2) 私は30年前に作られたカメラを持っています。

**4 次の英文は，Mr. Smith が自動車販売店を訪れたときの店員（clerk）との会話です。下のア～エの中から本文の内容に合うものには○を，合わないものには×をつけなさい。** reading

*Mr. Smith:* Hello. I'm looking for a car.
*Clerk:* Sure. Would you like a new car or a used car?
*Mr. Smith:* A used one, please.
*Clerk:* OK. How about this one? This is a car made in Germany. It's a very popular car.
*Mr. Smith:* It's nice, but I want a bigger one.
*Clerk:* OK. Then how about that black one?
*Mr. Smith:* Yes. That one looks nice.

ア Mr. Smith wanted a used car. (　　)
イ First, the clerk showed Mr. Smith a car made in Germany. (　　)
ウ Mr. Smith decided to buy the small car made in Germany. (　　)
エ Mr. Smith didn't like all the cars the clerk showed. (　　)

**5 28 それぞれの絵について英文が読まれます。英文が絵の内容に合っていれば○を，合わなければ×を書きなさい。** listening

(1)

(　　)

(2)

(　　)

(3)

(　　)

重要度 ★★★

# 23 関係代名詞

## STEP01 要点まとめ

➡ 解答は 51 ページ

(　　)にあてはまる語句を書いて，この章の内容を確認しよう。

### 1 関係代名詞（主格）

POINT

- **関係代名詞の働き**…**名詞に後ろから説明を加える**ときに使われ，前の名詞（**先行詞**）を修飾する節を導く。
- **関係代名詞の種類**…**who, which, that** などがあり，先行詞や文中での働きによって使い分ける。
- **主格の関係代名詞**…関係代名詞の節で**主語の働き**をする。
  **形と働き**…〈**関係代名詞＋動詞～**〉の形で先行詞を修飾する。
  **種類**…①**先行詞が「人」**のときは **who** を使う。
  ▸ I know a boy 01(　　　　) plays soccer well.
  ［➡関係代名詞が関係代名詞の節の主語になる］
  私はサッカーがじょうずな少年を知っています。
  ②**先行詞が「物」「動物」**のときは **that** または **which** を使う。
  ▸ Here's a bag that 02(　　　　) a big ribbon.
  ［➡動詞の形は，先行詞の人称・数に一致させる］
  ここに大きなリボンがついたかばんがあります。
  ▸ This is the book which 03(　　　　) him famous.
  これが彼を有名にした本です。

### 2 関係代名詞（目的格）

POINT

- **目的格の関係代名詞**…関係代名詞の節で**動詞の目的語の働き**をする。
- **形と働き**…〈**関係代名詞＋主語＋動詞～**〉の形で先行詞を修飾する。目的格の関係代名詞はよく省略される（→ p.124 の「名詞を修飾する〈主語＋動詞〉」と同じ形になる）。

● **種類**…①先行詞が「人」のときは **that** または **who** を使う。

▸ He is a singer (that) everyone 04(　　　　). 彼はだれもが好きな歌手です。

［➡関係代名詞が動詞の目的語の働きをする］

②先行詞が「物」「動物」のときは **that** または **which** を使う。

▸ Here's a picture (which) I 05(　　　　) in Kyoto.

ここに私が京都で撮った写真があります。

▸ The computer (that) my father 06(　　　　) is made in America.

［➡〈先行詞＋関係代名詞の節〉が長い主語になっている］

私の父が使っているコンピューターはアメリカ製です。

## 3 注意すべき関係代名詞

POINT

● **前置詞と関係代名詞**…関係代名詞 which が，work with ～（～と働く）や look for ～（～をさがす）など前置詞を使った語句の目的語になるときは，次の①②の言い方ができる。

①**前置詞だけを最後におく**

▸ This is the pen which I was looking 07(　　　　). これは私がさがしていたペンです。

②**前置詞を which の前におく**…かたい言い方で，which は省略できない。

▸ This is the pen 08(　　　　) which I was looking. これは私がさがしていたペンです。

● **先行詞に応じた使い分け**…次のような場合は，that がよく使われる。

①先行詞が **-thing の語**や **all** などの場合

▸ Is there anything 09(　　　　) I can do for you?

私があなたにしてあげられることが何かありますか。

②先行詞を特定の語句が修飾する場合…the first などの序数，形容詞の最上級，all（すべての），the same（同じ），the only（唯一の）など

▸ The first place 10(　　　　) we visited was an old temple.

私たちが訪れた最初の場所は古いお寺でした。

▸ This is the best movie 11(　　　　) I have ever seen.

これは私が今までに見た中で最高の映画です。

# STEP 02 基本問題

➡ 解答は 51 ページ

学習内容が身についたか，問題を解いてチェックしよう。

**1** 日本文に合う英文になるように，____に適する語を書きなさい。ただし，関係代名詞には who または which を使うこと。

(1) 私にはメキシコに住んでいるいとこがいます。
I have a cousin ________ ________ in Mexico.

(2) 私の父は，家具を作る会社に勤めています。
My father works for a company ________ makes furniture.

(3) 私は歌がじょうずな少女を知っています。
I know a girl ________ ________ well.

(4) 私はポケットがたくさんあるかばんがほしい。
I want a bag ________ ________ many pockets.

**ヒント**
主格の関係代名詞を，先行詞によって適切に使い分ける。また，節の中で主語の働きをするので，あとに続く動詞の形に注意。

(4)「ポケットがある」は「ポケットを持っている」と考える。

**2** 日本文に合う英文になるように，____に適する語を書きなさい。

(1) これは私が読みたかった本です。
This is the book ________ I wanted to read.

(2) 彼はだれもが知っているサッカー選手です。
He is a soccer player ________ everyone knows.

(3) これはエマが訪れたがっているお城です。
This is the castle ________ Emma wants to visit.

(4) あなたが買ったスマートフォンを私に見せてください。
Show me the smartphone ________ you bought.

**ヒント**
目的格の関係代名詞を，先行詞によって適切に使い分ける。

**3** 下線部の関係代名詞について，省略できるものには○を，省略できないものには×を書きなさい。

(1) I have a friend <u>who</u> speaks French. (　　)
(私にはフランス語を話す友達がいます。)

(2) The people <u>that</u> I met there were very nice. (　　)
(私がそこで会った人たちはとても親切でした。)

(3) This is a song <u>that</u> makes me happy. (　　)
(これは私を幸せにしてくれる歌です。)

(4) This is a letter <u>which</u> I got yesterday. (　　)
(これは私が昨日受け取った手紙です。)

**ヒント**
目的格の関係代名詞は省略できる。あとに〈主語＋動詞〉が続くかどうかで判断する。

**4** （　　）に適するものを下から選び，記号を○で囲みなさい。

ヒント
関係代名詞を選ぶ際には，先行詞が「人」か「物」かに注意。

(1) He is a man (　　) I met at the park.
　ア he　イ which　ウ who　エ what

(2) This is the song (　　) my father loves.
　ア which　イ who　ウ when　エ where

(3) This is all the money (　　) I have with me now.
　ア who　イ that　ウ it　エ what

(4) The girl who went shopping with your sisters yesterday (　　) one of my friends.
　ア is　イ are　ウ be　エ were

(4) be動詞が入るが，形の決め手は何か。

(5) There are many cellphone users who (　　) use them carefully.
　ア isn't　イ aren't　ウ doesn't　エ don't

**5** 次の２文の内容を，関係代名詞を使って１文で表しなさい。それぞれ１文目の下線部の語句について，［　　］内の２文目が説明を加えるものとします。

ヒント
関係代名詞が主格か目的格か，また先行詞が「人」か「物」かを考える。

例 This is the picture. + [ Sayaka painted it. ]
　→ This is the picture which Sayaka painted.

(1) I know a man. + [ He can speak five languages. ]
　→ I know a man ＿＿＿＿＿＿＿＿＿＿＿＿.

(2) These are pictures. + [ My grandfather took them. ]
　→ These are pictures ＿＿＿＿＿＿＿＿＿＿＿＿.

(3) She is a writer. + [ Everyone loves her. ]
　→ She is a writer ＿＿＿＿＿＿＿＿＿＿＿＿.

(4) Takeshi has an aunt. + [ She lives in a small village. ]
　→ Takeshi has an aunt ＿＿＿＿＿＿＿＿＿＿＿＿.

(5) This is the book. + [ I was looking for it. ]
　→ This is the book ＿＿＿＿＿＿＿＿＿＿＿＿.

ミス注意
(5)(6) 前置詞の扱い方に注意。

(6) She is a girl. + [ I often play tennis with her. ]
　→ She is a girl ＿＿＿＿＿＿＿＿＿＿＿＿.

# STEP 03 実戦問題

入試レベルの問題で力をつけよう。

➡ 解答は 53 ページ

## 1 次の（　）内の語句を並べかえて文を完成しなさい。

(1) 彼女が去年書いた本は，すべての年齢の人々に人気があります。〈沖縄県・改〉
The book ( is / she / last year / which / wrote ) popular with people of all ages.

The book ＿＿＿＿＿＿＿＿ popular with people of all ages.

(2) オーストラリアには日本について学びたいと思っている多くの人々がいます。〈和歌山県・改〉
In Australia there are many ( who / to / want / people / learn ) about Japan.

In Australia there are many ＿＿＿＿＿＿＿＿ about Japan.

(3) あなたはアンが話しかけている女の子を知っていますか。
Do you know ( Ann / to / that / talking / the girl / is )?

Do you know ＿＿＿＿＿＿＿＿?

## 2 次の英文の下線部の語句に（　）内の説明を加えて，1文で表しなさい。

例 I have an uncle.（東京に住んでいる）
→ I have an uncle who lives in Tokyo.

(1) Did you read the comic book?（私が先週あなたにあげた）

→ ＿＿＿＿＿＿＿＿

(2) The doctor was very kind.（私が昨日会った）

→ ＿＿＿＿＿＿＿＿

(3) This is the song.（その歌手を有名にした）

→ ＿＿＿＿＿＿＿＿

## 3 次の文を英語にしなさい。 writing

(1) 私には野球が好きな友人がいます。

＿＿＿＿＿＿＿＿

(2) これは母が私に作ってくれたセーター（sweater）です。

＿＿＿＿＿＿＿＿

**4** 会話文を読んで，下の問いに答えなさい。 reading

*Bob:* What does your father do?
*Chika:* He works for a company that makes computers. What about your father?
*Bob:* He's an architect.
*Chika:* What's an architect?
*Bob:* An architect is someone who *designs buildings.
*Chika:* Wow! I'd like to see a building he designed.
*Bob:* He designed a few houses in this town.
*Chika:* Really? Will you show me one?
*Bob:* Sure. There's one near here. Let's go.

*design：～を設計する

(1) チカの父親はどんな会社で働いていますか。日本語で説明しなさい。
( )

(2) 下線部 architect の意味として適するものを下から選び，記号を○で囲みなさい。
**ア** 画家　**イ** 管理人　**ウ** 建築家　**エ** ファッションデザイナー

**5** 29 英文を聞いて，その内容に合うように，次の質問の答えを完成しなさい。 listening

(1) Where is the new restaurant?
— It's ______ ______ ______ .

(2) What is "The Last Letter"?
— It's the best ______ that the man has ever ______ .

**6** 30 それぞれの場面について，女性の発言のあとで男性の応答として 3 つの英文が読まれます。もっとも適するものを，読まれた a～c の英文から 1 つ選び，記号を○で囲みなさい。 listening

(1)

a　b　c

(2)

a　b　c

重要度 ★★

# 24 間接疑問文・付加疑問文・否定疑問文

## STEP01 要点まとめ

➡ 解答は 55 ページ

(　　)にあてはまる語句を書いて，この章の内容を確認しよう。

### 1 間接疑問文

POINT
- **間接疑問文とは**…疑問詞で始まる疑問文が，別の文の一部となった形。
- **間接疑問文の語順**…疑問詞のあとはふつうの文と同じ〈**主語＋動詞～**〉の語順になる。
  - Could you tell me 01(　　　　) the station is? 駅がどこにあるか教えていただけますか。
    [➡疑問詞＋主語＋ be 動詞]
  - Do you know 02(　　　　) he likes? あなたは彼が何が好きか知っていますか。
    [➡疑問詞＋主語＋一般動詞]

### 2 付加疑問文

POINT
- 「**～ですね**」のように，相手に確認したり，同意を求めたりするときに使う。2 語の疑問形を使い，前にコンマ（,）を打つ。
  - Ann is very kind, isn't 03(　　　　)? アンはとても親切ですね。
    [➡前の文が肯定文なら文末は否定形になる]
  - You don't like carrots, do 04(　　　　)? あなたはニンジンが好きではありませんね。
    [➡前の文が否定文なら文末は肯定形になる]
  
    — Yes, I 05(　　　　). いいえ，好きです。
    [➡問いの形に関係なく，答えの内容が肯定なら Yes で，否定なら No で答える]

### 3 否定疑問文

POINT
- 「**～ではありませんか**」などとたずねるときに使う。否定の短縮形が主語の前にくる。
  - It's almost noon. 06(　　　　) you hungry? そろそろお昼です。お腹は空いていませんか。
  - 07(　　　　) you know him? あなたは彼を知らないのですか。
  
    — No, I 08(　　　　). はい，知りません。
    [➡問いの形に関係なく，答えの内容が肯定なら Yes で，否定なら No で答える]

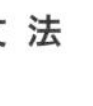

# STEP 02 基本問題

➡ 解答は 55 ページ

**学習内容が身についたか，問題を解いてチェックしよう。**

## 1 日本文に合う英文になるように，____に適する語を書きなさい。

**ヒント**
間接疑問文では，疑問詞のあとは〈主語＋動詞～〉の語順になる。

(1) あなたはあの男の子がだれだか知っていますか。
Do you know ________ that boy ________?

(2) 私はアヤがどこに住んでいるか知っています。
I know where ________ ________.

(3) 私はあなたが何をほしがっているかわかりません。
I don't know what ________ ________.

(4) 私はあれがだれの自転車か知っています。
I know whose ________ ________ ________.

(5) あなたはこれが何だか言い当てられますか。
Can you guess ________ ________ ________?

## 2 日本文に合う英文になるように，____に適する語を書きなさい。

**ヒント**
付加疑問文では，前の文の動詞がbe動詞か一般動詞か助動詞を使っているか，また前の文が肯定文か否定文かに注意する。

(1) いい天気ですね。
It's a nice day, ________ it?

(2) この電車は福島駅に止まりますよね。
This train stops at Fukushima Station, ________ it?

(3) あなたは窓を閉めましたね。
You closed the window, ________ ________?

(4) タケシはピアノが弾けますよね。
Takeshi can play the piano, ________ ________?

(5) これはあなたのペンではありませんよね。
This isn't your pen, ________ ________?

## 3 日本文に合う英文になるように，____に適する語を書きなさい。

**ヒント**
否定疑問文では，否定の短縮形が主語の前にくる。答え方に注意。

(1) あなたは疲れていないのですか。— いいえ，疲れています。
________ you tired? — ________, I am.

(2) あなたはそう思わないのですか。— はい，思いません。
________ you think so? — ________, I don't.

(3) 彼はパーティーへ行かなかったのですか。— いいえ，行きました。
________ he go to the party? — ________, he did.

# STEP 03 実戦問題

入試レベルの問題で力をつけよう。

➡ 解答は 55 ページ

**1** （　　）に適するものを下から選び，記号を○で囲みなさい。

(1) Mr. Kikuchi doesn't like fish, (　　)?
ア does he　イ was he　ウ doesn't he　エ didn't he

(2) Your sister read this book, (　　)?
ア does she　イ was she　ウ doesn't she　エ didn't she

(3) You don't have a smartphone, do you? — (　　) I bought one last month.
ア Yes, I do.　イ Yes, I don't.　ウ No, I do.　エ No, I don't.

**2** （　　）内の語句を並べかえて文を完成しなさい。

(1) 駅へはどうやって行けばよいか私に教えてくださいませんか。
Could you tell me ( I / can / to / get / the station / how )?

Could you tell me ＿＿＿＿＿＿＿＿＿＿＿＿＿＿＿＿＿＿＿＿?

(2) どの電車に乗るべきか教えてください。　〈北海道〉
Please tell me ( I / which / should / train ) take.

Please tell me ＿＿＿＿＿＿＿＿＿＿＿＿＿＿＿＿＿＿＿＿ take.

(3) 私は，私のクラスメートたちが放課後に何をしているのか知りませんでした。　〈和歌山県・改〉
I didn't know ( my / were / what / after / classmates / doing ) school.

I didn't know ＿＿＿＿＿＿＿＿＿＿＿＿＿＿＿＿＿＿＿＿ school.

(4) 私は彼らが毎週どのくらい練習しているか知りたいです。　〈岐阜県・改〉
I want to ( they / often / practice / how / know ) every week.

I want to ＿＿＿＿＿＿＿＿＿＿＿＿＿＿＿＿＿＿＿＿ every week.

難問

(5) *A:* I am a little nervous about the English speech contest this Friday.
*B:* Don't worry. I know ( to / practiced / how many / you / have / hours ) make your speech better.
*A:* Thank you. I will do my best.　〈岩手県〉

I know ＿＿＿＿＿＿＿＿＿＿＿＿＿＿＿＿＿＿＿＿
make your speech better.

**3** **次の文を英語にしなさい。** writing

(1) あなたはこの女性がだれだか知っていますか。

(2) ユミは自転車を2台持っていますね。

(3) あなたはのどがかわいていませんか。

**4** **次の英文は，Chika が Bob に送った e-mail の一部です。英文を読んで，下のア〜エの中からその内容が合わないものを1つ選び，記号を○で囲みなさい。** reading

Hi, Bob. How are you doing? I'm writing to you to ask you for your help. I've written a speech for a contest, but it's in English, and I'm a little worried about my *grammar.

I've put the speech at the end of this e-mail. The *theme is *environmental pollution. In your *opinion, is the speech difficult to understand? Could you tell me how I can make it better?

*grammar：文法　theme：テーマ　environmental pollution：環境汚染　opinion：意見

**ア** Chika はコンテストのためのスピーチを書いた。
**イ** Chika は英語が苦手なので，Bob の書いたスピーチが理解しにくい。
**ウ** スピーチのテーマは「環境汚染」で，原稿はこのメールの最後に書かれている。
**エ** Chika は自分が書いたスピーチをよくする方法を Bob に教えてもらいたい。

**5** 31 **会話を聞いて，次の英文がその内容と合っていれば○を，合っていなければ×を（　）に入れなさい。** listening

(1) (　　) The girl thinks that her mother is at the supermarket.
(2) (　　) Maria found the boy's book in the gym.
(3) (　　) James doesn't have soccer practice today.
(4) (　　) Naomi is not from Osaka.

重要度 ★

# 25 感嘆文・話法・仮定法

## STEP01 要点まとめ

➡解答は 57 ページ

(　　)にあてはまる語句を書いて，この章の内容を確認しよう。

### 1 感嘆文

POINT

● **How ~! の感嘆文**…〈How ＋形容詞［副詞］＋（主語＋動詞）!〉の形で，「**なんて～なのでしょう**」という驚きなどの気持ちを表す。

▸ 01(　　　　) **cute this dog is!**　この犬はなんてかわいいのでしょう。

● **What ~! の感嘆文**…〈What（a / an）＋形容詞＋名詞（＋主語＋動詞）!〉の形で，「**なんて～な…なのでしょう**」という驚きなどの気持ちを表す。

▸ 02(　　　　) **a beautiful picture!**　なんて美しい写真でしょう！

### 2 話法

POINT

● **直接話法**…人の発言に手を加えずに引用符（“ ”）で囲んでそのまま直接伝える形。

▸ **“I'm busy,” said Ken. / Ken said, “I'm busy.”**　ケンは「ぼくは忙しい」と言いました。

● **間接話法**…人の発言を伝える人の立場から言いかえて間接的に伝える形。

▸ **Ken said (that) he was busy.**　ケンは忙しいと言いました。

● **話法の転換**…①主節の動詞，②代名詞，③時制の変化に注意が必要。

**①動詞**…直接話法で〈say to ＋人〉の場合は〈tell ＋人〉に変える。

▸ **“It's hot,” he said to me.**

→ **He** 03(　　　　) **me (that) it was hot.**　彼は私に暑いと言いました。

**②代名詞**…伝える人の立場に立って変化する。

▸ **He said, “I'm hungry.”**

→ **He said (that)** 04(　　　　) **was hungry.**　彼は空腹だと言いました。

**③時制**…主節の動詞が過去形のときは，that 節の動詞の時制も過去形にする（時制の一致）。

▸ **Lisa said, “I like to sing.”**

→ **Lisa said she** 05(　　　　) **to sing.**　リサは歌うことが好きだと言いました。

# 3 仮定法

## 1 仮定法過去

POINT
- **形**…〈If ＋主語＋過去形～, 主語＋ would［could, might］＋動詞の原形….〉
- **意味**…「もし(今)～なら，…だろう」という意味で，現在の事実とはちがうことを表すときに使う。
  - ▸ If you 06(　　　) there, you (　　　) get the CD.
    あなたがもしそこに行けば，その CD が買えるのに。
  - ▸ If I were you, I 07(　　　) say that.
    ［➡仮定法過去の文では，be 動詞は主語が何であっても were を使うのが基本］
    もし私があなただったら，そんなことは言わないでしょう。
- **I wish ～** …〈I wish ＋主語＋過去形～.〉で現在実現できない願望を表し，「～であればいいのに」という意味を表す。
  - ▸ I wish I 08(　　　) a little taller.　私の背がもう少し高ければいいのに。
- **as if ～** …〈as if ＋主語＋過去形～〉で「まるで～のように」という意味を表す。as though ～もほぼ同じ意味を表す。
  - ▸ Ben talks 09(　　　)(　　　) he (　　　) everything.
    ベンはまるで何でも知っているかのように話します。

## 2 仮定法過去完了

POINT
- **形**…〈If ＋主語＋ had ＋過去分詞～, 主語＋ would［could, might］ have ＋過去分詞….〉
- **意味**…「もし(あのとき)～だったら，…だっただろう」のように，過去の事実とはちがうことを表すときに使う。
  - ▸ If you 10(　　　) come, she (　　　)(　　　) been happy.
    もしあなたが来ていたら，彼女は喜んだだろうに。
  - ▸ I wish I 11(　　　)(　　　) harder.　もっと熱心に勉強しておけばよかった。
    ［➡ I wish ～ の文で仮定法過去完了を使うと「～であったらよかったのに」という意味を表す］

# STEP 02 基本問題

➡ 解答は 57 ページ

学習内容が身についたか，問題を解いてチェックしよう。

## 1 日本文に合う英文になるように，____に適する語を書きなさい。

(1) 今日はなんて暑いのでしょう。
____ hot it is today!

(2) あれはなんて美しい鳥なのでしょう。
____ a beautiful bird that is!

(3) 彼らはなんて忙しいのでしょう。
____ busy they are!

(4) なんてすばらしい考えなのでしょう。
____ a wonderful idea!

ヒント 

感嘆文では，howとwhatの使い分けに注意。あとに続く語句から判断する。

## 2 直接話法を間接話法に転換するとき，____に適する語を書きなさい。

(1) Cody said, “I'm very tired.”
Cody said that he ____ very tired.

(2) Aya said to me, “I like dogs.”
Aya ____ me that she ____ dogs.

(3) “Do you have a bike?” Emma said to Alex.
Emma ____ Alex ____ he had a bike.

(4) “Open the window,” Mr. Jones said to us.
Mr. Jones ____ us ____ open the window.

ヒント 

話法を転換するときは，動詞，人称代名詞，時制，時や場所を表す語句のそれぞれについて，確実に判断すること。

確認 

(3) 疑問文を間接疑問文にするときは，動詞はふつうaskを使う。また，疑問詞がつかない疑問文の場合は，接続詞ifかwhetherを使う。

## 3 日本文に合う英文になるように，____に適する語を書きなさい。

(1) もし私が十分なお金を持っていれば，新しいスマホを買うのですが。
If I ____ enough money, I ____ buy a new smartphone.

(2) もし私があなただったら，そこへは行かないでしょう。
If I ____ you, I ____ go there.

(3) 彼女のようにピアノを弾くことができたらいいのに。
I wish ____ ____ play the piano like her.

(4) 彼はまるで王様であるかのようにふるまいます。
He acts as if ____ ____ a king.

ヒント 

現在の事実とはちがうことを表す仮定法過去の文。動詞の形に注意する。

## 4 日本文に合う英文になるように，＿＿に適する語を書きなさい。

(1) もしあなたがそこにいたら，コーディーに会っていただろうに。
If you had been there, you ＿＿＿＿ ＿＿＿＿ seen Cody.

(2) もし走っていたら，私たちは遅刻しなかっただろうに。
If we ＿＿＿＿ ＿＿＿＿ , we wouldn't have been late.

(3) もっと早く出発しておけばよかった。
I wish I ＿＿＿＿ ＿＿＿＿ earlier.

(4) 彼女は，まるでその試合に勝ったかのように話します。
She talks as if ＿＿＿＿ ＿＿＿＿ won the game.

ヒント
過去の事実とはちがうことを表す仮定法過去完了の文。動詞の形に注意する。

## 5 (　　) 内から適するものを選び，○で囲みなさい。

(1) ( How / What ) sweet this cake is!
(2) Sayaka ( told / said ) me that I was right.
(3) If I had a dictionary, I ( will / would ) lend it to you.
(4) If you ( said / had said ) so, she would have been angry.
(5) I wish I ( have / had ) wings to fly.
(6) She talks ( if / as if ) she didn't know me.

ヒント
(4) 文の後半のwould have beenの形に注目。

## 6 (　　) に適するものを下から選び，記号を○で囲みなさい。

(1) (　　) a big apple this is!
ア How　イ What　ウ Which

(2) Takeshi told me that he (　　) busy the next day.
ア would　イ would be　ウ would have

(3) The teacher asked us (　　) we were doing.
ア what　イ that　ウ if

(4) If I were rich, I (　　) that house, but I don't have enough money.
ア can buy　イ could buy　ウ bought

(5) If I had studied harder, I might (　　) the exam.
ア have pass　イ had passed　ウ have passed

(6) I wish you (　　) to the party yesterday.
ア came　イ could come　ウ had come

(7) She is smiling (　　) nothing had happened.
ア as though　イ as that　ウ as much

ヒント
(3) doingのあとに目的語がないことに注意。

(6) yesterdayに注目。

# STEP 03 実戦問題

入試レベルの問題で力をつけよう。

➡ 解答は 59 ページ

## 1 次の英文を〔　〕内の指示に従って書きかえなさい。

(1) This is a small cat. 〔what を使った感嘆文に〕

(2) Tom's sister said to him, "I want some water." 〔間接話法の文に〕

(3) "Be quiet," my mother said to me. 〔間接話法の文に〕

(4) I don't know her name. 〔I wish を使って現在実現できない願望を表す文に〕

## 2 (　) 内の語を並べかえて文を完成しなさい。

(1) 彼は私にコンピューターが使えるかどうかたずねました。
He asked ( me / if / a computer / could / use / I ).

He asked ＿＿＿＿＿＿＿＿.

(2) 私は彼女にどんな花が好きかたずねました。
I asked ( she / flowers / what / her / liked ).

I asked ＿＿＿＿＿＿＿＿.

(3) 中国語が話せたらいいのになぁ。
I ( could / Chinese / wish / speak / I ).

I ＿＿＿＿＿＿＿＿.

## 3 次の文を英語にしなさい。 writing

(1) あなたはなんて運がいいのでしょう。

(2) 彼は私に「ぼくは日本に興味があります。」と言いました。

## 4 次の物語文を読んで，以下の問いに答えなさい。 reading

"( are / how / you / cute )!"

Those were Greg's first words when he saw his *newborn baby. He held the baby in his arms and felt proud. Greg was now a father.

"Welcome to this world," he said to his new child.

His wife was *lying in the hospital bed. She smiled and asked Greg what he wanted to *name the child.

Greg answered, "Let's name her Yuka."

*newborn：生まれたばかりの　lying：lie（横たわる）の現在分詞　name：名づける

(1) (　　) 内の語を並べかえて，意味の通る英文にしなさい。

______________________________ !

(2) 本文の下線部と同じ内容になるように，____に適する語を入れなさい。

She smiled and said to Greg, "What ________ ________ ________ to name the child?"

(3) 本文の内容に合うものを１つ選び，記号を○で囲みなさい。

**ア** グレッグが自分の赤ちゃんに言った最初の言葉は「この世界へようこそ」だった。

**イ** グレッグは赤ちゃんを抱いたとき，誇らしく感じた。

**ウ** グレッグの奥さんは赤ちゃんを見て「なんてかわいいの」と言った。

**エ** グレッグの奥さんの名前はユカである。

## 5 32 絵に関する英文が３つずつ流れます。絵の中の人物のせりふとしてもっとも適するものをa～cの中から１つ選び，記号を○で囲みなさい。 listening

(1)　(2)　(3)

(1) a　b　c

(2) a　b　c

(3) a　b　c

チェックリスト

# 重要不規則動詞

| 原形 | 過去形 | 過去分詞 |
|---|---|---|
| □ be（～である） | was, were | been |
| □ become（～になる） | became | become |
| □ begin（始まる） | began | begun |
| □ break（壊す） | broke | broken |
| □ build（建てる） | built | built |
| □ buy（買う） | bought | bought |
| □ catch（とらえる） | caught | caught |
| □ come（来る） | came | come |
| □ cut（切る） | cut | cut |
| □ do（する） | did | done |
| □ drink（飲む） | drank | drunk |
| □ drive（運転する） | drove | driven |
| □ eat（食べる） | ate | eaten |
| □ fall（落ちる） | fell | fallen |
| □ feel（感じる） | felt | felt |
| □ find（見つける） | found | found |
| □ fly（飛ぶ） | flew | flown |
| □ forget（忘れる） | forgot | forgotten/forgot |
| □ get（得る） | got | gotten/got |
| □ give（与える） | gave | given |
| □ go（行く） | went | gone |
| □ grow（成長する） | grew | grown |
| □ have（持っている） | had | had |
| □ hear（聞こえる） | heard | heard |
| □ hit（当たる） | hit | hit |
| □ hold（つかむ，催す） | held | held |
| □ hurt（痛む） | hurt | hurt |
| □ keep（保つ） | kept | kept |
| □ know（知っている） | knew | known |
| □ leave（去る） | left | left |
| □ let（…に～させる） | let | let |

| 原形 | 過去形 | 過去分詞 |
|---|---|---|
| □ lose（失う） | lost | lost |
| □ make（作る） | made | made |
| □ mean（意味する） | meant | meant |
| □ meet（会う） | met | met |
| □ put（置く） | put | put |
| □ read（読む） | read [red] | read [red] |
| □ ride（乗る） | rode | ridden |
| □ rise（上がる） | rose | risen |
| □ run（走る） | ran | run |
| □ say（言う） | said | said |
| □ see（見える） | saw | seen |
| □ sell（売る） | sold | sold |
| □ send（送る） | sent | sent |
| □ set（すえる） | set | set |
| □ show（見せる） | showed | shown/showed |
| □ shut（閉める） | shut | shut |
| □ sing（歌う） | sang | sung |
| □ sit（座る） | sat | sat |
| □ sleep（眠る） | slept | slept |
| □ speak（話す） | spoke | spoken |
| □ spend（過ごす） | spent | spent |
| □ stand（立つ） | stood | stood |
| □ swim（泳ぐ） | swam | swum |
| □ take（取る） | took | taken |
| □ teach（教える） | taught | taught |
| □ tell（伝える） | told | told |
| □ think（思う） | thought | thought |
| □ throw（投げる） | threw | thrown |
| □ understand（理解する） | understood | understood |
| □ win（勝つ） | won | won |
| □ write（書く） | wrote | written |

# 英語の使い分け編

重要度 ★★★

# 1 名詞と冠詞

## STEP01 要点まとめ

➡ 解答は 60 ページ

(　　)にあてはまる語句を書いて，この章の内容を確認しよう。

### 1 単数形と複数形

POINT ●**複数形**…数えられる名詞が 2 つ[2 人]以上のときは複数形にする。

▸ **There are 35** 01(　　　　　) **in our class.** 私たちのクラスには 35 人の生徒がいます。

次のような場合にも複数形を使う。

①種類全体をまとめてさすとき

▸ **I like** 02(　　　　　)**.** 私はりんごが好きです。

② a lot of（たくさんの）のような数の多少を表す語のあと

▸ **Emma has a lot of** 03(　　　　　)**.** エマはたくさんの本を持っています。

### 2 数えられない名詞

POINT ●**数えられない名詞**…以下のような名詞は，a はつかず，複数形にもしない。

①地名・人名などの固有名詞

▸ **Japan**（日本）/ **Tom**（トム）/ **Mt. Fuji**（富士山）/ **Ueno Station**（上野駅）など

②言語，教科，スポーツ名など

▸ **Japanese**（日本語）/ **math**（数学）/ **music**（音楽）/ **baseball**（野球）など

③液体や素材・材料などを表すもの

▸ **water**（水）/ **meat**（肉）/ **paper**（紙）/ **wood**（木材）/ **rain**（雨）など

④「1 つ，2 つ…」と数えず，それ全体としてとらえるもの

▸ **time**（時間）/ **work**（仕事）/ **information**（情報）/ **news**（ニュース）など

▸ **a lot of money**（×**moneys**） たくさんのお金

▸ **I have a lot of** 04(　　　　　) **today.** 今日はたくさんの宿題があります。

●**量を表す場合**…容器などの単位を使って表す。

▸ **a** 05(　　　　　) **of milk** コップ 1 杯の牛乳 / **two** 06(　　　　　) **of milk** コップ 2 杯の牛乳

▸ **a** 07(　　　　　) **of paper** 1 枚の紙

## 3 aとtheの使い分け

POINT

- **a** …「(ある) 1つの」の意味で，数えられる名詞の前につける。
- **the** …「**どれのことを言っているのか**」**1つに決まっている**とき，名詞の前につける。

▸ **I have 08(　　　　) cat. 09(　　　　) cat is cute.**
[➡不特定のねこ]　[➡今言った，話し手の飼っているねこ]
私は1匹のねこを飼っています。そのねこはかわいいです。

▸ **Please open 10(　　　　) door.** ドアを開けてください。
[➡目の前のドアに決まっている]

▸ 11(　　　　) **sun rises in the east.** 太陽は東からのぼります。
[➡もともと1つしかないものにもtheを使う]

▸ **Do you know 12(　　　　) name of this flower?** この花の名前を知っていますか。
[➡「この花の名前」は1つしかない]

## 4 aとanの使い分け

POINT

- **an** …あとにくる語の発音が母音から始まるときは，aの代わりにanを使う。

▸ **He picked 13(　　　　) apple from the tree.** 彼は木からりんごを1つもぎ取りました。

▸ **Sarah found 14(　　　　) old watch in the box.**
[➡あとの形容詞oldが母音で始まる]
サラはその箱の中に古い時計を見つけました。

▸ **We played tennis for 15(　　　　) hour.** 私たちは1時間テニスをしました。
[➡hで始まっていても，発音は母音で始まる]

## 5 冠詞の有無の使い分け

POINT

- **冠詞の有無**…その名詞の本来の目的を表す場合などには，冠詞をつけないこともある。

▸ **I usually walk to 16(　　　　).** 私はふだん歩いて学校に行きます。
[➡「登校する」という意味のときはschoolに冠詞をつけない]

▸ **by 17(　　　　)** バスで
[➡byで交通手段を表すときは，乗り物の名前に冠詞をつけない]

▸ **have 18(　　　　)** 朝食を食べる
[➡(特に限定しない，いつもの)「朝食」「昼食」「夕食」には冠詞をつけない]

# STEP 02 基本問題

➡ 解答は 60 ページ

**学習内容が身についたか，問題を解いてチェックしよう。**

## 1 （　）内から適する語句を選びなさい。

(1) あの背の高い男の人たちをごらんなさい。
Look at those tall ( man / mans / men ).

(2) アヤはねこが好きです。
Aya likes ( a cats / an cat / cats ).

(3) アレックスはメキシコの出身です。
Alex is from ( Mexico / a Mexico / the Mexico ).

(4) コーディーは毎日，音楽を聞きます。
Cody listens to ( music / a music / musics ) every day.

(5) 今月は雨がたくさん降りました。
We got a lot of ( rain / rains / the rain ) this month.

(6) ジュースを 1 杯いかがですか。
Would you like ( glass / a glass / the glass ) of juice?

**ヒント**
単数形・複数形の使い分けや，数えられない名詞の用法に注意。

## 2 日本文に合う英文になるように，____に a，an，the のいずれかを入れなさい。いずれも入らないときは，×を入れなさい。

(1) 私は犬を 1 匹飼っています。その犬はとても大きいです。
I have ________ dog. ________ dog is very big.

(2) 富士山は日本でいちばん高い山です。
Mt. Fuji is ________ highest mountain in ________ Japan.

(3) あなたのかばんはどれですか。— 机の上の赤いのです。
Which is your bag?
— ________ red one on ________ desk.

(4) これはおもしろい本です。読んだほうがいいよ。
This is ________ interesting book. You should read it.

(5) この本を読むのに 1 時間かかりました。
It took ________ hour to read this book.

(6) これは私の父のカメラです。
This is ________ my father's camera.

(7) 私はふだんは自転車で学校に行きます。
I usually go to ________ school by ________ bike.

**ヒント**
「ある（1つの）」ならa / an，「どれのことを言っているか決まっている」ならthe，という基本的な意味を押さえる。

**くわしく**
(6) 冠詞は，指示代名詞(this, thatなど)や，「〜の」の意味を表す代名詞（my, yourなど），名詞の所有格(Ken'sなど）といっしょに使うことはできない。

# STEP 03 実戦問題

入試レベルの問題で力をつけよう。

目標時間 15分

➡ 解答は 61 ページ



**1** ＿＿に（　　）内の語を適する形にして入れなさい。形を変える必要がないときはそのまま書きなさい。

(1) There are thirty ＿＿＿＿＿＿ in her class. ( student )
(2) My brother didn't have any ＿＿＿＿＿＿ . ( money )
(3) Mr. Miller drinks two ＿＿＿＿＿＿ of coffee every morning. ( cup )
(4) You must brush your ＿＿＿＿＿＿ every night. ( tooth )
(5) Mr. Okada teaches us ＿＿＿＿＿＿ . ( history )
(6) How many ＿＿＿＿＿＿ have you been to? ( country )
(7) There were a lot of ＿＿＿＿＿＿ on the table. ( dish )

**2** 日本文に合う英文になるように，＿＿に適する語を書きなさい。

(1) めがねをかけている少年がエディーです。
The boy wearing ＿＿＿＿＿＿ is Eddy.
(2) 私たちにはあまり時間がありません。
We don't have much ＿＿＿＿＿＿ .
(3) 机の上には何枚かの紙がありました。
There were some pieces of ＿＿＿＿＿＿ on the desk.
(4) サラは青い目をしています。
Sarah has blue ＿＿＿＿＿＿ .

新傾向 **3** 右の案内を見て，次の英文の（　　）に適する語を書きなさい。〈兵庫県・改〉

Our school will have a concert for the people of this town. It's on November 3. It's a holiday in Japan. The concert will start at two o'clock in ( ① ) afternoon. It's about an ( ② ) and thirty minutes long. You can see the school band and the chorus club. We hope a lot of people will come. We also want many ( ③ ) to come because we're going to enjoy singing some ( ④ ) with them.

**ふれあいコンサートのご案内**
**日時**：11月3日（木・祝）
14：00〜15：30
**場所**：のじぎく高校　中庭
**出演**：吹奏楽部，合唱部
※子どもたちも大歓迎！
いっしょに歌を歌いましょう！

① ＿＿＿＿＿＿　② ＿＿＿＿＿＿　③ ＿＿＿＿＿＿　④ ＿＿＿＿＿＿

重要度 ★★

# 2 代名詞・形容詞・副詞

## STEP01 要点まとめ

➡ 解答は 62 ページ

（　　）にあてはまる語句を書いて，この章の内容を確認しよう。

## 1 someとanyの使い分け

POINT

● **some** …「いくつかの」「いくらかの」という意味を表す。

▸ **There are** 01（　　　　） **books in the box.**　箱の中に本が何冊か入っています。

▸ **I want** 02（　　　　） **water.**　いくらかのお水がほしいです。

［➡数えられない名詞にも使われる］

● **any** …疑問文で「いくらかの」，否定文で「少しも（〜ない）」と言うときに使う。

▸ **Are there** 03（　　　　） **books in the box?**　箱の中に本は〈1冊でも〉入っていますか。

▸ **There aren't** 04（　　　　） **books in the box.**　箱の中に本は〈1冊も〉入っていません。

● **something** …「何か」という意味を表す。

▸ **I have** 05（　　　　） **to do today.**　私は今日，することがあります。

● **anything** …疑問文で「何か」，否定文で「何も（〜ない）」と言うときに使う。

▸ **Do you have** 06（　　　　） **to do today?**　あなたは今日，何かすることがありますか。

▸ **I don't have** 07（　　　　） **to do today.**　私は今日，何もすることがありません。

## 2 「たくさんの」「少しの」「すべての」の使い分け

### 1 「たくさんの」

POINT

● **many** …**数えられる名詞**について「たくさんの，多数の」の意味で使う。

▸ **Did Alex take** 08（　　　　） **pictures?**　アレックスはたくさんの写真を撮りましたか。

● **much** …**数えられない名詞**について「たくさんの，多量の」の意味で使う。

▸ **Do they have** 09（　　　　） **money?**　彼らはたくさんのお金を持っていますか。

● **a lot of** …数えられる名詞にも数えられない名詞にも使うことができる。

▸ 10（　　　　）（　　　　）（　　　　） **people came to the concert.**

たくさんの人たちがコンサートに来ました。

▸ **We need** 11（　　　　）（　　　　）（　　　　） **water.**

私たちはたくさんの水が必要です。

### 2 「少しの」

POINT
- **a few** …**数えられる名詞**について「少しの，少数の」の意味で使う。
  - I took 12(　　　　) (　　　　) pictures there.　私はそこで少し写真を撮りました。
- **a little** …**数えられない名詞**について「少しの，少量の」の意味で使う。
  - She drinks 13(　　　　) (　　　　) water before going to bed.

    彼女は寝る前に少量の水を飲みます。

### 3 「すべての」

POINT
- **all** …「**すべての**」の意味で，あとの名詞は**複数形**にする。
  - Takeshi read 14(　　　　) the books here.　タケシはここにある本をすべて読みました。
- **every** …「**どの〜も**」の意味で，あとの名詞は**単数形**にする。
  - We have to write a report 15(　　　　) day.

    私たちは毎日レポートを書かなければなりません。
- **each** …「**それぞれ**」の意味で，あとの名詞は**単数形**にする。
  - I have a present for 16(　　　　) of you.

    ［➡このeachは代名詞。each ofのあとには名詞や代名詞の複数形がくる］

    あなたたち一人一人に，私からプレゼントがあります。

## 3 other, anotherの使い分け

POINT
- **other** …「**ほかの(もの)**」の意味で，あるものが2つあるときの「**残りのもう1つ**」と言うときには**the other**を使う。
  - Mr. Jones has two brothers. One is a firefighter, and 17(　　　　) (　　　　) is a vet.

    ジョーンズ先生には2人の兄弟がいます。1人は消防士で，もう1人は獣医師です。
- **another** …「**ほかの(1つのもの)**」の意味で，それまでに話していたものに対して「**(不特定の)別の1つ**」と言うときに使う。
  - I ate an apple. I want 18(　　　　) one.

    私はりんごを1つ食べました。もう1つほしいです。
- **others, the others** …「**ほかの複数のいくつか**」をさすときに使う。
  - Some people like rock, and 19(　　　　) like jazz.

    ロックが好きな人も，ジャズが好きな人もいます。
  - There was a box of cream puffs. Jasmine ate two of them, and Cody ate 20(　　　　) (　　　　).

    シュークリームが1箱ありました。ジャスミンがそのうちの2つを食べ，コーディーが残りを全部食べました。

# STEP 02 基本問題

➡ 解答は 62 ページ

学習内容が身についたか，問題を解いてチェックしよう。

**1** (　　) 内から適するものを選びなさい。

**ヒント**

数量などを表す代名詞や形容詞では，ともに用いる名詞が数えられるかどうか，単数扱いか複数扱いか，といったことに注意。

(1) アヤには姉妹はいません。
Aya doesn't have ( any / some ) sisters.

(2) 私は何かおもしろいものを読みたい。
I want to read ( anything / something ) interesting.

(3) あなたは何かペットを飼っていますか。
Do you have ( any / some ) pets?

(4) 私の父は多くのお金を持ち歩きません。
My father doesn't carry ( many / much ) money with him.

(5) 部屋にはたくさんの子どもがいます。
There are ( many / much ) children in the room.

(6) 数人の女性がそのイタリア料理店に入りました。
( A few / A little ) women went into the Italian restaurant.

(7) 私は眠気を感じるといつもコーヒーを少し飲みます。
I always drink ( a few / a little ) coffee when I feel sleepy.

(8) 生徒たちは全員自転車を持っています。
( All / Each ) the students have bikes.

(9) 私たち一人一人がその試合で全力を尽くさなければなりません。
( Each / Every ) of us has to do our best in the game.

**2** 意味が通るよう，____に適するものを下から選んで書きなさい。

**ヒント**

another, otherの使い分けでは，表す意味が特定か不特定か，単数か複数かに注意する。

(1) 私はねこを 2 匹飼っています。1 匹は白く，もう 1 匹は黒いです。
I have two cats. One is white, and __________ is black.

(2) その少年たちの 1 人はテニスが好きで，もう 1 人はサッカーが好きです。そして残り全員が野球が好きです。
One of the boys likes tennis, and __________ likes soccer. __________ like baseball.

(3) バスで通学する生徒もいれば，自転車で通学する生徒もいます。
Some students go to school by bus, and __________ by bike.

| another / others / the other / the others |
|---|

# STEP 03 実戦問題

入試レベルの問題で力をつけよう。

目標時間 15分

➡ 解答は 62 ページ



## 1 日本文に合う英文になるように，＿＿に適する語を書きなさい。

(1) 私は今日，ピアノを練習する時間があまりありません。
I don't have ＿＿＿＿＿＿ time to practice the piano today.

(2) このクラスのどの生徒もスミス先生のことが好きです。
Every ＿＿＿＿＿＿ in this class ＿＿＿＿＿＿ Ms. Smith.

(3) チカはハムスターを3匹飼っています。彼女はもう1匹ほしがっています。
Chika has three hamsters. She wants ＿＿＿＿＿＿ one.

(4) ボブは昨日，スーパーマーケットで何も買いませんでした。
Bob didn't buy ＿＿＿＿＿＿ at the supermarket yesterday.

## 2 (　　) 内の語句を並べかえて文を完成しなさい。

(1) 私の母はこれらの小説をすべて読みました。
( novels / mother / these / my / read / all ).

＿＿＿＿＿＿＿＿＿＿＿＿＿＿＿＿＿＿＿＿＿＿＿＿＿＿.

(2) 京都には古いお寺がたくさんあります。
( there / old / lot / are / a / temples / in / of ) Kyoto.

＿＿＿＿＿＿＿＿＿＿＿＿＿＿＿＿＿＿＿＿＿＿＿＿ Kyoto.

(3) 私には中国人の友達が少しいます。
( a / Chinese / few / friends / have / I ).

＿＿＿＿＿＿＿＿＿＿＿＿＿＿＿＿＿＿＿＿＿＿＿＿＿＿.

## 3 次の文を英語にしなさい。 writing

(1) そのコップにはお茶が少し入っています。

＿＿＿＿＿＿＿＿＿＿＿＿＿＿＿＿＿＿＿＿＿＿＿＿＿＿

(2) その花びんには花が1本も入っていません。

＿＿＿＿＿＿＿＿＿＿＿＿＿＿＿＿＿＿＿＿＿＿＿＿＿＿

(3) 野球が好きな人もいれば，サッカーが好きな人もいます。

＿＿＿＿＿＿＿＿＿＿＿＿＿＿＿＿＿＿＿＿＿＿＿＿＿＿

重要度 ★★

# 3 前置詞・接続詞

## STEP01 要点まとめ

➡ 解答は 63 ページ

(　　)にあてはまる語句を書いて，この章の内容を確認しよう。

### 1「～の間」の使い分け

POINT

- **for** …時間や期間の長さについて，「**～分間**」「**～時間**」「**～日間**」など具体的な数字を使って言うときに使う。
  - ▸ **Aya waited for him** 01(　　　　) **an hour.** アヤは彼を 1 時間待ちました。
  
    [➡具体的な時間の長さ]
- **during** …「**夏の間**」など特定の期間の「間」と言うときに使う。
  - ▸ **Aya did her homework** 02(　　　　) **the recess.** アヤは休み時間の間に宿題をしました。
  
    [➡休み時間＝特定の期間]
- **while** …後ろに〈主語＋動詞〉をともなって，「**…が～する間に**」という意味を表す。
  - ▸ **Mr. Jones came to see you** 03(　　　　) **you were out.**
  
    [➡主語＋動詞]
    
    あなたが外出している間に，ジョーンズ先生があなたに会いに来ましたよ。

### 2「から・まで」の使い分け

POINT

- **from ～ to …** …「**～から…まで**」と言うときに使う。
  - ▸ **This store is open** 04(　　　　) **10 a.m.** (　　　　) **8 p.m.**
  
    このお店は午前 10 時から午後 8 時まで開いています。
- **since** …現在完了形の文などで，時を表して「**～から(今まで)**」と言うときに使う。
  - ▸ **This store has been here** 05(　　　　) **1990.** このお店は 1990 年からここにあります。
- **until / by** …期間の終わりを表す「～まで」は，次のように until と by を使い分ける。

  **until**「**～までずっと**」…その時まで動作や状態がずっと続いていることを表す。

  **by**「**～までに**」…期限を表す。
  - ▸ **Aya waited for Cody** 06(　　　　) **1 p.m.** アヤはコーディーを午後 1 時まで待ちました。
  - ▸ **I'll be back** 07(　　　　) **1 p.m.** 私は午後 1 時までには戻ってきます。

# STEP 02 基本問題

➡ 解答は 63 ページ

学習内容が身についたか，問題を解いてチェックしよう。

## 1 （　）内から適する語を選びなさい。

(1) 私はそこで 15 分間待ちました。
I waited there ( during / for / while ) fifteen minutes.

(2) 私たちは夏休みの間，奈良に滞在しました。
We stayed in Nara ( during / for / while ) the summer vacation.

(3) あなたが買い物している間に，コーディーが電話してきましたよ。
Cody called you ( during / for / while ) you were shopping.

(4) 私は冬の間，オーストラリア中を旅行しました。
I traveled around Australia ( during / for / while ) the winter.

(5) 私はジョギングをしながらいつも音楽を聞きます。
I always listen to music ( during / for / while ) I'm jogging.

(6) あなたは中国にどのくらい滞在する予定ですか。— 2 週間です。
How long are you going to stay in China?
— ( During / For / While ) two weeks.

ヒント

during / for / while のうち，「～の間」の意味で接続詞として使えるのはwhileのみ。duringとforは，あとに続く語句の種類に応じて使い分ける。

## 2 各文の意味が通るよう，＿＿に適する語句を下から選んで書きなさい。同じ語を 2 度使ってもかまいません。

(1) 私たちの店は火曜から日曜まで開いています。
We're open ＿＿＿＿＿ Tuesday ＿＿＿＿＿ Sunday.

(2) 私は宿題を金曜までに提出しなければならない。
I have to hand in my homework ＿＿＿＿＿ Friday.

(3) 私は 7 月からアレックスに会っていません。
I haven't seen Alex ＿＿＿＿＿ July.

(4) アレックスは 9 月までメキシコに滞在する予定です。
Alex will stay in Mexico ＿＿＿＿＿ September.

(5) アヤは昨夜，12 時まで起きていました。
Aya stayed up ＿＿＿＿＿ midnight last night.

(6) 私は 3 歳のころからここに住んでいます。
I have lived here ＿＿＿＿＿ I was three years old.

| by / from / since / to / until |
|---|

ヒント

「～から」や「～まで／～までに)」の使い分けは，いっしょに使われている語句に注目して考えよう。

# STEP 03 実戦問題

入試レベルの問題で力をつけよう。

➡ 解答は 63 ページ

よく出る

**1** （　）に適する語句を下から選び，記号を○で囲みなさい。

(1) I'll return your comic book (　　) Sunday morning.
ア by　　イ for　　ウ from　　エ to

(2) I'll be busy (　　) April 12th.
ア while　　イ for　　ウ to　　エ until

(3) I sometimes take care of my uncle's baby (　　) he is at work.
ア during　　イ for　　ウ until　　エ while

(4) I will study Chinese (　　) this summer vacation.　〈栃木県・改〉
ア during　　イ while　　ウ since　　エ between

**2** （　）内の語句を並べかえて文を完成しなさい。

(1) 私は５時までに家に帰らなければなりません。
( to / I / by / home / get / have / five ).

________________________________.

(2) 私たちは毎週末の午前８時から午前 11 時までサッカーを練習します。
( 8:00 a.m. / 11:00 a.m. / from / on / practice / soccer / to / we ) weekends.

______________________________ weekends.

(3) 私たちは，子どものときから友達です。　〈北海道〉
We ( been / friends / since / have ) we were children.

We ______________________________ we were children.

**3** 次の文を英語にしなさい。　writing

(1) 私は昨日３時間英語を勉強しました。

________________________________

(2) ジョーンズ先生（Mr. Jones）は 2018 年から日本に住んでいます。

________________________________

(3) 私は明日，２時までピアノのレッスンがあります。

________________________________

**4** 次の Dancing Horse Inn という宿の「お客様ご案内」(Guest Information) を読んで，あとの問いに答えなさい。 reading 〈千葉県・改〉

## Guest Information

*Dear Guests,*
*Welcome to the Dancing Horse Inn!*

***About Us***

The Dancing Horse Inn was built in Green Country more than 300 years ago. Since then, we have given a warm welcome to people who visit this beautiful place with hills and lakes. We grow *local vegetables by ourselves in our garden. We *proudly *serve them in our restaurant.

***Breakfast***

You can have breakfast in the *dining room from 7:30 a.m. to 10:00 a.m. If you want to eat breakfast before 7:30 a.m., please tell us that.

****Check In/Out***

Check in: From 3:00 p.m. You may leave your bags after 12:00 noon.
Check out: Please leave your room before 11:00 a.m.

***Internet***

We have free Internet in the dining room and the restaurant.

***Restaurant***

We hope you have a great time at our famous "Dancing Horse Restaurant" from 12:00 noon to 11:00 p.m. You can have lunch or dinner there every day from 12:00 noon to 8:00 p.m.

***Rooms***

We will clean your room and bed every day. Please leave any *towels you want to change on the floor in the bath. Help yourself to the water bottles, coffee, and tea in your room.

*Thank you for choosing the Dancing Horse Inn. Enjoy your stay!*

*local：地元の　proudly：誇りをもって　serve ～：～を出す　dining room：ダイニングルーム（食事室）　check in/out：チェックイン・チェックアウト　towel：タオル

問　この案内の内容に合っているものを，次の**ア**～**エ**から１つ選び，記号を○で囲みなさい。

**ア** Local people in Green Country sell vegetables from their garden at the restaurant.
**イ** To have breakfast earlier than 7:30 a.m., you need to leave the room before 11:00 a.m.
**ウ** You can use the Internet and have dinner at 7:00 p.m. in the restaurant.
**エ** If you want clean towels every day, you have to leave them on the bed.

重要度 ★★★

# 動詞・助動詞 ①

## STEP01 要点まとめ ➡解答は 65 ページ

(　　)にあてはまる語句を書いて，この章の内容を確認しよう。

### 1 go と come などの使い分け

POINT

● **go と come の使い分け**

**go** …「**行く**」という意味。話し手がいるところから離れるときに使う。

**come** …「**来る**」という意味。話し手がいるところに近づくときに使う。また，**相手のところへ**「行く」と言うときは，相手を中心に考えて come を使う。

▸ **I want to 01(　　　　　) home.** 私は家に帰りたいです。

▸ **I can't 02(　　　　　) to your birthday party tomorrow.**
私は明日，あなたの誕生日パーティーには行けません。

● **take と bring の使い分け**… go と come の関係と同様に考える。

**take** …「**持っていく**」「**連れていく**」という意味。

**bring** …「**持ってくる**」「**連れてくる**」という意味。また，**相手のところへ**「持っていく」「連れていく」と言うときは，相手を中心に考えて bring を使う。

▸ **You should 03(　　　　　) an umbrella with you.** かさを持っていったほうがいいですよ。

▸ **I'll 04(　　　　　) it to you.** それをあなたのところに持っていきます。

● **「見る」の使い分け**

**look at** …「**(何かを見ようとして) 目を向ける**」と言うときに使う。

**watch** …「**(動きのあるものを) しばらくの間じっと見る**」と言うときに使う。

**see** …「**(自然に) 目に入る，見える**」と言うときに使う。

▸ **05(　　　　　) at the board.** 黒板を見なさい。

▸ **I 06(　　　　　) TV all day yesterday.** 私は昨日 1 日中テレビを見ていました。

▸ **Can you 07(　　　　　) the bird over there?** 向こうにいる鳥が見えますか。

● **「聞く」の使い分け**

**listen to** …「**耳をかたむける**」と言うときに使う。

**hear** …「**(自然に) 耳に入る，聞こえる**」と言うときに使う。

▸ **08(　　　　　) to me carefully.** 私の言うことを注意して聞いてください。

▸ **Can you 09(　　　　　) me?** 私の言うことが聞こえていますか。

● 「話す・言う」の使い分け

**speak** …相手のあるなしにかかわらず,「**話す**」**という動作に重点がある**ときに使う。

**talk** …「**相手と話す**」「**おしゃべりする**」と言うときによく使う。

**say** …「(**考えや言葉を**) **言う,述べる**」と言うときに使う。

**tell** …「(**情報を**) **伝える**」と言うときに使う。

▸ Please 10(　　　　) a little more slowly.　もう少しゆっくり話してください。

▸ We 11(　　　　) about our dreams.　私たちは自分たちの夢について話し合いました。

▸ Mr. Jones 12(　　　　), "Stand up."　ジョーンズ先生は「立ちなさい」と言いました。

▸ 13(　　　　) me about your hobbies.　あなたの趣味について私に話して。

● 「教える」の使い分け

**teach** …「(**学問や技術を**) **指導する**」と言うときに使う。

**tell** …「(**相手に何かを**) **伝える**」と言うときに使う。

**show** …「(**実際に見せて**) **教える**」と言うときに使う。

▸ Mr. Jones 14(　　　　) us English.　ジョーンズ先生は私たちに英語を教えています。

▸ Please 15(　　　　) me your e-mail address.　あなたのメールアドレスを教えてください。

▸ I 16(　　　　) him how to swim.　私は彼に泳ぎ方を教えました。

## 2 haveなどのいろいろな使い方

POINT

● **have** …基本的な意味は「**〜を持っている**」で,**状態**を表す。

▸ Emma 17(　　　　) a bad cold.　エマはひどいかぜをひいています。[➡経験する]

▸ They are going to 18(　　　　) a party.　彼らはパーティーを開くつもりです。[➡開催する]

▸ We are 19(　　　　) lunch right now.　私たちは今,昼食を食べています。[➡食べる]

● **get** …基本的な意味は「**〜を手に入れる**」で,**動作**を表す。

▸ Alex 20(　　　　) new shoes.　アレックスは新しいくつを買いました。

▸ Cody 21(　　　　) a letter from Aya.　コーディーはアヤから手紙を受け取りました。

▸ It's 22(　　　　) cold outside.　外は寒くなってきています。

[➡〈get＋形容詞[過去分詞]〉の形で「(ある状態) になる」という意味を表す]

● **take** …基本的な意味は「**〜を取る**」「**〜を持っていく,連れていく**」。

▸ I usually 23(　　　　) the bus to school.　私はふつうバスに乗って学校に行きます。

▸ It 24(　　　　) an hour to finish this book.　この本を読み切るのに1時間かかりました。

[➡〈It takes＋時間の長さ＋to 〜.〉(〜するのに…時間がかかる) の形でよく使われる]

● **make** …基本的な意味は「**〜を作る**」。

▸ Everybody 25(　　　　) mistakes.　だれでもみんな間違えます。[➡(ある動作) をする]

▸ That news 26(　　　　) me sad.　その知らせは私を悲しくさせました。

[➡〈make A B〉で「AをBにする」の意味を表す]

# STEP 02 基本問題 ➡ 解答は 65 ページ

**学習内容が身についたか，問題を解いてチェックしよう。**

## 1 (　　) 内から適する語句を選びなさい。

**ヒント**

似た意味の動詞の使い分け。

(1)(2) 相手のところへ「行く，持っていく」という場合の動詞に注意。

(3)(4)(5)「意識して見たり聞いたりする」か，「自然に見えたり聞こえたりする」かに注意。

(1) 夕食の用意ができましたよ，コーディー。— 今，行きます。
Dinner is ready, Cody. — I'm ( going / coming ).

(2) 雨が降りそうよ。傘を持っていきなさい。
It's going to rain. ( Take / Bring ) your umbrella with you.

(3) タケシはテレビでサッカーの試合を見ています。
Takeshi is ( watching / looking / seeing ) a soccer game on TV.

(4) エマは音楽を聞いています。
Emma is ( hearing / listening to ) music.

(5) アヤ，私の言うことが聞こえますか。
Can you ( listen / hear / ask ) me, Aya?

(6) ジョーンズ先生は私たちにおもしろい話をしてくれました。
Mr. Jones ( spoke / said / told ) us an interesting story.

(7) アレックスは「来年メキシコに戻るんだ」と言いました。
Alex ( said / talked / told ), "I'll go back to Mexico next year."

(8) サヤカは私に将棋のやり方を教えてくれました。
Sayaka ( taught / told ) me how to play *shogi*.

## 2 各文の意味が通るよう，____に適する語を下から選び，必要に応じて適する形に変えて書きなさい。

**ヒント**

haveなど，多くの意味を持つ動詞は，まず基本的な意味をしっかりとらえ，そこからどう意味が広がっているかを考える。

(1) 彼が私に電話してきたとき，私は昼食を食べているところでした。
I was ________ lunch when he called me.

(2) その知らせは私たちを幸せにしました。
The news ________ us happy.

(3) もう 6 時です。外は暗くなってきています。
It's already 6:00. It's ________ dark outside.

(4) 図書館まで歩いて行くのにどれくらい時間がかかりますか。
How long does it ________ to walk to the library?

| get / have / make / take |
|---|

# STEP 03 実戦問題

入試レベルの問題で力をつけよう。

目標時間 15分

➡ 解答は 65 ページ



**1** （　　）内から適するものを選びなさい。

(1) I didn't ( have / talk / look ) breakfast. I'm ( doing / getting / taking ) hungry.

(2) Your shoes are nice. Where did you ( come / get / go ) them?

(3) What do they ( ask / tell / make ) in that building? — Computers.

(4) Okay, class. Now I'm going to ( talk / say / use ) about something very important. Please ( ask / listen to / hear ) me carefully.

**2** ＿＿に適する語を下から1つずつ選び，必要に応じて適する形に変えて書きなさい。

(1) 彼女は「立ちなさい」と言いましたが，彼らにはよく聞こえませんでした。
She ＿＿＿＿＿＿, "Stand up," but they didn't ＿＿＿＿＿＿ her well.

(2) 雨が降っていたので，私はタクシーに乗って仕事に行きました。
It was raining, so I ＿＿＿＿＿＿ a taxi to work.

(3) 彼女はジョーからメールをもらって，うれしくなりました。
She ＿＿＿＿＿＿ an e-mail from Joe, and it ＿＿＿＿＿＿ her happy.

| get / hear / make / say / take |
|---|

**3** 次の文を英語にしなさい。 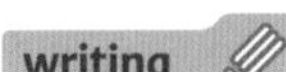

(1) 図書館へ行く道を教えていただけますか。

＿＿＿＿＿＿＿＿＿＿＿＿＿＿＿＿＿＿＿＿＿＿＿＿

(2) あなたは今までにコアラ（koala）を見たことがありますか。

＿＿＿＿＿＿＿＿＿＿＿＿＿＿＿＿＿＿＿＿＿＿＿＿

(3) もっとゆっくり話していただけますか。

＿＿＿＿＿＿＿＿＿＿＿＿＿＿＿＿＿＿＿＿＿＿＿＿

(4) 私は毎日，学校にお弁当（lunch）を持っていきます。

＿＿＿＿＿＿＿＿＿＿＿＿＿＿＿＿＿＿＿＿＿＿＿＿

(5) かべにかかっている絵を見てください。

＿＿＿＿＿＿＿＿＿＿＿＿＿＿＿＿＿＿＿＿＿＿＿＿

重要度 ★★

# 動詞・助動詞 ②

## STEP01 要点まとめ

➡ 解答は 66 ページ

（　）にあてはまる語句を書いて，この章の内容を確認しよう。

### 1 動詞の熟語（句動詞）

POINT ●**句動詞**… 2 語または 3 語のまとまりで，1 つの動詞と同じ働きをするもの。

**〈動詞＋前置詞〉**

▸ Cody's father 01(　　　　) (　　　　) Narita last night.

コーディーのお父さんは昨夜，成田に着きました。

▸ What are you 02(　　　　) (　　　　)? あなたは何を見ているのですか。

[➡疑問詞で始まる疑問文などでも〈動詞＋前置詞〉のかたまりはそのまま]

**〈動詞＋副詞〉**

▸ He 03(　　　　) (　　　　). 彼が入ってきました。[➡自動詞＋副詞]

▸ She 04(　　　　) (　　　　) her hat. = She 05(　　　　) her hat (　　　　).

[➡目的語は他動詞のすぐあとにおくことも〈他動詞＋副詞〉のあとにおくこともできる]

彼女は帽子をかぶりました。

▸ 06(　　　　) me (　　　　) later. あとで私に折り返し電話をください。

[➡目的語が代名詞のときは〈動詞＋代名詞＋副詞〉の語順になる]

### 2 現在形と現在進行形などの使い分け

POINT ●**現在形と現在進行形**

**現在形**…**ふだんの習慣**や，**いつも繰り返ししている動作**を表す。

**現在進行形**…**今している最中**であることを言うときに使う。

▸ Alex 07(　　　　) basketball every day. アレックスは毎日バスケットボールをします。

▸ Alex 08(　　　　) (　　　　) basketball right now.

アレックスは今，バスケットボールをしているところです。

▸ I 09(　　　　) to Sakura Junior High School. 私はさくら中学校に通っています。

[➡日本語で「～しています」と言うときでも，進行形ではなく現在形が適切な場合もある]

● **過去形と現在完了形**

**過去形**…**過去にした動作**や，**過去の状態**を表す。

**現在完了形**…過去とつながりのある**現在の状態**を表す。

▸ **I** 10(　　　　) **my keys yesterday.**　私は昨日，かぎをなくしました。

▸ **I** 11(　　　　) (　　　　) **my keys.**　私はかぎをなくしました。[➡今もなくしている]

● **現在形と過去形**

接続詞 that の文では，主節の動詞が**過去形**のときは，**that 以下の動詞・助動詞も過去形**にするのが原則（時制の一致）。

▸ **I thought she** 12(　　　　) **a police officer.**　私は，彼女は警察官だと思いました。

## 3 can, couldとbe able toなどの使い分け

POINT ● **can, could と be able to** …「〜できた」と言うときには注意が必要。

**was[were] able to** …過去の **1 回限りのこと**について，実際に「**できた**」と伝えるときに使う。

**could** …「**できる可能性[能力]があった**」という意味で，1 回限り「できた」ということを表すときには使わない。

▸ **I** 13(　　　　) (　　　　) (　　　　) **pass the exam.**　私はその試験に合格できました。

▸ **Takeshi** 14(　　　　) **swim when he was only three.**

タケシはわずか 3 歳のときに泳ぐことができました。

● **未来の表現の使い分け**

**will** …**今その場で決めたこと**や，そのときの**話し手の意思・決心**などを表す。

**be going to** …「〜するつもりです」のように**前もって心に決めていた予定**を表す。

▸ 15(　　　　) **call you later.**　あとで電話します。

▸ **I'm** 16(　　　　) (　　　　) **meet Emma on Sunday.**　日曜日にエマに会うつもりです。

● **must と have to の使い分け**

**must** …**話し手自身**が「〜しなければならない」と思っていることを表すときに使う。

**have to** …**周りの客観的な状況**のせいで「〜しなければならない」と言いたいときに使う。

▸ **You** 17(　　　　) **study harder, Aya.**　もっと熱心に勉強しなければならないよ，アヤ。

▸ **You** 18(　　　　) (　　　　) **be quiet in the library.**

図書館では静かにしなければいけません。

● **should と had better**

**should** …「〜したほうがよい」という**提案・アドバイス**や，「〜すべきだ」という**義務**を表すときに使う。

**had better** …「そうしたほうが身のためだ」という**警告**的な響きのある強い言い方になる。

▸ **You** 19(　　　　) **read this book.**　この本を読んだほうがいいですよ。

▸ **You'd** 20(　　　　) **go to bed now.**　きみはもう寝ないとだめだ。

# STEP 02 基本問題

➡ 解答は66ページ

学習内容が身についたか，問題を解いてチェックしよう。

## 1 （　　）内から適する語句を選びなさい。

ヒント

2〜3語のまとまりで1つの動詞と同じ働きをする句動詞の用法。

(1) アヤはラジオを聞いています。
Aya is listening ( at / for / to ) the radio.

(2) ジョーンズ先生は私を見ました。
Mr. Jones looked ( at / for / to ) me.

(3) 明かりをつけてくれますか。
Can you turn ( up / off / on ) the lights?

(4) ここでくつを脱いでください。
Please ( make / take / have ) off your shoes here.

(5) あなたを駅まで迎えに行きます。
I'll ( pick you up / pick up you ) at the station.

(5)〈動詞＋副詞〉の句動詞の目的語が代名詞の場合の語順に注意。

## 2 （　　）内から適する語句を選びなさい。

ヒント

現在形と現在進行形，過去形と現在完了形などの使い分けは，日本語に惑わされず，基本的な意味を考えることが重要。

(1) サヤカは今，英語の勉強をしているところです。
Sayaka ( studies / is studying / has studied ) English now.

(2) コーディーは毎週日曜日にスタジアムに行きます。
Cody ( goes / is going / has gone ) to the stadium on Sundays.

(3) 私は昨日さいふをなくしてしまったので，お金を持っていません。
I ( lost / have lost ) my wallet yesterday, so I don't have any money.

(4) アレックスは仕事で忙しいと言いました。
Alex said that he ( is / was ) busy with work.

## 3 日本文に合う英文になるように，＿＿に適する語を書きなさい。

ヒント

似た意味の助動詞のニュアンスの違いをしっかりとらえる。

(1) あなたは医師にみてもらったほうがいいですよ。
You ＿＿＿＿＿ see a doctor.

(2) 私は決勝に勝つことができました。
I ＿＿＿＿＿ ＿＿＿＿＿ ＿＿＿＿＿ win the final.

(3) 電話が鳴っているよ。— 私が出るね。
The telephone is ringing. — ＿＿＿＿＿ answer it.

(4) あなたは学校に8時に到着しなければなりません。
You ＿＿＿＿＿ ＿＿＿＿＿ get to school at eight.

# STEP 03 実戦問題

目標時間 15分

入試レベルの問題で力をつけよう。

➡ 解答は 67 ページ



## 1 ＿＿に適する語を下から１つずつ選んで入れなさい。

(1) あなたは１時間彼女を待ったのですか。
Did you wait ＿＿＿＿＿＿ her for an hour?

(2) ここでバスに乗って，２番目の停留所で降りなさい。
Get ＿＿＿＿＿＿ the bus here and get ＿＿＿＿＿＿ at the second stop.

(3) ある男性が私に話しかけてきましたが，彼が何のことを話しているのかわかりませんでした。
A man spoke ＿＿＿＿＿＿ me, but I didn't know what he was talking ＿＿＿＿＿＿.

(4) 伝言をお聞きしましょうか。— いいえ，結構です。あとでかけ直します。
Can I take a message? — No, thanks. I'll call ＿＿＿＿＿＿ later.

to / on / back / off / for / about

## 2 日本文に合う英文になるように，＿＿に適する語を書きなさい。

(1) きみは毎日バイオリンを練習しないとだめだ。
You had ＿＿＿＿＿＿ practice the violin every day.

(2) 自転車が壊れてしまったので，私はバスで学校に行かなければなりません。
My bike ＿＿＿＿＿＿ ＿＿＿＿＿＿, so I have to go to school by bus.

(3) 彼女は机の上の帽子をとり，それをかぶりました。
She took the hat on the desk and ＿＿＿＿＿＿ ＿＿＿＿＿＿ ＿＿＿＿＿＿.

## 3 次の文を英語にしなさい。 writing

(1) 彼らは来月，中国を訪れるつもりです。

(2) 私は毎日バスで学校に通っています。

(3) あなたはもっと熱心に英語を勉強しなければなりません。

(4) 彼女は子どものころ，ピアノを弾くことができました。

PERFECT COURSE
EXAMINATION

# 入試予想問題

**本番さながらの予想問題にチャレンジしよう。**➡ 解答は別冊 68 ページ

| 制限時間 | 得点 |
|---|---|
| 60分 | 点/100点 |

◎ 1 ～ 3 はリスニング問題です。音声を聞いて，問題に答えなさい。

**1** 🔊33 **英文を聞いて，それぞれの内容に合う絵を次のア～エから１つずつ選び，記号で答えなさい。**【各３点　合計６点】

**2** 🔊34 **会話文を聞いて，それぞれの会話の最後の応答として適するものを，次のア～エから１つずつ選び，記号で答えなさい。**【各３点　合計６点】

(1) ア By bike.　イ Once a month.　ウ For two hours.　エ With my friends.

(2) ア Please use this pen.　イ Write on this paper.
　ウ Let’s use a computer.　エ Send me an e-mail.

| (1) | (2) |
|---|---|

**3** 🔊35 **会話とそれに続く質問を聞いて，それぞれの質問に対して適する答えを，次のア～エから１つずつ選び，記号で答えなさい。**【各３点　合計６点】

(1) ア Yes, she is.　イ No, she isn’t.　ウ Yes, she does.　エ No, she doesn’t.

(2) ア She goes skiing.　イ She goes skating.
　ウ She goes swimming.　エ She goes to the sea.

| (1) | (2) |
|---|---|

## 4 次の英文の（　）に適するものをア〜エから１つずつ選び，記号で答えなさい。

【各１点　合計６点】

(1) You (　　) a little tired today.
ア see　イ look　ウ watch　エ show

(2) My sister (　　) when I came home.
ア studies　イ will study　ウ is studying　エ was studying

(3) China is as (　　) as the United States.
ア large　イ larger　ウ largest　エ too large

(4) John has just finished (　　) his room.
ア clean　イ cleaned　ウ cleaning　エ to clean

(5) My parents left Japan (　　) September 11th.
ア at　イ on　ウ in　エ from

(6) I have four cats. One is black, and (　　) are all white.
ア another　イ others　ウ the other　エ the others

| (1) | (2) | (3) | (4) | (5) | (6) |
|---|---|---|---|---|---|

## 5 次の英文は Yuki が英語の授業で行った発表です。英文を読んで，あとの問いに答えなさい。

【(1) 各１点　(2)(3) ３点　合計８点】

I asked my classmates which season they liked the best. This graph shows the result. Summer is the ( ① ) popular in our class. Thirteen students like summer. I think it's because we have a long vacation in summer. Fall is more popular than spring. I think fall is the ( ② ) season for reading and sports. Winter is my favorite season because I can go skiing, but only three students like winter.

Which season do you like the best?

(a) 13人
(b) 9人
(c) 7人
(d) 3人

(1) ①・②の（　）に適する語を次のア〜エから１つずつ選び，記号で答えなさい。
ア more　イ most　ウ better　エ best

(2) グラフの(a)〜(d)のうち「春」にあたるのはどれか，記号で答えなさい。

(3) 次の問いに５語の英文で答えなさい。
Why does Yuki like winter?

| (1) ① | ② | (2) |
|---|---|---|
| (3) | | |

## 6 次の各組の英文がほぼ同じ内容を表すように，＿＿に適する語を書きなさい。

【各２点　合計６点】

(1) Shall I wash the dishes?
Do you want ＿＿＿＿＿ ＿＿＿＿＿ wash the dishes?

(2) In Canada, they speak English and French.
The languages ＿＿＿＿＿ ＿＿＿＿＿ Canada are English and French.

(3) I can't use this machine.
I don't know ＿＿＿＿＿ ＿＿＿＿＿ use this machine.

| (1) | (2) |
|---|---|
| (3) | |

## 7 次の対話文の（　　）内の語を，正しく並べかえなさい。【各３点　合計９点】

(1) *A:* It's hot today. Will ( drink / me / you / something / give / to / cold )?
*B:* Sure. I have some orange juice.

(2) *A:* I'll ( this / you / you're / help / busy / if ) afternoon.
*B:* Thank you. I'm glad to hear that.

(3) *A:* I like your jacket. Wasn't it expensive?
*B:* Well, I ( much / remember / was / it / how / don't ).

| (1) |
|---|
| (2) |
| (3) |

## 8 次のような場合，英語でどう言いますか。〔　　〕内の語句を使って，適する英文を１文で書きなさい。【各４点　合計12点】

(1) 相手の明日の予定をたずねるとき。〔 going / do 〕
(2) 自分は今日，宿題をしなくてもよいと言うとき。〔 have / my homework 〕
(3) 早起きは健康によいと言うとき。〔 It / our health 〕

| (1) |
|---|
| (2) |
| (3) |

## 9 次の会話文を読んで，あとの問いに答えなさい。【合計 14 点】

*Mika:* What are you looking for, Kevin?
*Kevin:* I can't find my bag! Maybe I've ①( lose ) it. Where did I leave it? On the bus?
*Mika:* *Take it easy. Let's think about it. You came here, the gym, by bus, didn't you? Did you have your bag when you were on the bus?
*Kevin:* I think so, but I'm not sure.
*Mika:* *What is your bag like?
*Kevin:* It is blue, and there is a picture of a dog on it.
*Mika:* What did you have in it?
*Kevin:* I had a pencil case and some notebooks. My name is ②( write ) on the notebooks. Oh, I also had a dictionary. I can't study Japanese ( ③ ) it!
*Mika:* All right. I ( ④ ) call the bus *company.
(A few minutes later)
*Mika:* Kevin, ( ⑤ ) lucky you are! I found your bag.
*Kevin:* Oh, really? Thank you very much! Where was it?
*Mika:* They said it was on the bus.

*Take it easy.：落ち着いて。　What is ～ like?：～はどのようなものか。　company：会社

(1) ①・②の（　）内の語を，適する形にしなさい。【各 1 点】

(2) ③～⑤の（　）内に適するものを次のア～エから 1 つずつ選び，記号で答えなさい。【各 1 点】
③ ア by　イ for　ウ on　エ without
④ ア will　イ had to　ウ should not　エ am going to
⑤ ア so　イ very　ウ how　エ what a

(3) ケビンのかばんに入っていたものをすべて日本語で書きなさい。【3 点】

(4) 本文の内容に合うように，次の問いに対する答えの＿＿に適する語を書きなさい。【各 2 点】
Ⓐ Where are Kevin and Mika now? — They are in the ＿＿＿＿＿＿.
Ⓑ What color is Kevin's bag? — It's ＿＿＿＿＿＿.
Ⓒ How did Mika find Kevin's bag? — She called the ＿＿＿＿＿ ＿＿＿＿＿.

| (1) ① | ② | (2) ③ | ④ | ⑤ |
|---|---|---|---|---|
| (3) | | | | |
| (4) Ⓐ | Ⓑ | Ⓒ | | |

## 10 次の英文を読んで，あとの問いに答えなさい。【合計 27 点】

Mao is a fifteen-year-old junior high school student. One day in class, her teacher gave the class homework to write about their dreams for the future. After the class, her friends were talking about their dreams. But ① she could not say anything. Mao felt sad. She didn't know what she wanted to do in the future.

That weekend, Mao and her mother went to a piano concert. In the concert hall, Mao was surprised to see a dog. It was sitting quietly on the floor ( ② ) the concert.

"What is that dog?" She asked her mother.

"That's a *guide dog. Guide dogs can come into concert halls like this. They can also go into some hotels, museums, restaurants and so on," her mother answered.

When they came back home, Mao ( ③ ) her father about the dog. He said, "I have a friend ( ④ ) in a dog *training school as a dog *trainer. If you want to visit the school and talk to him, I can ask him." Mao was interested and decided to go.

The next Saturday, Mao and her father went to the school. There, she ( ⑤ ) her father's friend, Mr. Sato. After they went around the school, Mao asked Mr. Sato, "Why did you become a dog trainer? Because you like dogs?"

"Of course, I like dogs. But that's not the reason," Mr. Sato answered. "Training dogs isn't an easy job and it takes a long time to teach something to dogs, so you can't become a dog trainer just because you like dogs."

"Have you ever ( ⑥ ) about giving up?"

"No, I haven't. There are many people who need my help. I want to work for those people. ⑦ That is the most important thing for me. Many people have said that their guide dogs have changed their lives. When they are happy, I feel happy, too."

Mao asked, "So you love your job?" Mr. Sato smiled and said, "Yes, I love my job. And I am proud of it." Mao was moved by Mr. Sato's words.

Before Mao and her father left the school, Mao smiled at Mr. Sato and said, "Thank you very much. Nice talking to you today. I still don't know what job I want to do in the future, but I'd like to become a person like you. I want to help many people like you!" Her father and Mr. Sato also smiled.

*guide dog：盲導犬　training school：訓練学校　trainer：訓練士

(1) 下線部①とほぼ同じ内容を表すように，次の文の＿＿に適する語を書きなさい。【2点】
she was ＿＿＿＿＿＿＿＿ ＿＿＿＿＿＿＿＿ to say anything.

(2) ②の（　）に適する語を次の**ア**～**エ**から1つ選び，記号で答えなさい。【1点】
**ア** from　**イ** during　**ウ** between　**エ** while

(3) ③～⑥の（　）に当てはまる語を次の［　］内から1つずつ選び，適する形に変えて書きなさい。【各2点】

［ think　work　talk　tell　meet ］

(4) 下線部⑦が指す内容を，日本語で具体的に説明しなさい。【4点】

(5) 本文の内容に合うものを，次の**ア**～**エ**から1つ選び，記号で答えなさい。【4点】
**ア** Mao's mother was surprised when she saw a guide dog in the concert hall.
**イ** Mao's father told Mao to explain about guide dogs to Mr. Sato.
**ウ** Mao talked with Mr. Sato and learned that he was proud of his job.
**エ** Mao didn't enjoy her time at the dog training school, so she left the school alone.

(6) 次の英文は，Maoが犬の訓練学校を訪れた日に書いた日記の一部です。本文の内容に合うように，ⓐ～ⓓの（　）に適する語を書きなさい。ただし，（　）内に与えられた文字で始まる語を書くこと。【各2点】

I went to a dog training school with my father today. I met Mr. Sato there. He is a dog trainer. We talked a lot about guide dogs and his job. Mr. Sato thinks that his job is ⓐ( d　　), but he really enjoys it. He wants to ⓑ( m　　) many people happy. I was moved when I heard his words. He was kind and answered all my questions. He is a wonderful man. I haven't ⓒ( d　　) on my future job yet, but I want to be like him. I will never ⓓ( f　　) the things he taught me today!

| (1) | | | (2) |
|---|---|---|---|
| (3) ③ | ④ | ⑤ | ⑥ |
| (4) | | | (5) |
| (6) ⓐ | ⓑ | ⓒ | ⓓ |

| | |
|---|---|
| 編集協力 | 川尻肇，脇田聡，<br>大川努，小林美沙子，スタジオ枝川 |
| 英文校閲 | Joseph Tabolt |
| カバーデザイン | 寄藤文平＋古屋郁美［文平銀座］ |
| 本文デザイン | 武本勝利，峠之内綾［ライカンスロープデザインラボ］ |
| 本文イラスト | 加納徳博，中野ともみ |
| 音声録音 | （財）英語教育協議会（ELEC） |
| 音声ナレーション | Howard Colefield，Karen Haedrich，水月優希 |
| DTP | ㈱明昌堂　データ管理コード：22-2031-1978（CC2019） |

この本は下記のように環境に配慮して製作しました。
●製版フィルムを使用しない CTP 方式で印刷しました。●環境に配慮してつくられた紙を使用しています。

学研 パーフェクトコース
わかるをつくる 中学英語問題集

# わかるをつくる 中学 英語 問題集 解答と解説

ENGLISH

ANSWERS AND KEY POINTS

学研
GAKKEN PERFECT COURSE
パーフェクトコース

LET'S START!

Gakken

# 文法編

## 1 be動詞

### STEP01 要点まとめ

本冊010ページ

| | | | | | | | |
|---|---|---|---|---|---|---|---|
| 01 | am | 02 | are | 03 | We're | 04 | is |
| 05 | are | 06 | Are | 07 | Is | 08 | Are |
| 09 | am | 10 | I'm | 11 | not | 12 | isn't |
| 13 | not | | | | | | |

### STEP02 基本問題

本冊012ページ

**1** (1) is　(2) is　(3) am
(4) are　(5) are

**解説**

(1) our English teacher は3人称単数なので，be動詞はisを入れる。be from 〜 で「〜の出身である」。
(2) my favorite subject は3人称単数なので，is を入れる。
(3) Mom は呼びかけの語。主語は I なので，am を入れる。
(4) Aya and Cody は2人で複数なので，be動詞は are になる。
(5) we は複数なので，are を入れる。

**2** (1) Is, this　(2) Are
(3) Is　(4) Are, these

**解説**

(1) 「これは〜ですか」は，is を主語の this の前に出して，Is this 〜? の形にする。
(2) 主語が you なので，be動詞の are を文頭におく。〜 years old は「〜歳」と年齢を言う表現。
(3) your house は単数なので，is を文頭におく。near here は「この近くに」。
(4) these erasers（これらの消しゴム）と複数を表す語が主語なので，be動詞は are を用いる。eraser は「消しゴム」。yours は「あなたのもの」。

**3** (1) I'm, not　(2) is, not
(3) isn't　(4) aren't

**解説**

(1) 「私は〜ではない」は，I am の am のあとに not をおいて，I am not とする。空所が2つなので，I am を短縮形の I'm にする。

**ミス注意**
am not に短縮形はない。

(2) 「これは〜ではありません」は，This is 〜.（これは〜です）の is のあとに not をおいて，This is not 〜. とする。
(3) Emma は単数なので，be動詞は is を使う。is の否定文はそのあとに not をおいて，is not とするが，ここでは空所が1つなので短縮形にする。is not の短縮形は isn't。
(4) these questions は複数なので，be動詞は are を使う。否定文は are のあとに not をおくが，ここも空所が1つなので，are not を短縮形の aren't にして入れる。

**4** (1) ウ　(2) ウ　(3) ウ　(4) イ

**日本語訳**

(1) 私たちの英語の先生はブラウン先生です。彼女はカナダの出身です。
(2) アレックスとルイはバスケットボール部のメンバーです。
(3) それらの写真[絵]は美しい。
(4) 「これらのかばんは重いですか」「いいえ，それらは重くはありません」

**解説**

(1) Ms. は女性の名前につける敬称なので，Ms. Brown は she で受ける。空所のあとに is がないので，she is の短縮形の she's を入れる。
(2) Alex and Rui は複数なので，be動詞は are を使う。a member of 〜は「〜の一員[メンバー]」。ここでは主語に合わせて複数形になっている。
(3) 主語が複数なので are を入れる。
(4) these bags は they で受ける。また，答えの文でも are を使って答える。aren't は are not の短縮形。heavy は「重い」。

**5** (1) Is she a good
(2) Are they from
(3) Are Alex and Sayaka in
(4) I'm[I am] not a baseball
(5) These books aren't[are not]

**日本語訳**

(1) 彼女はじょうずな歌手ですか[彼女は歌がじょうずですか]。
(2) 彼らはアメリカ合衆国の出身ですか。
(3) アレックスとサヤカは公園にいますか。

(4) 私は野球のファンではありません。
(5) これらの本はおもしろくありません。

解説 ▼

(1) She's は She is の短縮形なので，疑問文は is を she の前に出してつくる。
(2) They're は They are の短縮形なので，疑問文は are を they の前に出してつくる。the U.S. は the United States (of America) の省略形で「アメリカ合衆国」のこと。
(3) Alex and Sayaka が主語なので，疑問文はその前に are を出してつくる。
(4) I'm は I am の短縮形なので，否定文は be 動詞の am のあとに not を入れて，I'm not とする。am not に短縮形はないことに注意。
(5) be 動詞の are の否定文は，are のあとに not をおいてつくる。are not は短縮形の aren't にしてもよい。

**6** (1) カ　(2) オ　(3) ア　(4) ウ

日本語訳 ▼

(1) あなたのお父さんは今，家にいますか。
(2) あなたは疲れていますか。
(3) これはあなたのコンピューターですか。
(4) これらはあなたのまんが本ですか。

解説 ▼

(1) your father は he で受ける。**カ**は「いいえ，いません。彼は今，外出しています」。
(2) you は答えの文では I で受ける (you が複数「あなたたち」であれば答えの文では we で受ける)。**オ**は「いいえ，私は疲れていません」。
(3) this は it で受ける。**ア**は「はい，そうです」。
(4) these は they で受ける。**ウ**は「いいえ，ちがいます」。なお，comic book の複数形は book の部分だけを複数形にする。

## STEP03 実戦問題

本冊014ページ

**1** (1) My cat is under the table
(2) Those girls are good singers
(3) This TV program is not interesting
(4) Is your father an English teacher

解説 ▼

(1) 「～にいる」は〈be 動詞＋場所を表す語句〉で表す。主語が my cat で単数なので，is を補う。「テーブルの下に」は under the table。
(2) 「歌がじょうずです」は「じょうずな歌手です」と表す。主語が those girls で複数なので，are を補う。
(3) 主語の this TV program が単数なので，is を補う。「おもしろくありません」という否定文なので，be 動詞のあとに not をおく。
(4) 主語の your father が単数なので，be 動詞は is。「～ですか」という疑問文なので，is を主語の your father の前に出して，is で文を始める。「英語の先生」は an English teacher。

**2** (例) (1) He's[He is] from Canada
(2) birthday is December
(3) favorite subject is science
(4) hobbies are reading and swimming

解説 ▼

(1) Nick を He で受けて，「彼はカナダの出身です」とする。「～の出身だ」は be from ～。
(2) 「彼の誕生日は 12 月 14 日です」という文にする。
(3) 「彼の大好きな教科は理科です」という文にする。「彼の大好きな教科」は his favorite subject。
(4) 「彼の趣味は読書と水泳です」という文にする。趣味が 2 つあるので，主語は hobbies と複数形にし，be 動詞は are を使う。「読書」は reading books (本を読むこと) という表現もできる。

**3** (例) (1) Are you fourteen years old?
(2) Mr. Suzuki isn't[is not] here now.
(3) I'm[I am] not busy today.

解説 ▼

(1) 「あなたは～ですか」は Are you ～? で表す。「14 歳」は fourteen years old だが，years old を省略して Are you fourteen? としてもよい。
(2) 「～にいる」も be 動詞で表す。主語が Mr. Suzuki なので，be 動詞は is を使う。否定文なので is のあとに not を入れる。この here は「ここに」という副詞なので，前に前置詞はつけない。
(3) 「私は～ではありません」は I am not ～. で表す。短縮形にするときは，I am を I'm にする。「忙しい」は busy。today (今日は) は文頭でもよい。

**4** エ

日本語訳 ▼

アリス：ボブ，こちらはチカです。チカは私たちの学校の新入生です。彼女は日本からの交換留学生です。
ボブ：あっ，そうですか。はじめまして，チカ。
チカ：こちらこそ，はじめまして。
ボブ：カナダは今回が初めてですか。
チカ：はい，そうです。カナダはとてもすてきな場所です。

解説 ▼

**ア** アリスの最初のせりふの this is ～は「こちらは～です」と友達などに人を紹介するときに使う表現。
**イ** 最初のアリスのせりふから判断する。
**ウ** Nice to meet you. は初対面のあいさつ。
**エ** 最後のボブとチカの会話から，チカがカナダを訪問したのは今回が初めてとわかる。

**5** (1) ア (2) ア (3) ウ

読まれた英文 ▼

(1) My name is Amy. I'm from Sydney. Sydney is in Australia. I'm twelve years old, and my birthday is in March.
(2) I'm a fan of sports. My favorite sport is soccer. I'm on the junior high school soccer team.
(3) A: Hello, this is Tom. Is David there?
B: Hello, Tom. This is David's mother. Sorry, but David is not home right now. He is at the park. He is with Kevin and Robert.

日本語訳 ▼

(1) 私の名前はエイミーです。シドニーの出身です。シドニーはオーストラリアにあります。私は 12 歳で，誕生日は 3 月です。
(2) 私はスポーツのファンです。私の大好きなスポーツはサッカーです。私は中学校のサッカー部に入っています。
(3) A: もしもし，こちらはトムです。デイビッドはいますか。
B: こんにちは，トム。デイビッドの母親よ。残念だけど，デイビッドは今，家にいないの。公園にいるの。ケビンとロバートといっしょにいるわ。

解説 ▼

(1) エイミーがシドニー出身であり，シドニーがオーストラリアにあるということを聞き取る。エイミーは 12 歳で，3 月生まれなので，**イ**，**ウ**は合わない。
(2) My favorite sport is soccer.（私の大好きなスポーツはサッカーです）を聞き取る。I'm a fan of ～. は「私は～のファンです」，I'm on ～ team. は「私は～部[チーム]に入っています」の意味。
(3) 電話での会話。まず，話しているのがトムとデイビッドの母親（David's mother）であることを聞き取る。This is ～ (speaking). は，電話で自分の名前を言うときの決まり文句。

# 2 一般動詞

## STEP01 要点まとめ

本冊016ページ

01 go　02 speak　03 likes　04 play
05 Do　06 Do　07 Does　08 do
09 don't　10 does　11 doesn't
12 don't　13 don't　14 doesn't

## STEP02 基本問題

本冊018ページ

**1** (1) go (2) live (3) wants
(4) speaks (5) play

解説 ▼

(1) 「寝る」は go to bed。usually（たいてい）はふつう，一般動詞の前におく。
(2) 「住んでいる」は live。
(3) 「～をほしがっている」は want。主語の Emma が 3 人称単数なので，動詞 want の語尾に s をつけて 3 人称単数・現在形（3 単現）の形にする。
(4) 「(言語) を話す」は speak。主語の my father は 3 人称単数なので，動詞 speak の語尾に s をつけて 3 人称単数・現在形（3 単現）の形にする。
(5) 「テニスをする」は play tennis。主語の Cody and I が複数なので，play はそのままでよい。often（よく，しばしば）はふつう，一般動詞の前におく。

**2** (1) Do, use (2) Does, like
(3) Do, play (4) Do, walk

解説 ▼

(1) 「使う」は use。主語が you なので，you の前に Do をおく。文頭になるので大文字にすること。
(2) 「～が好きだ」は like。your mother は 3 人称単数なので，文頭に Does をおく。Does ～? の疑問文では，一般動詞は原形のままにする。
(3) 「(スポーツ) をする」は play（do でもよい)。主語 (they) が複数なので，その前に Do をおく。
(4) 「歩いて行く」は walk。主語の you and Emma は複数なので，前に Do をおく。walk to school で「歩いて学校へ行く」。

**3** (1) don't, have (2) don't, speak
(3) doesn't, eat[have] (4) doesn't, use

解説 ▼

(1) 「～を持っている」はhave。主語がIなので，否定文はdo not haveとなる。空所が2つしかないので，do notは短縮形のdon'tにする。
(2) 主語がtheyで，空所が2つなので短縮形のdon'tを使う。
(3) 「～を食べる」はeatかhave。主語のAyaが3人称単数なので，動詞の前にdoes notか短縮形のdoesn'tをおく。ここは空所の数からdoesn'tを使う。
(4) 「～を使う」はuse。主語のmy motherが3人称単数なので，動詞の前にdoesn'tをおく。

**4** (1) studies (2) watch (3) has
(4) speaks (5) goes

日本語訳 ▼

(1) サヤカは英語を熱心に勉強します。
(2) 私の兄[弟]たちは毎日テレビを見ます。
(3) アレックスは自転車を2台持っています。
(4) ジョーンズさんは3か国語を話します。
(5) 彼女は土曜日に買い物に行きます。

解説 ▼

(1) 主語（Sayaka）が3人称単数なので，studyは3単現の形にする。studyはyをiに変えてesをつける。
(2) 主語（my brothers）が複数なので，watchはそのまま使う。
(3) haveの3単現の形はhas。
(4) 主語（Mr. Jones）が3人称単数なので，speakはsをつけて3単現の形にする。languageは「言語」。
(5) 主語（she）が3人称単数なので，goを3単現の形にする。goの3単現の形は語尾にesをつける。

**5** (1) Are they from
(2) Does Takeshi play soccer
(3) Jasmine isn't[is not] a high school
(4) She doesn't[does not] live in

日本語訳 ▼

(1) 彼らはメキシコの出身ですか。
(2) タケシは毎日サッカーをしますか。
(3) ジャスミンは高校生ではありません。
(4) 彼女は広島に住んでいません。

解説 ▼

(1) be動詞の文。疑問文はareを主語の前に出す。
(2) 3単現の疑問文はDoesで文を始め，動詞（plays）は原形のplayにする。

ミス注意

主語が3人称単数でも，疑問文・否定文では，doesやdoesn'tのあとの一般動詞はいつも原形にする。

(3) be動詞の文。否定文はあとにnotをおく。
(4) 3単現の否定文は動詞の前にdoes not[doesn't]をおき，動詞（lives）は原形のliveにする。

**6** (1) My parents don't speak
(2) Mr. Jones teaches English at
(3) My sister doesn't like milk
(4) Do your friends play video games

解説 ▼

(1) 主語（my parents）が複数なので，否定文は〈don't[do not]＋動詞の原形〉の形。「英語を話す」はspeak English。
(2) 主語のMr. Jonesが3人称単数なので，動詞teachがteachesとなっていることに注意。
(3) 主語のmy sisterが3人称単数で，否定文なので，doesn'tを使い，あとに原形likeをおく。
(4) 主語（your friends）が複数なので，疑問文は文頭にDoをおいてつくる。

## STEP03 実戦問題

本冊020ページ

**1** (例) (1) I get up at six every morning.
(2) My mother watches TV after dinner.
(3) Do you live near here?
(4) Does this bus go to the station?
(5) Emi studies for three hours on Sundays.

解説 ▼

(1) 「起きる」はget up。「6時に」はat six。時刻の前にはatを使う。「毎朝」はevery morning。
(2) 「テレビを見る」はwatch TV。主語（my mother）が3人称単数なので，動詞は3単現の形にする。「夕食後に」はafter dinner。
(3) 主語がyouの一般動詞の疑問文なので，Do you ～?とする。「住む」はlive，「この近くに」はnear hereまたはaround here。
(4) 主語が3人称単数なので，〈Does＋主語＋動詞の原形～?〉の形で表す。「駅に行く」はgo to the station。Is this the bus for[to] the station?（このバスは駅行きですか）でもよい。
(5) 主語が3人称単数なので，studyはstudiesとする。「3時間（の間）」はfor three hours。「日曜日に」はon Sundayと Sundayを単数形にしてもよい。また，on

Sunday(s) は文頭におくこともできる。

**2** (例) (1) She has a[one] brother.
(2) She likes baseball.
(3) She doesn't[does not] like math.
(4) She plays the guitar well.

**解説**

(1) 「(兄弟など) がいる」は have だが，主語 (She) が 3 人称単数なので 3 単現の has とする。「兄」は an older brother / a big brother としてもよい。
(2) 「～が好きだ」の like を 3 単現の形にする。
(3) 「～が好きではない」という否定文は like の前に doesn't をおく。like は原形のまま。「数学」は math か mathematics。
(4) 「ギターがじょうず」は「ギターをじょうずに弾く」と表す。「ギターを弾く」は play the guitar で，play を 3 単現の形にする。She is a good guitar player.（彼女はじょうずなギター奏者だ）や，She is good at playing the guitar.（彼女はギターを弾くのが得意だ）などとしてもよい。

**3** (1) Yes, he does. (2) Yes, he does.
(3) Yes, it is.

**日本語訳**

生徒：ジョーンズ先生，あなたは日本の食べ物が好きですか。
ジョーンズ先生：はい，好きです。そばが大好きです。
生徒：すしはどうですか。
ジョーンズ先生：すしもとてもおいしいですね。
生徒：アメリカの人たちはすしを食べますか。
ジョーンズ先生：はい。今では多くのアメリカ人がすしを食べます。

**解説**

(1) 「ジョーンズ先生はそばが好きですか」。Yes で答える。Does ～? の疑問文への答えには，does を使う。Mr. Jones は he で受ける。
(2) 「ジョーンズ先生はすしが好きですか」。Yes で答え，does を使う。
(3) 「すしはアメリカで人気がありますか」。be 動詞の疑問文なので，be 動詞を使って答える。sushi は it で受ける。

**4** (1) ア (2) ウ (3) イ (4) ウ

**読まれた英文**

(1) Do you live near the station?
(2) Excuse me. Does this bus go to the public library?
(3) Does Satomi play the piano?
(4) Do your parents have a car?

**日本語訳**

(1) あなたは駅の近くに住んでいますか。
(2) すみません。このバスは公立図書館に行きますか。
(3) サトミはピアノを弾きますか。
(4) あなたの両親は車を持っていますか。

**解説**

(1) **ア**「はい，そうです。私の家は駅から 5 分です」が適切。**イ**「いいですよ。まっすぐ行って，最初の信号で右に曲がってください」。**ウ**「いいえ。この列車は次の駅には止まりません」。
(2) **ウ**「はい，行きます。図書館は 3 つ目の停留所です」が適切。**ア**「はい，そうです。それはあそこの青いのです」。**イ**「はい，します。私は毎日そこでたくさんの本を読みます」。
(3) **イ**「はい，弾きます。彼女はピアノがとてもじょうずです」が適切。**ア**「はい，そうです。それは彼女のピアノです」。**ウ**「はい，そうです。彼女は音楽を愛しています」。
(4) **ウ**「いいえ，持っていません。彼らはたいてい電車に乗ります」が適切。**ア**「いいえ，私はしません。私は車が好きではありません」。**イ**「いいえ，ちがいます。それは高価です」。

# 3 形容詞

## STEP01 要点まとめ

本冊022ページ

01 interesting 02 good 03 tall
04 cold 05 busy 06 famous
07 young 08 new 09 young

## STEP02 基本問題

本冊023ページ

**1** (1) old (2) difficult (3) short
(4) small (5) high (6) rich

**解説**

反対の意味を表す形容詞はセットで覚えておくとよい。
(1) 「若い」「年をとった」。
(2) 「簡単な」「難しい」。選択肢がなければ，「難しい」は hard でもよい。

(3) 「長い」「短い」。short は「背が低い」の意味もあり，その場合の反対語は tall（背が高い）。
(4) 「大きい」「小さい」。選択肢がなければ，「小さい」は little でもよい。
(5) 「(位置などが) 低い」「(位置などが) 高い」。
(6) 「貧しい」「豊かな」。

**2** (1) interesting (2) busy
(3) heavy (4) favorite

日本語訳 ▼

(1) この本はおもしろい。私はそれを毎日読みます。
(2) 母はひまな時間がありません。彼女は忙しいです。
(3) あれは大きな箱です。重いですか。
(4) 京都は私のいちばん好きな場所です。

**3** (1) an easy question
(2) these beautiful flowers
(3) see anything strange
(4) is very good

解説 ▼

(1) 「簡単な質問」は an easy question。easy の前では a ではなく an を使う点にも注意。
(2) 「これらの美しい花」は these beautiful flowers。
(3) 疑問文なので，「何か」は anything。something や anything を修飾する形容詞は，あとにおかれるので，anything strange となる。

ミス注意

〈something[anything]＋形容詞〉の語順に注意。

(4) be 動詞のあとに形容詞をおく叙述用法。「とてもおいしい」は very good とする。

## STEP03 実戦問題

本冊024ページ

**1** (1) interesting (2) popular (3) bad
(4) busy (5) young (6) famous
(7) cold

解説 ▼

(1)(4)(5)(6) be 動詞などのあとに形容詞がくる叙述用法。
(2)(3)(7) 形容詞が名詞を修飾する限定用法。形容詞は名詞の前におかれる。
(7) something や anything を修飾する形容詞は，something や anything のあとにおかれる。

**2** (例) (1) This question is difficult.
(2) She looks happy.
(3) I have an old bike.
(4) We are hungry.
(5) I like this beautiful picture.

解説 ▼

(1) 「難しい」は difficult または hard。
(2) 「幸せな」は happy。「～に見える」は〈look＋形容詞〉で表す。
(3) 「古い」は old。母音で始まるので a ではなく an を前につける。「自転車」は bicycle でもよい。
(4) 「空腹な」は hungry。主語が「私たち」なので be 動詞は are を用いる。
(5) 「この美しい絵」は this beautiful picture。

**3** A エ B ア C ウ D イ

日本語訳 ▼

ボブ：これはあなたと，あなたの友達の写真ですか。
チカ：はい，そうです。私，ミキ，クミと，サキです。
ボブ：これはあなたですね，チカ。この女の子はミキですか。
チカ：はい，そうです。彼女の髪は長くてきれいです！
ボブ：この女の子はクミですか。
チカ：いいえ，ちがいます。彼女はサキです。私は彼女の青いシャツが好きです。
ボブ：では，この背の高い女の子がクミですね。彼女のリボンはかわいいです！

解説 ▼

それぞれの女の子の特徴を表す形容詞に着目する。会話に出てくる順に，ミキは髪が「長くてきれい」。サキは「青い」シャツを着ている。クミは「背が高い」。残りの１人が会話をしているチカということになる。

**4** (1) b (2) c (3) a (4) c

読まれた英文 ▼

(1) a She wears a blue hat.
b She wears a red hat.
c She wears a white hat.
(2) a He looks happy.
b He looks sad.
c He looks angry.
(3) a It's a cold day.
b It's a hot day.
c It's a sunny day.

(4) a This car is big.
b This car is old.
c This car is new.

日本語訳 ▼

(1) a 彼女は青い帽子をかぶっています。
b 彼女は赤い帽子をかぶっています。
c 彼女は白い帽子をかぶっています。
(2) a 彼は幸せそうに見えます。
b 彼は悲しそうに見えます。
c 彼は怒っているように見えます。
(3) a 寒い日です。
b 暑い日です。
c 晴れた日です。
(4) a この車は大きい。
b この車は古い。
c この車は新しい。

# 4 命令文

## STEP01 要点まとめ 本冊026ページ

01 Please 02 Don't 03 Don't
04 Let's

## STEP02 基本問題 本冊027ページ

**1** (1) Study (2) open (3) Use
(4) come (5) Be (6) Go, turn

解説 ▼

(1) 「～を勉強する」は study。
(2) 「～を開ける」は open。Cody は呼びかけの語。
(3) 「～を使う」は use。
(4) 「来る」は come。please をつけると，命令の調子をやわらげることができる。
(5) be 動詞の命令文は Be ～. となる。
(6) 「行く」は go。「曲がる」は turn。道案内の指示はふつう命令文で言い，please はつけない。

**2** (1) Don't, play (2) Don't, be
(3) don't, close[shut] (4) don't, walk

解説 ▼

(1) Don't のあとに「野球をする」の意味の play baseball を続ける。
(2) be 動詞の命令文を否定する場合は，be の前に Don't をおく。
(3) 「～を閉める」は close か shut。否定の命令文でも，please は命令の意味をやわらげる働きをする。
(4) 最初の Alex は呼びかけの語。「歩く」は walk で，その前に don't をおく。

**3** (1) Let's, go (2) Let's, run
(3) Let's, watch

解説 ▼

(1) Let's のあとに「行く」の意味の go を続ける。
(2) Let's のあとに「走る」の意味の run を続ける。
(3) Let's のあとに「テレビを見る」の意味の watch TV を続ける。

## STEP03 実戦問題 本冊028ページ

**1** (1) イ (2) ア (3) ウ

日本語訳 ▼

(1) 「はい，紅茶ですよ」「ありがとう」
「気をつけて。まだ熱いですよ」
(2) 「エミリー，手伝ってください」
「いいわよ，マイク」
(3) 「図書館でおしゃべりしてはいけません」
「ああ，すみません」

解説 ▼

(1) 「気をつけなさい」と相手に注意を促すときは，「注意深い」という意味の形容詞 careful を使った be 動詞の命令文で表す。
(2) please がついた依頼を表す命令文に応じるときは All right. や Sure. などと言う。**イ**の That's right. は「その通り」の意味。
(3) B があやまっていることから，「～してはいけない」という意味の否定の命令文が入ると考える。

**2** (例) Let's eat[have] lunch.

日本語訳 ▼

ジェイン：私はとてもおなかがすいているの。正午近いわよ。＿＿＿＿
ハナ：ええ，そうしましょう。私もおなかがすいているの。

解説 ▼

前後の内容から，昼食に誘う文が入ると考える。Yes, let's. と答えているので，Let' s ～. を使って「昼食を食べましょう」の意味の文にする。文末に together（いっしょに）をおいたり，前にコンマをつけて呼びかけの名前のHana をおいたりしてもよい。

**3** (1) Please come to Japan
(2) ア ○　イ ×　ウ ○

**日本語訳 ▼**

サムへ，
　元気ですか。日本での私の生活はすばらしいです。日本は美しい場所です。私はここの食べ物も本当に気に入っています。あなたは夏休みの間はひまですか。日本に来てください！
　じゃあ，すぐに返事をください！
友人のヘンリー

**解説 ▼**

(1) 前の文で「夏休みの間はひまですか」とたずねているので，日本に来るよう誘っていると考える。
(2) **ア**→本文の 3 文目より正しい。
**イ**→本文の 4 文目より正しくない。
**ウ**→本文の最後の文より正しい。

**4** (1) 読む，英語，書く　(2) 2，学校
(3) 心配，かぜをひいている
(4) 手を洗う

**読まれた英文 ▼**

(1) OK, class. For homework, read pages five and six. Also, please write a short diary in English.
(2) A: Are you free tomorrow afternoon, Mike? Let's play tennis.
B: Sure, Yoko. Let's meet in front of the school at two then.
(3) A: Robert, your face is pale. Are you OK?
B: Don't worry, I'm OK. I just have a little cold.
(4) A: Are you hungry, Jack?
B: Yes, I am!
A: Good. Lunch is almost ready. Wash your hands and come to the dining room.

**日本語訳 ▼**

(1) では，クラスのみんな。宿題として，5 ページと 6 ページを読みなさい。また，英語で短い日記を書いてください。
(2) A: 明日の午後はあいている，マイク？　テニスをしようよ。
B: いいよ，ヨウコ。じゃあ，2時に学校の前で会おう。
(3) A: ロバート，顔色が悪いよ。大丈夫？
B: 心配しないで，大丈夫だよ。少しかぜをひいているだけだよ。
(4) A: おなかはすいてる，ジャック？
B: うん，すいてるよ！
A: いいわね。昼食がもうすぐできるわ。手を洗って，ダイニングルームにいらっしゃい。

**解説 ▼**

(1) write a diary は「日記を書く」。in English は「英語で」。
(2) Let's meet は「会いましょう」で，あとに待ち合わせの場所と時間が続く。in front of ～は「～の前で」。at two は「2 時に」。
(3) pale は「(顔色などが) 青白い」。Don't worry は「心配しないで」。have a cold は「かぜをひいている」。
(4) hungry は「空腹で」。be ready は「準備ができている」。almost は「ほとんど」。wash your hands は「手を洗う」。Wash your hands and come to ～は「手を洗って，～へ来なさい」の意味なので，「～へ行く前に手を洗う」ということになる。

# 5 can を使った文

## STEP01 要点まとめ

本冊030ページ

01 can　02 can't[cannot]　03 Can
04 can　05 can't[cannot]　06 Can
07 Can

## STEP02 基本問題

本冊031ページ

**1** (1) can, play　(2) can, buy　(3) can, read
(4) can, help

**解説 ▼**

(1) 「弾けます」＝「弾くことができる」は can play。
(2) 「買うことができる」は can buy。「買う」は get を使ってもよい。
(3) 「読めます」＝「読むことができる」は can read。主語の Alex は 3 人称単数だが，× cans read や × can reads などの形にはならないことに注意。
(4) 「手伝うことができる」は can help。

**2** (1) can't[cannot], buy
(2) can't[cannot], ride
(3) can't[cannot], speak

解説 ▼

(1) 「買うことができない」は can't[cannot] buy。
(2) 「乗ることができない」は can't[cannot] ride。主語の My brother は3人称単数だが，can't[cannot] や動詞の原形の形は変わらないことに注意。
(3) 「話せません」＝「話すことができない」は can't [cannot] speak。

**3** (1) Can, cook, can
(2) Can, swim, can't[cannot]
(3) Can, you, Sure[OK]
(4) Can, I, Sure[OK]

解説 ▼

(1) 「料理する」は cook。
(2) 「泳ぐ」は swim。主語の Aya は3人称単数だが，can や動詞の原形の形は変わらないことに注意。
(3) Can you ～? で「～してくれますか」という依頼を表す。「いいですよ」という答えには Sure. や OK. を用いる。
(4) Can I ～? で「～してもよいですか」と相手に許可を求める。「いいよ」という答えには Sure. や OK. を用いる。

## STEP03 実戦問題

本冊032ページ

**1** (1) My parents can drive a car
(2) Can you write a letter
(3) I can't cook fish
(4) I use your pen

日本語訳 ▼

(4) 「ユミ，あなたのペンを使ってもいいですか」「もちろんです。はい，どうぞ」「ありがとう」

解説 ▼

(1) can のあとに動詞の原形をおいて，can drive とする。「車を運転する」は drive a car。
(2) 疑問文なので〈Can＋主語＋動詞の原形～?〉の形にする。「手紙を書く」は write a letter。
(3) 否定文なので〈can't＋動詞の原形〉の形にする。「魚を料理する」は cook fish。
(4) Can I ～? で許可を求める文の文頭に，呼びかけの人名がついた形。

**2** (1) エ (2) ア (3) イ

日本語訳 ▼

(1) 私はこのケーキを食べてもいいですか。
(2) あなたのおばあさんは踊ることができますか。
(3) あなたは納豆を食べることができますか。

解説 ▼

(1) Can I ～? で相手に許可を求める文なので，**エ**「もちろん」で答えるのが適切。
(2) 疑問文の主語が your grandmother なので，答えの文の主語は she になることから，**ア**が正解。
(3) 疑問文の主語が you なので，答えの文の主語は I になることから，**イ**が正解。

**3** (例) (1) My sister can play tennis.
(2) They can't[cannot] speak Japanese.
(3) Can you help us? — Sure.

解説 ▼

(1) 「テニスをする」は play tennis。その前に can をおく。主語の My sister は3人称単数だが，×cans play や ×can plays などの形にはならない。「姉」は older sister / big sister としてもよい。
(2) 否定文なので〈can't[cannot]＋動詞の原形〉の形にする。「日本語を話す」は speak Japanese。
(3) 「～してくれますか」と依頼する文なので，Can you ～? の形にする。「私たちを手伝う」は help us。「いいですよ」は Sure. や OK. で表す。

**4** ウ

日本語訳 ▼

チカ：ボブ，あなたは音楽が好きですか。
ボブ：はい！ 私は音楽を毎日聞きます。
チカ：あなたはピアノを弾けますか。
ボブ：はい，弾けます。チカ，あなたはピアノを弾けますか。
チカ：いいえ，弾けません。でもギターを弾けます。
ボブ：私もギターを弾きます。私とギターを弾いてくれますか。
チカ：いいですよ。いっしょに弾きましょう！

解説 ▼

ボブが Can you play the piano, Chika? とたずねたのに対してチカは No, I can't. と答えているので，チカはピアノを弾けないことがわかる。よって本文の内容に合わないのは**ウ**となる。

**5** (1) ウ (2) イ (3) ア
(4) ア (5) ウ

読まれた英文 ▼

(1) A: Can you eat *sashimi*, Ann?
B: Yes, I can. But I can't eat *wasabi*.

(2) A: I can't carry this box. Can you help me?
B: Sure.
(3) A: Can I drink this milk?
B: No! This is for our cat!
(4) A: My brother can't ride a bike.
B: Oh, really?
A: But he can drive a car!
(5) A: Can Bob speak Japanese?
B: Yes, he can. He can write Japanese, too.

日本語訳 ▼

(1) A：あなたはさしみを食べられますか，アン。
B：はい，食べられます。でもわさびを食べることができません。
(2) A：私はこの箱を運べません。手伝ってもらえますか。
B：いいですよ。
(3) A：この牛乳を飲んでもいいですか。
B：だめです！ これはねこのためのものです。
(4) A：私の兄は自転車に乗れません。
B：えっ，そうなんですか。
A：でも，車を運転できます。
(5) A：ボブは日本語を話せますか。
B：はい，話せます。彼は日本語を書くこともできます。

解説 ▼

(1) Can you eat *sashimi*, Ann? という質問に Yes, I can. と答えているので，さしみを食べることはできるとわかる。そのあとで I can't eat *wasabi*. と言っていることから，わさびが苦手ということもわかる。**ア**のすしについては，食べられるとも食べられないとも言っていない。
(2) Can you help me? は，相手に手伝ってほしいと依頼する言い方なので，**イ**が正解とわかる。「箱を運べません」と言っているのは女性なので，**ウ**は合わない。
(3) Can I drink this milk? は，相手に許可を求める言い方なので，男の子は牛乳を飲みたいと思っていることがわかる。
(4) 最初の文で「自転車に乗れない」，3 つ目の文で「車を運転できる」と言っているので，正解は**ア**。
(5) Can Bob speak Japanese? という質問に Yes, he can. と答えているので，ボブは日本語を話せるとわかる。そのあとの文から，日本語を書くこともできるとわかる。too（～もまた）に注意。

# 6 疑問詞で始まる疑問文

## STEP01 要点まとめ

本冊034ページ

01 What
02 What
03 What
04 What
05 What
06 Who
07 Who
08 Who
09 Which
10 Which
11 Whose
12 Where
13 When
14 Why
15 How
16 How
17 How, many
18 How, much
19 How, long
20 How, old
21 How, about
22 How, about

## STEP02 基本問題

本冊036ページ

**1** (1) What (2) What, kind (3) Which, is
(4) Whose, watch (5) Who's

解説 ▼

(1) 「何」とたずねるには what を使う。
(2) 「どんな～」は〈what＋名詞〉でたずねる。ここではあとの of music という語句から，「どんな種類の～」という質問と考えて，what kind of ～で表す。what kind of のあとには名詞を続ける。
(3) 「どちら」は which。「どちらが～ですか」は Which is ～? とたずねる。
(4) 「だれの～」は whose ～で，whose のあとに名詞がくる。
(5) 「だれ」は who で表す。「～はだれですか」は Who is ～? となるが，ここでは空所が 1 つなので，Who is を短縮形の Who's にする。

**2** (1) Where, are (2) When, is
(3) Where, does (4) Why, do

解説 ▼

(1) 「どこ」は where でたずねる。Where のあとには疑問文の形を続ける。「～がある」は be 動詞で表す。主語（my glasses）が複数なので，are を使う。
(2) 「いつ」は when でたずねる。「～はいつですか」は When is ～? とする。
(3) 「どこに[で]～しますか」は Where のあとに一般動詞の疑問文の形を続ける。ここでは主語（Sayaka）が 3 人称単数なので，does を使う。
(4) 「なぜ」は why でたずねる。あとに一般動詞の疑問文の形を続けるが，主語が you なので，do を使う。

**3** (1) How, is　(2) How, long
(3) How, many　(4) How, tall

解説 ▼

(1)「～はどうですか」と様子や状態をたずねるときは，How is[are] ～? と言う。
(2)「どれくらいの長さか」と時間やものの長さをたずねるときは，how long を使う。
(3)「何冊」「何人」など「いくつの～」と数をたずねるときは，how many ～を使う。
(4)「どれくらいの高さか」と身長などの高さをたずねるときは，how tall を使う。

**4** (1) ウ　(2) イ　(3) カ
(4) オ　(5) ア　(6) エ

日本語訳 ▼

(1)「あの男性はだれですか」「彼は私の父です」
(2)「これはだれのスマートフォンですか」「それは私の父のです」
(3)「あなたはいつテレビを見ますか」「夕食のあとです」
(4)「あなたには何人の姉妹がいますか」「2人です」
(5)「家ではだれがお皿を洗いますか」「父が洗います」
(6)「どちらがあなたのものですか，これですか，それともあれですか」「あれです」

解説 ▼

(1) who の質問には，だれであるかを答える。Who's は Who is の短縮形。
(2) whose の質問には持ち主を答える。
(3) when の質問には時を答える。
(4) how many の質問には数を答える。
(5) who が主語になっている質問なので，主語に当たる人を答える。答えの My father does. の does は washes の代わりに使われている。
(6) which の質問には，どちらであるかを答える。

**5** (1) They are under the bed.
(2) She is[She's] eighteen (years old).
(3) It is[It's] June 3rd.

日本語訳 ▼

(1) その犬たちはどこにいますか。
(2) コーディーのお姉さん[妹さん]は何歳ですか。
(3) 今日は何日ですか。

解説 ▼

(1) the dogs は they で受ける。「～の下に」は under ～。
(2) Cody's sister は she で受ける。年齢を言うときの year(s) old は省略できる。
(3) the date は it で受ける。日にちはふつう序数（first, second, third など）で表す。June 3rd と書いて June the third または June third と読む。

**6** (1) What sports do you like
(2) How does he go to work
(3) What time is it now
(4) How far is it from here

解説 ▼

(1)「何のスポーツ」は what sports。あとに疑問文の形を続ける。
(2)「どうやって」という手段や方法は how でたずねる。「仕事に行く」は go to work。
(3)「何時」は what time でたずねる。時間を表す文では it を主語にする。
(4)「どれくらい（距離が）離れているか」は「どれくらい遠いか」と考えて how far でたずねる。距離を表す文では it を主語にする。「～から…まで」は from ～ to …。

## STEP03 実戦問題

本冊038ページ

**1** (1) Where does Alex study?
(2) Whose car is that?
(3) What time does Emma get up every morning?
(4) How long does Takeshi practice the piano every day?
(5) Who lives in this house?

日本語訳 ▼

(1) アレックスはどこで勉強しますか。
(2) あれはだれの車ですか。
(3) エマは毎朝何時に起きますか。
(4) タケシは毎日どれくらいピアノを練習しますか。
(5) だれがこの家に住んでいますか。

解説 ▼

下線部をたずねる疑問文のつくり方は，次のとおり。
①元の文を疑問文にする。
He plays tennis after school.
→ Does he play tennis after school?
②下線部の after school（放課後に）を疑問詞 when（いつ）に変えて文頭に移動する。
Does he play tennis after school?
→ When does he play tennis?

「彼はいつテニスをしますか」

(1) in his room は場所なので，where（どこで）でたずね，あとに疑問文の語順で does Alex study が続く。
(2) Mr. Brown's car は whose car（だれの車）でたずね，あとに疑問文の語順で is that が続く。
(3) 時刻は what time（何時）でたずねる。get up は「起きる」。「いつ」と考えれば When does Emma get up every morning? でもよい。
(4) 時間の長さは how long でたずねる。how many hours（何時間）を使ってもよい。
(5) 人は who でたずねる。主語の Ms. Suzuki を who に変えるだけなので，あとの語順はそのまま。

**ミス注意**

who は 3 人称単数の扱いをするので，who が主語になる文では，あとに続く動詞は 3 単現の形にする。

**2** (例) (1) What do you usually do on Sundays?
(2) Which bus goes to the station?
(3) When do you practice soccer?
(4) What does this word mean?
(5) How much is this bag?
(6) Who is that girl?

**解説**

(1) 「あなたは何を～するか」は What do you ～? とたずねる。usually（たいてい）はふつう一般動詞の前におく。「日曜日に」は on Sundays または on Sunday。
(2) 「どのバス」は which bus で，3 人称単数扱いをするので，あとの動詞は 3 単現の形の goes にする。「駅に行く」は go to the station。
(3) 「あなたはいつ～するか」は When do you ～? と言う。「サッカーを練習する」は practice soccer。
(4) 「～はどういう意味ですか」は「～は何を意味しますか」と考えて what を使う。「～を意味する」は mean。「この単語」は this word。
(5) 「いくらか」と値段をたずねるときは，how much を使う。
(6) 「だれか」とたずねるときは who を使う。

**3** A ウ　B ア　C イ

**日本語訳**

ボブ：[あなたはペットを飼っていますか，チカ。]
チカ：はい，飼っています。犬を飼っています。
ボブ：[それは何の種類の犬ですか。]
チカ：ブルドッグです。本当にかわいいです。名前はロッキーです。
ボブ：[ロッキーは何歳ですか。]
チカ：2 歳です。
ボブ：人なつっこいですか。
チカ：実は，とても恥ずかしがり屋なんです。

**解説**

A あとの Yes, I do. という答えから，疑問詞ではなく Do you で始まる疑問文を選ぶ。
B It's a bulldog. という答えから，犬の種類をたずねる疑問文を選ぶ。
C He's two years old. という答えから，犬の年齢をたずねる疑問文を選ぶ。

**4** (1) ア　(2) イ

**読まれた英文**

(1) How's the weather in Kyoto today?
(2) What do you do on weekends?

**日本語訳**

(1) 今日は京都の天気はどうですか。
(2) あなたは週末には（いつも）何をしますか。

**解説**

(1) How's the weather ～? と天気をたずねる疑問文。**ア**「とてもいいです。ピクニックにはうってつけの日です」が適切。perfect は「完全な，申し分のない」の意味。**イ**「それは多くの美しい建物がある古い都市です」。**ウ**「はい，そうです。今回が私の初めての京都への旅行です」。
(2) 週末のふだんの行動を聞かれているので，**イ**「土曜日には友達とテニスをします。日曜日には勉強します」が適切。on Sundays などの〈on ＋曜日名＋ s〉は「～曜日にはいつも」の意味を表す。**ア**「私は月曜日と水曜日にピアノのレッスンがあります」。**ウ**「2 週間です。それは 12 月 1 日に始まります」。

**5** (1) ウ　(2) ア　(3) イ　(4) ウ

**読まれた英文**

(1) A: What's in the pot?
B: Vegetable soup. But be careful. Don't touch it. It's very hot.
Question: What's in the pot?
(2) A: OK, let's start the meeting.
B: Wait. Where's Rick?
A: Oh, he's at home. He has a bad cold.
Question: Why is Rick at home?

(3) A: Excuse me. How do I get to Shibuya?
B: Take the Yamanote Line.
A: Which train is that?
B: It's that green one over there.
Question: Which train is for Shibuya?

(4) A: Let's go! We don't have much time.
B: What time is it?
A: It's 3:20. The bus leaves at 3:30.
Question: What time does the bus leave?

**日本語訳 ▼**

(1) A: なべの中には何が入っているの？
B: 野菜スープだよ。でも，気をつけて。さわっちゃだめ。とても熱いから。
質問：なべの中には何が入っていますか。

(2) A: じゃ，会議を始めよう。
B: 待って。リックはどこ？
A: ああ，彼は家にいるよ。ひどいかぜをひいているんだ。
質問：リックはなぜ家にいますか。

(3) A: すみません，渋谷へはどうやって行きますか。
B: 山手線に乗ってください。
A: それはどの電車ですか。
B: むこうのあの緑の電車です。
質問：どの電車が渋谷行きですか。

(4) A: さあ，行きましょう。あまり時間がありません。
B: 何時ですか。
A: 3時20分です。バスは3時30分に出発します。
質問：バスは何時に出発しますか。

**解説 ▼**

(1) Vegetable soup. と It's very hot. から判断する。
(2) have a cold で「かぜをひいている」。
(3) that green one の one は train のこと。get to ～は 「～に着く」。take ～は「～に乗る」。
(4) 現在の時刻とバスが出る時刻をしっかり聞き取ること。また，thirty と thirteen の聞き分けにも注意しよう。

# 7 代名詞

## STEP01 要点まとめ

本冊040ページ

01 He　02 his　03 him　04 mine
05 This, that　06 These　07 something
08 anything　09 Everyone[Everybody]
10 Nobody[No one]　11 It's
12 it　13 one　14 one　15 one

## STEP02 基本問題

本冊042ページ

**1** (1) me　(2) us　(3) them
(4) Her　(5) Their　(6) your
(7) our, He　(8) I, they

**解説 ▼**

(1) 動詞（knows）の目的語なので目的格。「私を」は me。
(2) 動詞（know）の目的語なので目的格。「私たちを」は us。
(3) 前置詞（to）のあとなので目的格。「彼らに」は them。
(4) 名詞（guitar）の前なので所有格。「彼女の」は Her。
(5) 名詞（school）の前なので所有格。「彼らの」は their。
(6) 名詞（sister）の前なので所有格。「あなたの」は your。
(7) 名詞（classmate）の前は所有格。「私たちの」は our。「彼は」は前の文の Alex を受けており，主格の He。
(8) 「知りません」は「私は知りません」ということなので，主格の I。「だれですか」は「彼女たちはだれですか」ということ。前の文の Emma and Sayaka を受けており，主格の they を使う。

**2** (1) This　(2) This　(3) These
(4) That　(5) those

**解説 ▼**

(1) 「これは」と1台の自転車をさして言っているので，単数形の this。
(2) this はこの場合のように，人を紹介するときなどに「この人は，こちらは」の意味でも使われる。
(3) 「これらは」と複数なので these。
(4) 「あれは」と1つの山をさして言っているので，単数形の that。
(5) 日本語では「あれは」だが，複数［左右で1足］の靴（shoes）をさしているので，複数形の those になる。

**3** (1) his　(2) hers
(3) theirs　(4) mine

**解説 ▼**

(1) 「これは彼の帽子です」を「この帽子は彼の（もの）です」という英文にする。「彼のもの」は所有代名詞で his。

(2) 「あれは彼女のめがねです」を「あのめがねは彼女の（もの）です」にする。「彼女のもの」は所有代名詞で hers。
(3) 「あれは彼らの家です」を「あの家は彼らの（もの）です」にする。「彼らのもの」は所有代名詞で theirs。
(4) 「これらは私のねこです」を「これらのねこは私の（もの）です」にする。「私のもの」は所有代名詞で mine。

**4** (1) Someone (2) anybody (3) anything
(4) nothing (5) likes

解説 ▼

(1) 肯定文で「だれか」の意味を表すときは someone を使う。代わりに somebody を使ってもよい。
(2) 否定文で「だれも」の意味を表すときは anybody を使う。代わりに anyone を使ってもよい。
(3) 疑問文で「何か」の意味を表すときは anything を使う。
(4) 日本語は「知らない」だが，英語は Alex knows と肯定文の形になっているので，「何も〜ない」と否定の意味を持つ nothing を使う。この文は Alex doesn't know anything about baseball. と否定文で言いかえられる。
(5) everyone は単数として扱うので，like に 3 単現の s をつける。

**ミス注意**

everyone[everybody]，everything などは単数として扱う。主語になるときは 3 単現の形に注意。

**5** (1) one (2) one (3) it
(4) It (5) It

解説 ▼

(1) 「新しいの」は「新しいカメラ」の意味で，不特定の a new camera のことなので，a new one とする。
(2) 「持っていない」のは不特定の a pen のことなので，one を使う。
(3) 「使ってもいい」のは前の文にある特定の your pen のことなので，it を使う。
(4) 前の文の this を受けて，特定のものをさすので it を使う。
(5) 時・天候・寒暖などを表す文の主語には it を使う。

## STEP 03 実戦問題

本冊044ページ

**1** (1) mine (2) his (3) She (4) They

日本語訳 ▼

(1) 「これはあなたのかばんですか」「いいえ，それは私のものではありません」
(2) 「あなたのお兄[弟]さんは毎日サッカーをしますか」「はい。サッカーは彼の大好きなスポーツです」
(3) 「お母さんはどこにいますか」「彼女は台所にいます」
(4) 「空の星を見て」「わあ。きれいだ」

解説 ▼

(1) your bag は答えの文では my bag になるが，1 語なので mine にする。
(2) 前の文の your brother を受けて所有格の his を使う。
(3) 前の文の Mom を受けて主格の She を使う。
(4) 前の文の stars を受けて主格の They を使う。

**2** (1) This one is hers
(2) I want something hot
(3) How far is it

解説 ▼

(1) 「これ」の意味で This one とする。この one は book の代わりをしている。日本語に合わせる必要がなければ Hers is this one.（彼女のはこれです）としてもよい。
(2) something などに形容詞がつく場合は，あとにおいて something hot という語順になる。
(3) 距離を表す文の主語として it を用いる。

**3** (例) (1) This is my sister. I like her.
(2) Those are his watches.
(3) Do you know anything about him?

解説 ▼

(1) 「こちらは〜です」と人を紹介するときには This is 〜. と言う。「彼女が好きです」は目的格の代名詞を使って like her とする。「姉」は my older sister / my big sister としてもよい。
(2) 「あれら」は those。主語が複数なので be 動詞は are を使い，「腕時計」も watches と複数形にする。
(3) 「彼について」は about him。前置詞のあとでは目的格を使う。疑問文で「何か」という場合には，ふつう anything を使う。

**4** ① 2 ② 赤い ③ 赤い ④ 青い

日本語訳 ▼

チカ：見て。この青いバッグはかわいいわ。これはだれのバッグかしら。
ボブ：それはぼくのだよ。
チカ：本当？　でもあなたはふだんは赤いバッグを使っているわよね。
ボブ：バッグを2つ持っているんだ。
チカ：どちらのバッグが好きなの。
ボブ：赤いバッグが好きだよ。この青いバッグはいいけど，古いんだ。
チカ：私はこれが好き。本当にかわいいわ。

解説 ▼

日本語訳を参照。会話の中の one はすべて bag の代わりをしている。

**5** (1) b　(2) a　(3) c　(4) b

読まれた英文 ▼

(1) A: Which is your dog?
B: The brown one is mine.
(2) A: What time is it?
B: It's three.
(3) This is my sister. Her hair is long and black.
(4) That boy is Alex. He doesn't have anything in his hands.

日本語訳 ▼

(1) A：どれがあなたの犬ですか。
B：茶色いのが私のです。
(2) A：何時ですか。
B：3時です。
(3) こちらは私の姉[妹]です。彼女の髪は長くて黒いです。
(4) あの男の子はアレックスです。彼は手に何も持っていません。

解説 ▼

(1) The brown one の one は，前の文の dog を受ける。「茶色い犬が私の犬です」ということ。
(2) 主語の it は「時」を表す。
(3) 前の文の sister を受けて Her hair と言っているのを聞き取ること。
(4) his hands と複数形なので「どちらの手にも何も持っていない」という意味になる。否定文なので anything が使われている。

# 8 進行形

## STEP01 要点まとめ

本冊046ページ

01 studying　02 Is　03 is　04 are
05 looking　06 not

## STEP02 基本問題

本冊047ページ

**1** (1) am, watching　(2) is, doing
(3) are, talking　(4) are, waiting

解説 ▼

(1) 現在進行形の文で，主語がIなので，be動詞は am。あとに watch の ing 形を続ける。
(2) 現在進行形で，Emma は3人称単数なので，be動詞は is。
(3) 現在進行形で，主語が複数なので，be動詞は are。
(4) 現在進行形で，主語が複数なので，be動詞は are。

**2** (1) Are, writing　(2) Is, raining
(3) are, doing　(4) am, not, studying
(5) not, playing

解説 ▼

(1) 現在進行形の疑問文なので，are を主語 you の前に出す。write の ing 形は，e を取って ing をつける。
(2) is を it の前に出す。
(3) 疑問詞を使った疑問文で，What のあとに疑問文の語順を続ける。
(4) 現在進行形の否定文なので，be動詞 am のあとに not をおく。
(5) 現在進行形の否定文なので，be動詞 are のあとに not をおく。They're は They are の短縮形。

**3** (1) wants　(2) is doing
(3) Do, have　(4) know

解説 ▼

(1) want（～をほしがっている）は進行形にはしない。
(2) 「今しているところだ」と進行中の動作を表すので現在進行形を使う。
(3) ここは「ペンを所有しているかどうか，ペンがあるかどうか」をたずねているので，現在形で表す。
(4) know（～を知っている）は進行形にはしない。

## STEP 03 実戦問題

本冊048ページ

**1** (1) エ　(2) ア　(3) エ

日本語訳 ▼

(1) 私の子どもたちは今，公園でサッカーをしています。
(2) 熊本では雨が降っていますか。
(3) 私の兄[弟]は今，シャワーを浴びていません。

解説 ▼

(1) 現在進行形の文で，主語が複数なので，be 動詞は are になる。
(2) あとの raining から進行形の文と判断して，be 動詞を選ぶ。主語が it なので are ではなく is。
(3) あとの taking から進行形の文と判断し，否定文にするための語を選ぶ。主語が my brother なので aren't ではなく isn't。

**2** (1) He is playing baseball with
(2) Are those people playing cards
(3) What are you talking about

解説 ▼

(1) 「今～しています」という意味から現在進行形の文と判断し，主語の he に合わせて is を補う。
(2) 「～しているのですか」という意味から現在進行形の疑問文と判断し，be 動詞の are を補って文頭におく。「トランプをする」は play cards。
(3) 「何について話しているか」は what で始まる現在進行形の疑問文になるので，are を補う。「～について話す」は talk about ～。

ミス注意 !

talk about などは 2 語で 1 つの動詞としての働きをする。疑問詞がその目的語のときは，疑問詞が文頭に出るので，文の最後が前置詞で終わることもある。

**3** (例) Kenji is walking a dog. / Yoko is eating ice cream. / Hiroshi is sitting on the bench. / Jiro is sleeping. / Junko is playing the guitar. / Haruko is drinking water.

解説 ▼

絵をよく見て，それぞれが何をしているのかを正確につかむ。「ケンジは犬を散歩させている」「ヨウコはアイスクリームを食べている」「ヒロシはベンチに座っている」「ジロウは眠っている」「ジュンコはギターを弾いている」「ハルコは水を飲んでいる」の中から，書きやすいものを 2 つ選べばよい。文末に (right) now をつけてもよい。

**4** (1) She's[She is] making cookies.
(2) エ

日本語訳 ▼

ボブ：やあ，チカ。何をしているの。
チカ：こんにちは，ボブ。クッキーを作っているところよ。
ボブ：クッキーを作っているの？　どうして？
チカ：明日がお父さんの誕生日なの。お父さんはクッキーが大好きなのよ。
ボブ：ああ，それはいいね。お父さんの誕生日にはいつもクッキーを作るのかい。
チカ：(いいえ。) 今回が初めてよ。

解説 ▼

(1) 質問は「チカは何をしていますか」。1～2 行目の会話から，クッキーを作っているとわかる。Chika は she で受け，be 動詞は is を使う。
(2) 直前のボブのせりふに注目する。Do you ～? の質問には，do を使って答える。すぐあとに「今回が初めて」と続くので，No の答えを選ぶ。

**5** (1) a ○　b ×　c ○
(2) a ○　b ○　c ×

読まれた英文 ▼

(1) a She is sitting on a bench.
b It is raining.
c She has a book in her hands.
(2) a He is talking on the phone.
b He isn't using a computer.
c He isn't watching TV.

日本語訳 ▼

(1) a 彼女はベンチに座っています。
b 雨が降っています。
c 彼女は手に本を持っています。
(2) a 彼は電話で話しています。
b 彼はコンピューターを使っていません。
c 彼はテレビを見ていません。

解説 ▼

(1) 雨は降っていないので，b は間違い。
(2) テレビを見ているので，c は間違い。

**6** (1) イ　(2) ウ　(3) ア　(4) ア

読まれた英文 ▼

(1) A: Hi, Lisa. What are you doing? Are you waiting for a friend?
B: No, I'm not. I'm waiting for the bus. I

have a piano lesson today and I usually take the bus there.
Question: What is Lisa doing right now?

(2) A: What are you doing, Jim?
B: I'm looking for Mr. Sasaki. I have a question about today's homework.
A: He's in the teachers' room. He's having lunch with other teachers.
Question: What is Mr. Sasaki doing?

(3) My brother and his friends are talking in the living room. They're big fans of rock music and they know a lot about it. They're talking about a new rock singer.
Question: What is the boy's brother doing?

(4) My mother teaches science at high school. She often reads science books at home. It's eleven o'clock at night, but she's still reading a science book in her bedroom. She really likes science.
Question: What is the girl's mother doing right now?

**日本語訳**

(1) A: こんにちは，リサ。何をしているの？ 友達を待っているの？
B: いいえ。バスを待っているの。今日，ピアノのレッスンがあって，私はたいていそこへバスに乗って行くの。
質問：今，リサは何をしていますか。

(2) A: 何をしているの，ジム。
B: 佐々木先生を探しているんだ。今日の宿題について質問があるんだ。
A: 先生は職員室にいるわよ。ほかの先生たちと昼食を食べているわ。
質問：佐々木先生は何をしていますか。

(3) 私の兄[弟]と彼の友達たちはリビングルームで話をしています。彼らはロックの大ファンで，ロックについて多くのことを知っています。彼らは新しいロック歌手について話しています。
質問：少年の兄[弟]は何をしていますか。

(4) 私の母は高校で理科[科学]を教えています。よく自宅で科学の本を読みます。夜の11時ですが，母は寝室でまだ科学の本を読んでいます。母は本当に科学が好きです。
質問：少女の母親は今，何をしていますか。

**解説**

(1) 選択肢は，**ア**「彼女はだれかを待っています」。**イ**「彼女はバスを待っています」。**ウ**「彼女はピアノを練習しています」。wait for ～は「～を待つ」。take the bus は「バスに乗る」。

(2) 選択肢の主語 He は，質問の文の Mr. Sasaki を受けることに注意。選択肢は，**ア**「彼は宿題をしています」。**イ**「彼は先生を探しています」。**ウ**「彼は昼食を食べています」。look for ～は「～を探す」。

(3) 選択肢は，**ア**「彼は友達たちと話しています」。**イ**「彼はロック歌手に話しかけています」。**ウ**「彼は音楽を聞いています」。big fan は「大ファン」。talk about ～は「～について話す」，talk to ～は「～に話しかける」。

(4) 選択肢は，**ア**「彼女は本を読んでいます」。**イ**「彼女は理科を教えているところです」。**ウ**「彼女は高校へ行くところです」。1文目の teaches は日本語では「教えています」となるが，これは「いつもしていること」の意味で，「今（right now）していること」ではないことに注意。science には，教科としての「理科」と学問としての「科学」の意味がある。

# 9 副詞 well, usually など

## STEP01 要点まとめ

本冊050ページ

01 carefully　02 here　03 every Saturday
04 often　05 not　06 not

## STEP02 基本問題

本冊051ページ

**1** (1) fast　(2) well　(3) often, late
(4) home　(5) there, every day
(6) usually, slowly

**解説**

(1) スピードについて「速く」の意味を表すのは fast。early は時刻・時期について「早く」，soon は「すぐに，もうすぐ」の意味。

(2) 「じょうずに」は well。good は「じょうずな」という意味の形容詞。hard は形容詞で「熱心な，難しい」，副詞で「熱心に」の意味がある。

(3) この文の「よく」は「しばしば」の意味なので often を使う。never は「けっして～ない」。時刻・時期について「遅く」は late。lately は「最近」の意味の副詞。

(4) 「帰宅する」は come home。home は副詞なので，come のあとに前置詞 to は必要ない。

(5) there（そこへ[に]）は副詞なので，go のあとに前置詞 to は必要ない。every day（毎日）も前置詞 on はつけない。

(6) 「ふつうは」は usually。sometimes は「ときどき」の意味。「ゆっくりと」は slowly。easily は「簡単に」の意味で，形容詞 easy（簡単な）を副詞にした形。

**2** (1) always, carefully　(2) here, now
(3) not, always　(4) every, Wednesday
(5) does, not, like

**解説**

(1) 「いつも」は always で，ふつう一般動詞の前におく。「注意深く」は careful（注意深い）を副詞にして carefully とする。
(2) 「ここに」は here で，副詞なので前置詞はつけない。「今」は now。場所を表す副詞と時を表す副詞を並べるときは〈場所＋時〉の順にする。
(3) 「いつも～というわけではない」「いつも～だとは限らない」という部分否定は not always で表す。

**ミス注意**

all（すべて）や always（いつも）の前に not がつくと，「すべてが～というわけではない」や「いつも～というわけではない」という部分否定の意味になる。

(4) every Wednesday の 2 語で副詞の働きをする。on Wednesdays としてもよいが，× on every Wednesday とは言わない。
(5) 一般動詞の否定文。not の位置に注意。

**3** (1) well　(2) hard

**解説**

(1) 「サヤカはじょうずな歌手です」を「サヤカはじょうずに歌う」と言いかえて考える。good は「じょうずな」という意味の形容詞。well は「じょうずに」という副詞。
(2) hard には「熱心な」という形容詞のほかに，「熱心に」という副詞の意味がある。「彼らは熱心な労働者です」を「彼らは熱心に働く」に言いかえて考える。また，hard には形容詞として「かたい」「難しい」などの意味もある。

## STEP 03 実戦問題

本冊052ページ

**1** (1) carefully　(2) easily
(3) home　(4) often　(5) also

**日本語訳**

(1) 生徒は全員その先生の話を注意深く聞いています。
(2) あなたは簡単にその試合に勝てますよ。
(3) 私はふつうは 8 時に帰宅します。
(4) 「あなたはどれくらいの頻度で図書館へ行きますか」「月に 2 回です」
(5) 私は日本語が話せます。私はスペイン語も話せます。

**解説**

(1) are listening という動詞を修飾するので，副詞を選ぶ。listen to ～で「～を聞く」。
(2) win という動詞を修飾するので副詞を選ぶ。
(3) home は副詞なので，「帰宅する[家に着く]」は get home とし，前置詞はつけない。
(4) 頻度は how often（どれくらいの頻度で，何回ぐらい）でたずねる。how many は「数」をたずねるときに使う。答えの文の a は「(1 つの) ～につき」という意味。
(5) 「～も（また）」は too か also で表すが，too はふつう文末におかれるので，ここでは also を選ぶ。

**2** (1) What do you usually have for
(2) go to the festival every year
(3) She doesn't always look happy
(4) students have colds this week

**解説**

(1) usually（ふつうは）はふつう一般動詞の前におく。「朝食に」は for breakfast。
(2) 「毎年」は every year。festival（祭り）は名詞なので，「～に」の意味では前に to をおいて to the festival とする。
(3) 「いつも～だとは限らない」は not always と部分否定で表す。「～に見える」は〈look ＋形容詞〉。
(4) 「かぜをひく」は have a cold だが，主語が複数なので have colds とする。「今週」は this week。

**3** (例) (1) I get up early every morning.
(2) My father sometimes comes[gets] home late.
(3) My grandfather always speaks slowly.

**解説**

(1) 「(時間が) 早く」の意味の副詞は early。「起きる」は get up,「毎朝」は every morning で表す。every morning は文頭でもよい。
(2) 「ときどき」は sometimes で，ふつう一般動詞の前におく。「(時間が) 遅く」の意味の副詞は late。「帰宅する」は come home または get home という。主語が 3 人称単数で現在の文なので，comes /

gets とsをつける。

(3) 「いつも」は always で，ふつう一般動詞の前におく。主語が3人称単数で現在の文なので，speaks とsをつける。「ゆっくり話す」は speak slowly。

**ミス注意**

主語と一般動詞の間に sometimes や always などの副詞が入ると，3単現のsをつけ忘れやすいので注意。

**4** (1) チカは11時30分ごろに寝る。
(2) チカは夜はたいてい英語を勉強する。
(3) always get up at six

**日本語訳**

ボブ：毎日何時に寝るの，チカ。
チカ：11時30分ごろよ。
ボブ：遅く寝るんだね。夜には何をするの。
チカ：たいてい英語を勉強するわ。
ボブ：えらいね！　じゃあ，朝は遅く起きるの？
チカ：いいえ，そうじゃない。いつも6時に起きるの。
ボブ：本当？　ぼくは朝は，7時30分より前には起きられないよ！

**解説**

(1) ボブの最初の質問「毎日何時に寝るの」に対してチカが At about eleven thirty. と答えていることからわかる。about は「およそ～，～くらい」の意味。
(2) 3行目と4行目のやりとりからわかる。
(3) (　) の前の行と次の行で起床時間の話題になっていることに注目して，完成された文の意味を予測する。always はふつう一般動詞 get の前におく。

**5** (1) ア　(2) イ　(3) ア　(4) ウ

**読まれた英文**

(1) How long do you study at home every day?
(2) When do you practice the piano?
(3) Can your sister drive a car?
(4) My brother swims fast.

**日本語訳**

(1) あなたは毎日家でどれくらい勉強しますか。
(2) あなたはいつピアノを練習しますか。
(3) あなたのお姉[妹]さんは車を運転することができますか。
(4) 私の兄[弟]は速く泳ぐことができます。

**解説**

(1) How long（どれくらい長く）と時間の長さをたずねているので，**ア**「私は2時間勉強します」を選ぶ。**イ**「私は英語を熱心に勉強します」。**ウ**「はい，私は家で勉強します」。
(2) When（いつ）とたずねているので，**イ**「私はたいてい夕方にピアノを練習します」を選ぶ。**ア**「私はピアノをじょうずに弾けません」。**ウ**「私は夕方にいつも忙しいわけではありません」。
(3) 「車を運転できるかどうか」をたずねているので，答えは**ア**の Yes, she can. か**イ**の No, she can't. のどちらかになるが，そのあとに続く文の意味から，**ア**「はい，できます。彼女はいつも注意深く運転します」を選ぶ。**イ**「いいえ，できません。でも彼女は車を運転して仕事に行きます」は意味が通じない。**ウ**「彼女はたいていそれを毎週土曜日に洗います」。
(4) 「兄[弟]は速く泳ぐ」に対する応答として意味が通じるのは，**ウ**「本当ですか。私の兄[弟]も速く泳ぎます」。**ア**「知っています。彼はいつもゆっくり歩きます」や**イ**「ごめんなさい，私は速く泳ぐことができません」では意味が通じない。

# 10 前置詞 in, on, at など

## STEP01 要点まとめ

本冊054ページ

01 me　02 in　03 in　04 on
05 on　06 on　07 at　08 at
09 before　10 from, to[until]　11 for
12 between　13 among　14 of
15 with　16 about

## STEP02 基本問題

本冊056ページ

**1** (1) in　(2) at　(3) on
(4) at　(5) in　(6) on

**解説**

(1) 和歌山という広がりのある空間の中，というイメージで in を使う。
(2) 駅を「地点」としてとらえて at を使う。
(3) 屋根の表面に接触しているイメージで on を使う。
(4) 時刻には at を使う。
(5) 「午前中」という範囲のある時間なので in を使う。
(6) 曜日には on を使う。

**2** (1) from, to　(2) by　(3) before
(4) after　(5) for　(6) until

解説 ▼

(1) 「…から〜まで」という場合は，from … to 〜を使う。from … until 〜とも言うが，to 〜を使う方がふつう。
(2) 「〜までに」と〈期限〉を表すときは，by を使う。「〜までずっと」と〈継続〉を表す until と間違えないこと。

ミス注意

by は「〜までに」〈期限〉，until は「〜までずっと」〈継続〉。混同しやすいので注意。

(3) 時間の前後関係を表す before（〜の前に）と次問の after（〜のあとに）はセットで覚えておくとよい。
(4) 「放課後」は「学校のあとに」と考える。
(5) 時間の長さは for で表す。
(6) 「〜までずっと」は until で表す。「〜まで」の意味の to は，from … to 〜の形で使うのがふつう。また，by（〜までに）と間違えないように注意。

**3** (1) into　(2) between　(3) under
(4) to　(5) in front of　(6) near
(7) along　(8) by　(9) from
(10) for　(11) above

解説 ▼

(1) into は「〜の中へ」，out of は「〜から外へ」。
(2) between は「(2つ) の間に」，among は「(3つ以上) の間に」。
(3) over は「(接触せずに) 〜の上に」，under は「(接触せずに) 〜の下に」。
(4) 「〜に行く」は go to 〜。「〜まで行く」という〈到達〉の意味を含む。for は「〜に向かって」。
(5) behind は「〜の後ろに」，in front of は「〜の前に」。
(6) above は「〜の上に」，near は「〜の近くに」。
(7) across は「〜を横切って」，along は「〜に沿って」，through は「〜を通り抜けて」。
(8) by は「〜のそばに」，around は「〜のまわりに」。
(9) be from 〜で「〜の出身だ」の意味を表す。
(10) for は「〜に向かって」，from は「〜から」。
(11) above は「(接触せずに) 〜の上に」，below は「(接触せずに) 〜の下に」。

**4** (1) with　(2) as　(3) of
(4) like　(5) without　(6) about

解説 ▼

(1) with は「〜を身につけて」の意味。髪の毛やひげなど体に生えているものにも用いる。
(2) as は「〜として」の意味。
(3) of は「〜の」の意味。この文は Everybody knows the pianist's name. と言ってもよい。
(4) like は「〜のように」の意味。
(5) without は「〜なしで」。with と反対の意味を表す。
(6) about は「〜について」の意味。a story by a pianist は「ピアニストによる物語，ピアニストが書いた物語」の意味になる。

## STEP03 実戦問題

本冊058ページ

**1** (1) We are waiting for him at
(2) The supermarket is between the park and
(3) The library is open from Monday to Friday
(4) Do you know the name of this fish
(5) I am making curry and rice for my family

解説 ▼

(1) 「校門」という地点を表すので at が使われる。「〜を待つ」は wait for 〜。
(2) 「…と〜の間に」と2つの間を表すには between … and 〜という形を用いる。
(3) 時間や場所について「…から〜まで」の意味は from … to 〜で表す。
(4) 「この魚の名前」は the name of this fish とする。
(5) 「〜のために」は for で表す。

**2** (例) (1) My grandparents live with us.
(2) We have[eat] breakfast at seven in the morning.
(3) I study English for an[one] hour every day.
(4) I always walk from the station to the library.
(5) My grandparents are watching TV in the living room now.

解説 ▼

(1) 「〜といっしょに」は with で表す。「祖父母」は grandparents。
(2) 「朝の7時に」は at seven (o'clock) in the morning とする。at と in の使い分けに注意。
(3) 「1時間」という時間の長さは for 〜を使って表す。
(4) 「駅から図書館まで」は from … to 〜を使って表す。
(5) 「居間」という広がりのある空間なので in を使って

表す。「テレビを見る」は watch TV。

**3** (1) ボブは公園で散歩している。
(2) チカは公園のそばのバス停にいる。
(3) 2人はいっしょに昼食を食べる。

日本語訳 ▼

チカ：もしもし，ボブ。チカよ。何をしているの。
ボブ：もしもし，チカ。公園で散歩しているよ。
チカ：ああ，あなたが見えるわ。
ボブ：ぼくが見える？　君はどこにいるんだい。
チカ：公園のそばのバス停にいるわ。
ボブ：本当？　そっちに行くよ。
チカ：わかったわ。今は12時半ね。お昼ご飯をいっしょに食べましょう！
ボブ：いいアイデアだね！　数分間，待っていて。

解説 ▼

(1) 2行目のI'm taking a walk in the park.からわかる。in the parkは「公園の中で」。
(2) 5行目のI'm at the bus stop by the park.からわかる。at the bus stopは「バス停（という地点）に」。by the parkは「公園のそばの」。
(3) 最後のやりとりでチカがLet's have lunch together!と言い，ボブがGood idea!と答えていることから，2人で昼食を食べるつもりであることがわかる。for a few minutesは「数分の間，2～3分間」。

**4** (1) イ　(2) イ　(3) ウ　(4) ウ

読まれた英文 ▼

(1) It's eight fifty now. I'm standing in front of a supermarket with my mother. It opens at nine.
(2) I'm walking around the lake now. I walk for an hour every morning and eat breakfast at a coffee shop near the lake.
(3) I'm swimming in the pool now. The pool is between two tall buildings. It is open from 10 a.m. to 9 p.m.
(4) I go to school by train. I usually leave home at seven thirty. It takes ten minutes from my house to the station.

日本語訳 ▼

(1) 今は8時50分です。私は母とスーパーの前に立っています。それ[スーパー]は9時に開店します。
(2) 私は今，湖のまわりを歩いて[散歩して]います。私は毎朝1時間歩き，湖の近くの喫茶店で朝食を食べます。
(3) 私は今，プールで泳いでいます。プールは2つの高いビルの間にあります。それ[プール]は午前10時から午後9時まで開いています。
(4) 私は電車で学校へ行きます。私はたいてい7時半に家を出ます。私の家から駅まで10分かかります。

解説 ▼

(1) 今は8時50分で，スーパーが開店するのは9時。したがって，まだ買い物はしていないので，音声と内容が異なるのは**イ**。
(2) for an hour（1時間の間）と言っているので，音声と内容が異なるのは**イ**。forをfourと聞き間違えないように注意。
(3) 「午前10時から午後9時まで」と言っているので，音声と内容が異なるのは**ウ**。「プールは2つの高いビルの間にある」ということは「プールの両側に高いビルがある」ということだから，**イ**は正しい。
(4) 「私の家から駅まで」と言っているので，音声と内容が異なるのは**ウ**。「家から学校まで」ならfrom my house to schoolとなる。

# 11 過去の文

## STEP01 要点まとめ

本冊060ページ

01 played　02 watched　03 looked
04 lived　05 used　06 liked
07 studied　08 carried　09 tried
10 stopped　11 dropped　12 Did
13 did　14 didn't　15 did　16 didn't, go
17 was　18 was　19 were　20 were
21 was　22 Were　23 was　24 wasn't
25 was　26 wasn't　27 play　28 used, to

## STEP02 基本問題

本冊062ページ

**1** (1) got　(2) visited　(3) goes
(4) had　(5) was

解説 ▼

(1) getは不規則に変化する動詞で，過去形はgot。get upで「起きる」。
(2) 主語が3人称単数でも，過去形のつくり方は同じ。visitは規則変化動詞で，edをつけて過去形にする。
(3) 現在の文で，主語が3人称単数なので3単現の形に変える。goはesをつける。go shoppingで「買い物に行く」。

(4) have は不規則変化動詞で，過去形は had。have a party で「パーティーをする」。

(5) 過去進行形の文で，主語 my sister は3人称単数なので，be 動詞は was にする。

**2** (1) Did, study (2) Did, eat[have]
(3) Were (4) did, do

解説 ▼

(1) 一般動詞の過去の疑問文は〈Did ＋主語＋動詞の原形〉の形。

ミス注意

did を使う疑問文や否定文では，あとの動詞は原形。

(2) 主語が3人称単数でも，一般動詞の過去の疑問文のつくり方は同じ。

(3) 「家にいたか」の「いた」は，空所が1つで動詞がないので，be 動詞の文と考える。be 動詞の疑問文は，be 動詞を主語の前に出す。

(4) 「何をしたか」は，What のあとに〈did ＋主語＋動詞の原形〉の形を続ける。What のあとの did は一般動詞の疑問文をつくる do の過去形。主語 you のあとの do は「～をする」という意味の一般動詞。

**3** (1) was, not (2) didn't, go (3) weren't

解説 ▼

(1) 「疲れている」は be tired。be 動詞の過去の否定文は，過去形の was[were] のあとに not をおく。

(2) 一般動詞の過去の否定文は，動詞の前に did not を入れる。ここでは空所が2つなので，did not を短縮形の didn't にする。didn't のあとの動詞は原形にする。go to school で「学校に行く」。

(3) 「～にいる」は be 動詞で表す。主語が複数なので，be 動詞 were のあとに not をおくが，空所が1つなので，短縮形の weren't にする。

**4** (1) イ (2) ウ (3) イ

日本語訳 ▼

(1) 「あなたは今朝，サヤカといましたか」「はい，いました。私たちはいっしょに買い物に行きました」

(2) 「あなたは昨日なぜ忙しかったのですか」「なぜなら私は昨日，宿題がたくさんあったからです」

(3) 「あなたは夏休みの間にどこへ行きましたか」「私は家族と北海道へ行きました」

解説 ▼

(1) be 動詞の疑問文には be 動詞を使って答える。you は答えの文では I か we になる。

(2) 質問の内容と，答えの文末の yesterday から過去の文とわかる。あとに a lot of homework という目的語が続くので，一般動詞の had を選ぶ。

(3) 疑問詞 Where のあとに一般動詞の過去の疑問文〈did ＋主語＋動詞の原形〉の形が続く。

**5** (1) We had a good time at
(2) Where did you take this picture
(3) My father didn't come home early
(4) His grandmother used to be

解説 ▼

(1) 「楽しく過ごす」は have a good time。「パーティーで」は at the party。

(2) 「どこで～しましたか」は，Where のあとに一般動詞の過去の疑問文の形を続ける。「この写真を撮る」は take this picture。

(3) 一般動詞の過去の否定文は〈didn't ＋動詞の原形〉。「帰宅する」は come home。

(4) 「以前は～だった（今はそうではない）」の意味は〈used to ＋動詞の原形〉で表すことができる。

**6** (1) The movie began at seven
(2) Takeshi didn't[did not] sit on the bench.
(3) Did Jasmine make this dress?

日本語訳 ▼

(1) 昨日，映画は7時に始まりました。

(2) タケシはベンチに座りませんでした。

(3) ジャスミンがこのドレスを作ったのですか。

解説 ▼

(1) 一般動詞の過去形は，主語が3人称単数でも同じ。begin の過去形は began。

(2) 一般動詞の過去の否定文は，つねに動詞の前に didn't[did not] をおき，あとの動詞を原形にする。sat は sit の過去形なので，didn't [did not] sit となる。

(3) 〈Did ＋主語＋動詞の原形～?〉の形。made の原形は make。

## STEP03 実戦問題

本冊064ページ

**1** (例) (1) No, it wasn't.
(2) She got up at eight (o'clock).
(3) Yes, she did.

(4) She went to the library.

日本語訳 ▼

(1) 昨日は晴れでしたか。
(2) 昨日の朝，ミカは何時に起きましたか。
(3) ミカはバレーボールの試合を楽しみましたか。
(4) ミカは昨日の放課後，どこへ行きましたか。

解説 ▼

(1) 1行目に「くもり」とあるのでNoの答えにする。Was it ～? にはitとwasを使って答える。
(2) 「彼女は8時に起きました」と答える。「起きる」はget upで，過去形はgot up。「～時に」はat ～。
(3) 日記の4行目に「とても楽しかった」とあるので，Yesで答える。一般動詞の過去の文なので，didを使う。
(4) 「彼女は図書館へ行きました」と答える。「図書館へ行く」はgo to the library。goの過去形はwent。

**2** (例) ① I went there with my family by train.
② It was sunny, so we walked in a[the] park.

解説 ▼

① 「私は家族といっしょに電車でそこへ行きました」という文を書けばよい。Yamanaka Cityは直前にあるので，繰り返さずthereで受けることができる。解答例のほかに，My family visited it by train.（私の家族は電車でそこを訪れました）や，My family took a train to the city.（私の家族はその市まで電車に乗って行きました）などでもよい。
② 「晴れていたので，私たちは公園を散歩しました」という文を書けばよい。「晴れていた」はIt was sunnyで表す。「散歩した」はwalkedやtook a walkを使う。解答例のほかに，We walked around a[the] park because the weather was fine.（天気がよかったので，私たちは公園のあちこちを散歩しました）などでもよい。

**3** (1) what movie did you see (2) ウ

日本語訳 ▼

ミラー先生：先週末は何をしましたか。
チカ：兄[弟]と映画を見に行きました。
ミラー先生：おお，何の映画を見ましたか。
チカ：「スターマン2」です。それは新しい映画です。
ミラー先生：それはどうでしたか。
チカ：実は，あまり気に入りませんでした。
ミラー先生：気に入らなかった？ どうして？
チカ：うーん，物語が退屈でした。

解説 ▼

(1) 前のチカの「映画を見に行った」という言葉を受けているので，「何の映画を見ましたか」という英文にする。
(2) ア「チカは先週末，ミラー先生と映画を見た」。チカが映画をいっしょに見たのは兄[弟]。
イ「チカは『スターマン2』の物語を書いた」。チカは映画を見ただけで，物語は書いていない。
ウ「映画はチカにとってあまりおもしろくなかった」。3番目，4番目のチカのせりふに合う。

**4** (1) ア (2) ウ (3) ア (4) ア
(5) エ (6) イ

読まれた英文 ▼

(1) I got up at seven this morning. After school, I studied at the library with my friends. In the evening, I played video games with my brother.
Question: What did the girl do after school?
(2) A: Where were you this morning, Ben? We had soccer practice at 9:30.
B: I know. I forgot about the practice. I was sleeping at home.
Question: What was Ben doing at 9:30 this morning?
(3) A: I like your hat, Yuta. Is it new?
B: Yes. I got it yesterday.
A: Where did you get it?
B: At a department store near my house.
Question: When did Yuta get the hat?
(4) Mr. Smith is an English teacher from Canada. He came to Japan two years ago. First, he taught in Kyoto. Now, he teaches in Tokyo.
Question: Where did Mr. Smith first teach in Japan?
(5) I visited Hawaii with my family three weeks ago. We stayed at a hotel near the beach. We stayed there for a week. It was an old hotel, but the view from our room was great.
Question: How long did the boy stay at a hotel near the beach?
(6) I went fishing with my uncle last weekend. It was my first time, but I caught a lot of fish. My uncle cooked them for me and we ate them for dinner.
Question: What did the boy do after fishing?

日本語訳 ▼

(1) 私は今朝7時に起きました。放課後，友達と図書館で勉強しました。夕方は，兄[弟]とテレビゲームをしました。
質問：少女は放課後，何をしましたか。

(2) A: 今朝はどこにいたの，ベン。9時30分にサッカーの練習があったのよ。
B: わかってる。練習のことを忘れていたんだ。家で寝ていたよ。
質問：今朝9時30分にベンは何をしていましたか。

(3) A: あなたの帽子，いいわね，ユウタ。新しいの？
B: うん。昨日買ったんだ。
A: どこで買ったの？
B: ぼくの家の近くのデパートさ。
質問：ユウタはいつその帽子を買いましたか。

(4) スミス先生はカナダ出身の英語の先生です。彼は2年前に日本に来ました。最初に，彼は京都で教えました。今は東京で教えています。
質問：スミス先生が日本で最初に教えたのはどこですか。

(5) 私は3週間前，家族とハワイを訪れました。私たちは浜辺の近くのホテルに泊まりました。私たちはそこに1週間泊まりました。それは古いホテルでしたが，部屋からの眺めはすばらしかったです。
質問：少年は浜辺の近くのホテルにどれくらい滞在しましたか。

(6) 私はこの前の週末，おじさんと魚釣りに行きました。私は初めてでしたが，たくさんの魚を釣りました。おじさんは私のためにそれらを料理してくれて，私たちは夕食にそれらを食べました。
質問：魚釣りのあと，少年は何をしましたか。

解説 ▼

(1) 行動の内容と，それがいつ行われたかをしっかり聞き取ろう。after school は「放課後」。「彼女は友達たちと勉強した」という**ア**を選ぶ。
(2) ベンの最後のせりふを聞き取る。「彼は寝ていた」という**ウ**を選ぶ。
(3) ユウタの最初のせりふに出てくる。「昨日」の**ア**を選ぶ。
(4) First, he taught in Kyoto. を聞き取る。teach の過去形 taught の聞き取りに注意。
(5) We stayed there for a week. を聞き取る。How long は期間をたずねているので，期間を答えている**エ**を選ぶ。最初の文に出てくる three weeks ago と混同して**ウ**「3週間」を選ばないように注意。
(6) 選択肢は，**ア**「彼はたくさんの魚を買った」。**イ**「彼は夕食に魚を食べた」。**ウ**「彼はおじさんのために魚を料理した」。**エ**「彼はおじさんを初めて訪問した」。go fishing は「魚釣りに行く」。catch の過去形 caught や，eat の過去形 ate に注意。

# 12 未来の文

## STEP01 要点まとめ

本冊066ページ

| | | | | | | | |
|---|---|---|---|---|---|---|---|
| 01 | going | 02 | rain | 03 | Are | 04 | am |
| 05 | Is | 06 | isn't | 07 | are | 08 | I'm |
| 09 | isn't | 10 | I'll | 11 | She'll | 12 | Will |
| 13 | will | 14 | won't | 15 | will | 16 | won't |
| 17 | will | 18 | am going to | | | | |

## STEP02 基本問題

本冊068ページ

**1** (1) going, to　(2) It's, going, to
(3) will, come　(4) I'll

解説 ▼

(1) 「～するつもりです」という予定は be going to を使って表す。
(2) 空模様から判断して，雪が降りそうだと予想するときは，be going to で表す。天候を表す文の主語は it にする。この文の snow は「雪が降る」という意味の動詞。
(3) 未来の予想は will で表す。He will be here soon. としてもよい。

ミス注意

will は主語が3人称単数でもその形は変わらない。また，あとに続く動詞は必ず原形にする。

(4) 「私が買ってきましょう」などと，今その場で決めたことは will を使って表す。空所が1つなので，I will を短縮形の I'll にして入れる。

**2** (1) Are, going　(2) isn't, going, to
(3) Will　(4) won't

解説 ▼

(1) be going to の疑問文は，be 動詞の文と同じで，be 動詞を主語の前に出す。
(2) be going to の否定文は，be 動詞の文と同じで，be 動詞のあとに not をおく。ここでは空所の数から is not を短縮形の isn't にする。
(3) will の疑問文は，will を主語の前に出す。
(4) will の否定文は will のあとに not をおいて，will not にする。ここは空所が1つなので，will not を短縮形の won't にする。

**3** (1) イ　(2) ア

解説 ▼

(1) チケットを買ったり，予約したりして，すでに心に決めている予定を言うときは，be going to を使った言い方のほうが適切。
(2) 今その場で決めたことなどは will で表す。

**4** (1) We will[are going to] play basketball next weekend.
(2) My father will be busy tomorrow.
(3) Emma is going to get up early.
(4) Will Takeshi pass the exam?
(5) Is she going to buy a new car?
(6) I will not[won't] be late again.
(7) We are not[aren't] going to play soccer after school.

日本語訳 ▼

(1) 次の週末，私たちはバスケットボールをするつもりです。
(2) 私の父は明日忙しいでしょう。
(3) エマは早起きするつもりです。
(4) タケシは試験に合格するでしょうか。
(5) 彼女は新しい車を買うつもりですか。
(6) 私は二度と遅刻しません。
(7) 私たちは放課後にサッカーをするつもりはありません。

解説 ▼

(1) next weekend（次の週末）なので未来の文にする。未来の文は動詞の前に will か be going to を入れる。
(2) will は主語が 3 人称単数でも形は変わらない。
(3) 主語が 3 人称単数になるので，be 動詞を am から is に変える。
(4) will の疑問文は，will を主語の前に出す。
(5) be going to の疑問文は，be 動詞を主語の前に出す。
(6) will の否定文は，will のあとに not をおく。will not を短縮形 won't にしてもよい。
(7) be going to の否定文は，be 動詞のあとに not をおく。are not を短縮形 aren't にしてもよい。

**5** (1) I'm going to take
(2) Will it be hot
(3) He won't like this movie
(4) are you going to make

解説 ▼

(1) 「～するつもりです」は be going to ～で表す。「シャワーを浴びる」は take a shower。
(2) will の疑問文は，will を主語の前に出す。
(3) will の否定文で，will not の短縮形 won't が使われている。「気に入らないでしょう」は won't like となる。
(4) 「何を～するつもりですか」は，What のあとに be going to ～の疑問文の形を続ける。

## STEP03 実戦問題

本冊070ページ

**1** (1) will the weather be
(2) long are you going to
(3) Will your parents come to
(4) Who will take care of

日本語訳 ▼

(1) 「明日の天気はどうでしょうか」「晴れでしょう」
(2) 「あなたはどれくらい（長く）沖縄に滞在するつもりですか」「1 週間です」
(3) 「あなたの両親はこの夏，日本に来ますか」「いいえ，来ません。私がアメリカに帰ります」
(4) 「だれがその犬の世話をしますか」「私です」

解説 ▼

(1) 答えの It'll[It will] be sunny. から will の疑問文と考え，will を主語の the weather の前におく。be が weather のあとに残る形に注意。How is the weather? の未来の文になる。
(2) 答えの For a week. から期間をたずねる疑問文と考え，How long のあとに be going to の疑問文の形を続ける。
(3) 答えの No, they won't. から will の疑問文と考え，will で文を始めて，あとに主語をおく。
(4) who を主語にして，あとに〈will ＋動詞の原形〉を続ける。take care of ～は「～の世話をする」。答えの I will. は I will take care of the dog. ということ。

**2** (例) (1) I'm[I am] going to go shopping with my mother tomorrow.
(2) It won't[will not] rain this afternoon.

解説 ▼

(1) すでに心に決めている予定なら，be going to がよく使われる。「買い物に行く」は go shopping。
(2) 未来の予測・予想を will で表す。ここでは否定文にする。今の状況をもとに「雨は降らないだろう」と判断しているのであれば It isn't[is not] going to rain this afternoon. としてもよい。

**3** (例) **(1)** What will you do
**(2)** It will leave at five ten.

日本語訳 ▼

**(1)** エマ：こんにちは，コーディー。あなたは明日，何をしますか。
コーディー：私は午後に図書館へ行きます。

**(2)** アレックス：バスは何時に出発しますか。
サヤカ：それ[バス]は5時10分に出発します。今5時です。だから10分あります。

解説 ▼

**(1)** コーディーがI'llを使った未来の文で「私は午後に図書館へ行きます」と答えているので，「あなたは明日，何をしますか」というような予定をたずねる文が適当。What are you going to doでもよい。また，Where will you go / Where are you going to go（どこへ行きますか）なども考えられる。

**(2)** アレックスはwillを使ってバスの出発時刻をたずねているので，同じくwillを使って答えればよい。あとに，「今5時です。だから10分あります」と続いているので，出発時刻は5時10分とわかる。

**4** (例) **(1)** She's[She is] going to go to Hawaii.
**(2)** She's[She is] going to leave this Friday.
**(3)** She's[She is] going to stay there for one week.
**(4)** She'll[She will] send a postcard (to him).

日本語訳 ▼

ボブ：夏休みの計画は何かあるの。
チカ：うん。ハワイへ行く予定よ。
ボブ：わあ，それはすごい！　いつ出発するの。
チカ：この金曜日。私たちは1週間滞在する予定よ。
ボブ：いいね。ぼくは去年ハワイに行ったよ。すばらしかった。じゃあ，楽しんできてね。
チカ：ありがとう。絵はがきを送るね。

解説 ▼

**(1)** 「チカはどこへ行く予定ですか」。最初のチカのせりふからハワイへ行くことがわかる。Chikaをsheで受けて，be going toの文で答える。

**(2)** 「彼女はいつ出発する予定ですか」。チカの2番目のせりふから，この金曜日だとわかる。This Friday.も可能だが，「3語以上」という条件に合わない。

**(3)** 「彼女はどれくらい（長く）そこに滞在する予定ですか」。チカの2番目のせりふから，1週間だとわかる。単にFor one [a] week.と答えてもよい。

**(4)** 「彼女はボブに何を送りますか」。チカの最後のせりふから，絵はがきだとわかる。willの疑問文なので，willを使って「彼女は（彼に）絵はがきを送ります」と答える。She will[She'll] send him a postcard.としてもよい。

**5** **(1)** ウ　**(2)** イ　**(3)** ウ　**(4)** ア

読まれた英文 ▼

**(1)** A: Mom, it's a little cold in this room.
B: Oh, I'm sorry.

**(2)** A: Where's Kenji?　Why is he late?　It's already 3 p.m.
B: Relax, Tom.

**(3)** A: How is the weather in London?
B: It was nice yesterday, but it's raining right now.

**(4)** A: Let's study together tomorrow.
B: Sure.　Will you be home in the afternoon?
A: Yes.
B: OK.

日本語訳 ▼

**(1)** A：ママ，この部屋少し寒いよ。
B：まあ，ごめんね。

**(2)** A：ケンジはどこだ。どうして遅れているんだ。もう3時だよ。
B：落ち着いて，トム。

**(3)** A：ロンドンの天気はどうですか。
B：昨日はよかったわ。でも，今は雨が降っているの。

**(4)** A：明日いっしょに勉強しようよ。
B：いいわ。午後は家にいる？
A：いるよ。
B：わかった。

解説 ▼

**(1)** 選択肢は，**ア**「私はコートを着ます」。**イ**「私はシャワーを浴びます」。**ウ**「私は暖房をつけます」。息子の「寒い」というせりふから**ウ**が適切。put on ～は「～を着る」。take a showerは「シャワーを浴びる」。turn on ～は「(暖房など）を入れる」。

**(2)** いらいらしているトムをなだめているので，**イ**が適切。選択肢は，**ア**「もうすぐ3時です」。**イ**「彼はもうすぐここに来るでしょう」。**ウ**「彼は遅れないでしょう」。

**(3)** 今，雨が降っている状況なので，**ウ**が適切。選択肢は，**ア**「明日も晴れるでしょう」。**イ**「3日間雨が降りました」。**ウ**「明日も雨がふるでしょう」。

**(4)** 相手が明日の午後，家にいることがわかったことに続く発言なので，**ア**が適切。選択肢は，**ア**「午後1時ごろあなたに電話をします」。**イ**「私はとても一生けんめい英語を勉強しました」。**ウ**「あなたはそこでゲームを楽しむでしょう」。

# 13 助動詞 must, have to など

## STEP01 要点まとめ

本冊072ページ

01 have　02 Do　03 do　04 don't
05 must　06 not　07 must　08 should
09 should　10 shouldn't　11 Should, I
12 Should, I　13 may　14 May
15 May, I　16 may[might]　17 Shall, I
18 Shall, we　19 Could, you　20 Would, you

## STEP02 基本問題

本冊074ページ

**1** (1) have, to, eat　(2) has, to, clean
(3) Do, have, to　(4) must, study
(5) Must, I　(6) don't, have, to
(7) must, not, swim　(8) must, be

解説

(1) 空所の数から have to を使うと判断する。You must eat vegetables. と言うこともできる。
(2) 空所の数から have to を使うと判断し，主語 Aya が 3 人称単数なので has to とする。Aya must clean her room. と言うこともできる。
(3) have to を使った疑問文は，Do[Does] … have to ～? の形になる。Must I leave home now? と言うこともできる。
(4) 空所の数から must を使うと判断する。You have to study math. と言うこともできる。
(5) must を使った疑問文は，must を主語の前に出す。Do I have to buy this book? と言うこともできる。
(6) 「～する必要はない」の意味は，don't have to で表す。You mustn't buy this book. は，「あなたはこの本を買ってはいけません」の意味になる。
(7) 「～してはいけない」の意味は，must not[mustn't] で表す。You don't have to swim in this river. は，「あなたはこの川で泳ぐ必要はありません」の意味になる。

ミス注意

don't have to は「～する必要はない」，mustn't は「～してはならない」の意味になる。

(8) 「～にちがいない」という推量は must で表す。助動詞のあとなので原形 be を使う。

**2** (1) should　(2) should not　(3) may
(4) Should　(5) May　(6) might

解説

(1) 「～したほうがよい」という提案・アドバイスは should で表す。
(2) 「～しないほうがよい」は should not[shouldn't] で表す。
(3) 「～してもよろしい」と許可を与える場合は，may を使う。主に目下の人に対して言う表現。
(4) should（～したほうがよい）を用いた疑問文。
(5) 「～してもよろしいですか」とていねいに許可を求める場合は，May I ～? を用いる。
(6) 「～かもしれない」という可能性の意味は，may または might で表す。

**3** (1) Shall I　(2) Shall we
(3) Could you　(4) Would you

解説

(1) Shall I ～? で「(私が) ～しましょうか」という相手への申し出を表す。Could you turn the light off? は，「電気を消していただけますか」と依頼する意味になる。
(2) Shall we ～? で「(いっしょに) ～しましょうか」という勧誘・提案を表す。Would you take a rest for a while? は「ちょっと休憩していただけますか」と依頼する意味になる。
(3) Could you ～? で「～していただけますか」というていねいな依頼を表す。Can you ～? よりていねいな表現。Shall I open the window? は，「(私が) 窓を開けましょうか」と相手に申し出る意味になる。
(4) Would you ～? で「～していただけますか」というていねいな依頼を表す。Will you ～? よりていねいな表現。Shall we tell me the way to the station? は，「(いっしょに) 私に駅へ行く道を教えましょうか」となって，意味が通じない。

**4** (1) エ　(2) オ　(3) イ　(4) ア

日本語訳

(1) 私は今，宿題をしなければなりませんか。
(2) あなたの辞書を使ってもよろしいですか。
(3) あなたのかばんを運びましょうか。
(4) 今（いっしょに）昼食を食べましょうか。

解説

(1) Must I ～?（私は～しなければなりませんか）という疑問文には，Yes, you must.（はい，しなければなりません）または No, you don't have to.（いい

え，する必要はありません）で答える。
(2) May I ～? （～してもよろしいですか）と許可を求める表現に対して「いいですよ」と答えるときは，Yes, you may. よりも Sure. などと言うほうがふつう。
(3) Shall I ～? （(私が）～しましょうか）という申し出に対して「はい，お願いします」と答えるときは，Yes, please. と言う。
(4) Shall we ～? （(いっしょに）～しましょうか）という勧誘・提案に対して「はい，そうしましょう」と答えるときは，Yes, let's. と言う。

**5** (1) should read (2) may[might] be
(3) must be (4) had to practice
(5) will have to walk

**日本語訳 ▼**

(1) サヤカは本を読みます。→サヤカは本を読むべきです。
(2) アレックスは正しいです。→アレックスは正しいかもしれません。
(3) エマは疲れています。→エマは疲れているにちがいありません。
(4) 私たちはとても熱心に練習しました。→私たちはとても熱心に練習しなければなりませんでした。
(5) 私は今日，学校へ歩いて行かなければなりません。→私は明日，学校へ歩いて行かなければならないでしょう。

**解説 ▼**

(1) 「～すべきだ」は should で表す。主語が何でも助動詞のあとには動詞の原形がくるので，元の文の reads を原形の read にする。
(2) 「～かもしれない」という可能性の意味は，may か might で表す。主語が何でも助動詞のあとには動詞の原形がくるので，元の文の is を原形の be にする。
(3) 「～にちがいない」という推量の意味は，must で表す。主語が何でも助動詞のあとには動詞の原形がくるので，元の文の is を原形の be にする。
(4) must には過去形がないので，「～しなければならなかった」の意味は，have to の過去形 had to で表す。have to[had to] のあとには動詞の原形がくるので，元の文の practiced を原形の practice にする。
(5) 助動詞の will と must をいっしょに使うことはできないので，must の代わりに have to を使って will have to という形にする。

## STEP 03 実戦問題

本冊076ページ

**1** (1) shouldn't (2) had to (3) May
(4) must (5) Shall I (6) Shall we

**日本語訳 ▼**

(1) スピードを落としなさい。あなたは速く運転しすぎないほうがいいですよ。
(2) 私は自転車がなかったので，学校へ歩いて行かなければなりませんでした。
(3) この部屋は暑いです。窓を開けてもよろしいですか。
(4) 「私は，2 時間だけ眠りました[2 時間しか眠りませんでした]」「ああ，あなたは眠いにちがいないですね」
(5) 「(私が）あなたのかばんを運びましょうか」「いいえ，けっこうです，ありがとう」
(6) 「(いっしょに）空港までタクシーに乗りましょうか」「はい，そうしましょう」

**解説 ▼**

前後の文や，疑問文に対する答え方に注目して，意味の通じるものを選ぶ。
(1) shouldn't で「～しないほうがよい，～すべきでない」の意味を表す。slow down は「速度を落とす」。
(2) 前半の didn't have に合わせて，過去形の had to（～しなければならなかった）を選ぶ。
(3) May I ～? で許可を求める文。
(4) must で「～にちがいない」という推量を表す。
(5) Shall I ～? （(私が）～しましょうか）という申し出を断るときは，No, thank you. と言う。
(6) Yes, let's. と答えているので，「(いっしょに）～しましょうか」の意味の Shall we を選ぶ。

**2** (1) You must not drink in
(2) don't have to know difficult words

**日本語訳 ▼**

(1) A：すみません。
B：何でしょうか。
A：この部屋では飲み物を飲んではいけません。
B：ああ，それは知りませんでした。
(2) A：私にこの英語の本が読めると思いますか。
B：はい，読めると思います。あなたは難しい語を知っている必要はありません。物語のあらすじを理解しようとしなさい。

**解説 ▼**

まずは会話の流れから，(　　) 内がどんな意味になるかを考える。
(1) must not で「～してはならない」という禁止を表す。What's the matter? は「どうしたんですか」と事情をたずねる表現。drink は 1 語で「飲み物を飲む」の意味。

(2) don't have to で「～する必要はない」の意味を表す。Do you think ～? は「あなたは～と思いますか」。

**3** (例) (1) He may[might] not come here today.
(2) Do I have to buy this book? [Must I buy this book?]
(3) Should I go with you?
(4) Could[Would] you make lunch for me?

**解説 ▼**

(1) 「～かもしれない」は may か might で表し，ここでは may not[might not] と否定文にする。
(2) 「～しなければならない」は have to か must で表し，ここでは Do I have to ～?[Must I ～?] と疑問文にする。
(3) 「私は～したほうがいいですか」は Should I ～? で表す。
(4) 「～していただけますか」というていねいな依頼は，Could you ～? か Would you ～? で表す。「昼食を作る」は cook lunch としてもよい。

**4** (1) ア (2) ウ (3) ア

**日本語訳 ▼**

(1) ティム：ミヤ，あなたの電話が鳴っていますよ。
ミヤ：ああ，あれはユキにちがいありません。（私は電話に）出ますよ。
(2) ジョージ：君は本当に疲れているように見えるよ，ユキ。寝たほうがいいよ。
ユキ：うん，でも，まず宿題をしなきゃいけないの。
(3) A：次の日曜日に，いっしょに映画に行きましょうか。
B：ごめんなさい，行けません。次の日曜日は家にいなければなりません。

**解説 ▼**

会話の流れを読み取って，適切なものを選ぶ。

(1) must で「～にちがいない」の意味を表す。他の選択肢は，**イ**「私はユキに電話しなければなりません」，**ウ**「あなたはユキを訪ねたほうがいいですよ」となり，会話の流れに合わない。
(2) have to で「～しなければならない」の意味を表す。first は「まず，最初に」。他の選択肢は，**ア**「私は今日の午後，テニスをしません」，**イ**「私はそうしなければなりません」となり，会話の流れに合わない。
(3) Shall we ～? (（いっしょに）～しましょうか）への答え。次の文で「家にいなければならない」と言っているので，映画に行くのを断っていると考えられる。他の選択肢は，**イ**「ああ，それは美しいですね」，**ウ**「いいですよ。とても幸せです」，**エ**「わかりました。何時にそこへ行きましょうか」となり，会話の流れに合わない。

**5** (1) ウ (2) イ (3) ア (4) ウ

**読まれた英文 ▼**

(1) A: I didn't eat lunch today.
B: Really? You must be hungry! Shall we eat something at that café?
A: Yes, let's!
(2) A: Must I go to tonight's meeting, Ms. Smith?
B: No, you don't have to, Paul. But why?
A: I have to make dinner for my family.
(3) A: I have to go to Grandmother's house tonight.
B: Should I stay home and look after the baby, Mom?
A: Yes, please. Thank you very much.
(4) A: Excuse me, but may I help you?
B: Would you tell me the way to the museum?
A: OK. I'll take you there.

**日本語訳 ▼**

(1) A：今日はお昼ご飯を食べませんでした。
B：本当ですか。あなたはおなかが空いているにちがいないですね。今からいっしょにあのカフェで何か食べましょうか。
A：はい，そうしましょう。
(2) A：スミス先生，私は今夜の会合に行かなければなりませんか。
B：その必要はありませんよ，ポール。でも，どうしてですか。
A：家族のために夕食を作らなければならないんです。
(3) A：今夜，おばあさんの家に行かなければいけないの。
B：ぼくが家にいて赤ちゃんの世話をしようか，お母さん。
A：うん，お願い。どうもありがとう。
(4) A：すみません，お手伝いしましょうか。
B：美術館へ行く道を教えていただけますか。
A：いいですよ。あなたをそこへお連れしましょう。

解説 ▼

(1) Shall we eat ～? という女性の誘いに対して，男性は Yes, let's.（はい，そうしましょう）と同意しているので，**ウ**が英文の内容と異なる。

(2) スミス先生はポールに対して No, you don't have to, Paul. と言っており，前の文から考えてこれは You don't have to go to tonight's meeting.（あなたは今夜の会合に行かなくていい）ということなので，英文の内容と異なるのは**イ**。But why? は「でも，どうして（そんなことを言うの）」という意味。

(3) Grandmother's house（おばあさんの家）に行くのは母親なので，英文の内容と異なるのは**ア**。look after ～は「～の世話をする」。

(4) 女性は最後の文で I'll take you there. と言っているので，美術館の場所を知っていると考えてよい。したがって，英文の内容と異なるのは**ウ**。museum は「美術館，博物館」。May I help you? は「お手伝いしましょうか」という定型表現。

# 14 いろいろな文型

## STEP01 要点まとめ

本冊078ページ

01 look　02 show　03 told　04 us
05 to　06 me　07 for　08 that
09 named　10 makes

## STEP02 基本問題

本冊080ページ

**1** (1) runs　(2) like, baseball
(3) speaks, Japanese

解説 ▼

(1) 問題文の日本語を「私の兄は速く走る」と言いかえて考える。「走る」は run。

(2) 「～が好きだ」は like。すぐあとに「～を」にあたる目的語がくる。

(3) 「(言語など) を話す」は speak。すぐあとに目的語がくる。

**2** (1) is　(2) looks, tired
(3) became, famous　(4) feel, warm
(5) sounds, difficult[hard]

解説 ▼

(1) 「A は B です」のように，主語を説明して「～です」と言うときは be 動詞で表す。主語に応じて，is, am, are を使い分ける。「～です」という意味の be 動詞のあとには，名詞や形容詞がくる。

(2) 「～に見える」は〈look ＋形容詞〉で表す。look のあとにくる形容詞が，主語がどのように見えるかを説明している。

(3) 「～になる」は〈become ＋形容詞・名詞〉で表す。become のあとの形容詞や名詞は，主語がどうなるかを説明する。become の過去形は became。

(4) 「～に感じる」は〈feel ＋形容詞〉で表す。feel のあとの形容詞が，主語がどのように感じるかを説明している。

(5) 「～に聞こえる」は〈sound ＋形容詞〉で表す。sound のあとにくる形容詞が，主語がどのように聞こえるかを説明している。ここでは，主語が 3 人称単数なので，sound に 3 単現の s をつける。「難しい」は difficult か hard。

**3** (1) gave, me　(2) told, us
(3) us, some, questions
(4) me, your, notebook
(5) you, some, pictures[photos]

解説 ▼

(1) 「A（人）に B（物）をあげる」は〈give A B〉で表す。give の過去形は gave。A（人）に代名詞がくるときは目的格にする。

(2) 「A（人）に B（物）を話す」は〈tell A B〉で表す。tell の過去形は told。

(3) 「A（人）に B（物）をたずねる」は〈ask A B〉で表す。

(4) 「A（人）に B（物）を見せる」は〈show A B〉で表す。「ノート」は notebook。ここでは notebooks と複数形にしてもよい。

(5) 「A（人）に B（物）を送る」は〈send A B〉で表す。「写真」は picture または photo。

**4** (1) call, him　(2) makes, us
(3) named, their, dog　(4) me, that

解説 ▼

(1) 「A を B と呼ぶ」は〈call A B〉で表す。A に代名詞がくるときは目的格にする。この文型では A ＝ B の関係が成り立つ。ここでは him ＝ Bob の関係。

(2) 「A を B にする」は〈make A B〉で表す。主語が 3 人称単数なので，make に 3 単現の s をつける。ここでも us ＝ happy の関係が成り立つ。

(3) 「AをBと名づける」は〈name A B〉で表す。their dog = Momoの関係になる。
(4) SVOOの後ろの目的語に〈that＋主語＋動詞…〉がくる形。「私に」はme,「英語は大切だと」はthat English is importantとなる。

**5** (1) for, me (2) some, CDs
(3) to, us (4) them, lunch
(5) us, English (6) made

**解説 ▼**

(1) 〈buy A B〉を〈buy B for A〉に書きかえる。「母は私にTシャツを買ってくれました」。
(2) 〈give B to A〉を〈give A B〉に書きかえる。「私はジェインにCDを何枚かあげました」。
(3) 〈tell A B〉を〈tell B to A〉に書きかえる。「アレックスは私たちにそのよいニュースを話してくれました」。
(4) 〈cook B for A〉を〈cook A B〉に書きかえる。「私は彼らに昼食を作ってあげました」。
(5) 「ジョーンズ先生は私たちの英語の先生です」というbe動詞の文を,「ジョーンズ先生は私たちに英語を教えています」という〈teach A B〉の文に書きかえる。〈teach A B〉で「AにBを教える」。
(6) 「サヤカはその知らせを聞いたとき,とてもうれしかった」を「その知らせはサヤカをとてもうれしくした」という〈make A B〉の文にする。

**6** (1) イ (2) エ (3) ウ
(4) イ (5) ウ

**日本語訳 ▼**

(1) あなたに私のアイデアを話してあげましょう。
(2) あのホテルはお城のように見えます。
(3) 「私はこのかばんが好きです」「本当？　じゃ,それをあなたにあげます」
(4) 「映画に行くのはどうですか」「いいですね[それはすてきなように聞こえます]」
(5) ドアを開けたままにしないで。寒いから。

**解説 ▼**

(1) あとにyouとmy ideaの2つの目的語をとることができるのはtellだけ。〈tell A B〉で「AにBを話す」。
(2) 「～に見える」はlookを使って表すが,a castleのように名詞があとに続くときは,look likeとする。主語が3人称単数なので,動詞は3単現の形にする。

**ミス注意 !**

「～（のよう）に見える」は,「～」にあたるのが形容詞なら〈look＋形容詞〉,名詞なら〈look like＋名詞〉になる。

(3) 「～を」を表す目的語（物）がitなどの代名詞のときは,〈give A（人）B（物）〉ではなく〈give B to A〉の語順にする。
(4) 相手の言ったことが「～に聞こえる」と言うときはsoundを使う。選択肢の語はそれぞれ,あとに形容詞がくると,lookは「～に見える」,smellは「～のにおいがする」,tasteは「～の味がする」という意味になる。
(5) あとに〈名詞＋形容詞〉を続けることができるのはleaveとfind。〈leave A B〉で「AをB（の状態）にしておく」,〈find A B〉で「AがBだとわかる」の意味。ここは,意味から考えて,leaveが適切。

## STEP 03 実戦問題

本冊082ページ

**1** (1) This soup tastes good
(2) Let's keep our classroom clean
(3) What do you call this flower

**解説 ▼**

(1) 「おいしい」はtaste good。〈taste＋形容詞〉で「～の味がする」。主語が3人称単数なのでtastesとなっている。
(2) 〈keep A B〉で「AをB（の状態）に保つ[にしておく]」。「～しましょう」はLet'sで文を始める。
(3) 「AをBと呼ぶ」は〈call A B〉の語順だが,ここはBが疑問詞のwhatになって文頭にきている。

**2** (1) news made me happy
(2) she taught me English

**日本語訳 ▼**

(1) 「トムが子どもを救ったということを聞きましたか」「はい。その知らせを聞いて私は幸せになりました[←その知らせは私を幸せにしました]」
(2) 「何をしているのですか」「グリーン先生に手紙を書いています。去年,彼女は私に英語を教えてくれました」

**解説 ▼**

(1) 〈make A B〉で「AをB（の状態）にする」。
(2) 〈teach A B〉で「AにBを教える」。

**3** (例) (1) I gave her some beautiful flowers.
(2) Please tell[show] me the way to the library.
(3) Aiko became a popular singer.
(4) Her kind words made me happy.

**解説 ▼**

(1) 「AにBをあげる」は〈give A B〉。I gave some beautiful flowers to her. と表すこともできる。
(2) 「AにB（道順など）を教える」は〈tell[show] A B〉。「～への道（順）」は the way to ～。Could [Would] you tell me the way to the library? などと，ていねいにお願いする表現にしてもよい。

**ミス注意**

「道順を教える」には tell か show を使う。teach は「学問などを教える」という意味なので，道案内などの場面では使わない。

(3) 「～になる」は become。過去形は became。「人気のある歌手」は a popular singer。
(4) 「AをBにする」は〈make A B〉。make の過去形は made。

**4** ア ○　イ ×　ウ ○
エ ○　オ ×

**日本語訳 ▼**

ボブ：どうしたの，チカ。悲しそうだね。
チカ：アリスが私のことを怒っているの。
ボブ：どうして？
チカ：彼女が私に本を貸してくれたんだけど，私は今朝それをなくしてしまったの。
ボブ：ああ，わかった。でも悲しまないで，チカ。見つかるよ[←私たちはそれを見つけるでしょう]。手伝ってあげるから。
チカ：ほんと？　ありがとう。

**解説 ▼**

ア 「ボブがチカを見たとき，彼女は悲しそうだった」。最初のボブのせりふから正しい。
イ 「アリスはチカを怒らせた」。チカがアリスを怒らせたので×。
ウ 「アリスはチカに本を貸した」。2番目のチカのせりふの前半部分に合う。
エ 「チカはアリスの本をなくした」。2番目のチカのせりふの後半部分に合う。
オ 「ボブはその本がおもしろいとわかった」。ボブがその本を読んだとは書かれていないので×。find には，本文中で使われている「～を見つける」という意味のほかに，〈find A B〉で「AがBだとわかる」という意味もある。

**5** (1) a　(2) b

**読まれた英文 ▼**

(1) A: Do you use the Internet often?
B: Yes, I do. The Internet is useful.
a It gives us a lot of information.
b I don't use it very often.
c It tastes very good.
(2) A: Excuse me. Where is Kyoto Station?
B: I'm going there right now.
a That sounds great.
b I'll show you the way.
c You'll get well soon.

**日本語訳 ▼**

(1) A：よくインターネットを使うの？
B：うん。インターネットは役に立つよ。
a たくさんの情報を入手できるんだ。
b ぼくはあまりよくは使わないんだ。
c とてもおいしいよ。
(2) A：すみません。京都駅はどこですか。
B：私も今そこへ行くところです。
a それはいいですね。
b 道を案内しますよ。
c すぐによくなりますよ。

**解説 ▼**

(1) Internet（インターネット），useful（役に立つ）や information（情報）という言葉などを聞き取ろう。
(2) 道案内の会話であることを聞き取ろう。show you the way で「あなたに道を教える[案内する]」。

**6** (1) イ　(2) ウ　(3) イ

**読まれた英文 ▼**

(1) I'm Linda. Today was my birthday. I got many presents. My parents bought me a cute dress. My friends gave me two CDs.
(2) I'm thirteen years old. I'm a junior high school student. I have a brother, and he's fifteen years old. He became a high school student this spring. High school looks like fun.

(3) I'm Yutaka. I'm on the soccer team. Last week, a student from Australia became a member of our team. His name is Andy. I asked him his e-mail address. I'm going to send him an e-mail.

日本語訳 ▼

(1) 私はリンダです。今日は私の誕生日でした。私はプレゼントをたくさんもらいました。両親は私にかわいいドレスを買ってくれました。友達たちはCDを2枚くれました。

(2) 私は13歳で，中学生です。私には兄がいて，彼は15歳です。兄はこの春，高校生になりました。高校は楽しそうです。

(3) 私はユタカです。私はサッカーチームに入っています。先週，オーストラリアから来た生徒が，私たちのチームのメンバーになりました。彼の名前はアンディーです。私は彼にメールのアドレスをたずねました。彼にメールを送るつもりです。

解説 ▼

(1) 選択肢は，**ア**「リンダはプレゼントをたくさん作りました」。**イ**「リンダは両親からドレスをもらいました」。**ウ**「リンダは友達たちにCDを2枚あげました」。buy A Bで「AにBを買う」。give A Bとgive B to Aは同じ意味で「AにBをあげる」。

(2) 選択肢は，**ア**「少女は15歳になりました」。**イ**「少女は高校生です」。**ウ**「少女のお兄さんは高校生です」。becomeは「～になる」。〈look like＋名詞〉で「～のように見える」。funは「楽しみ」という意味の名詞。

(3) 選択肢は，**ア**「アンディーはユタカにメールを送りました」。**イ**「ユタカはアンディーにメールアドレスをたずねました」。**ウ**「ユタカはサッカーチームの新しいメンバーになりました」。send A Bで「AにBを送る」。ask A Bで「AにBをたずねる」。

# 15 接続詞

## STEP01 要点まとめ

本冊084ページ

| | | |
|---|---|---|
| 01 and | 02 and | 03 both, and |
| 04 but | 05 not, but | 06 only, but |
| 07 or | 08 or | 09 so |
| 10 that | 11 that | 12 was |
| 13 when | 14 When | 15 while |
| 16 so, that | 17 so, that | 18 as, soon, as |

## STEP02 基本問題

本冊086ページ

**1** (1) or (2) both, and (3) only, but
(4) and (5) but (6) so
(7) but (8) or (9) and

解説 ▼

(1) 「Aか（それとも）Bか」は〈A or B〉で表す。
(2) 「AとBの両方」は〈both A and B〉で表す。
(3) 「AだけでなくBも」は〈not only A but (also) B〉で表す。
(4) 「と」はandで表す。
(5) 「しかし」の意味はbutで表す。
(6) 「だから」の意味はsoで表す。
(7) 「AではなくB」の意味は〈not A but B〉で表す。
(8) 「～しなさい，そうしないと…」の意味は〈命令文, or … .〉の形で表す。
(9) 「～しなさい，そうすれば…」の意味は〈命令文, and … .〉の形で表す。

**2** (1) think, that (2) that (3) that, was

解説 ▼

(1) 「～だと思う」はI think that ～. で表す。このthatは省略されることが多い。
(2) 〈be動詞＋形容詞〉のあとに〈that＋主語＋動詞〉が続く形。
(3) 「～だと知っている」は，I know (that) ～. で表す。ここは過去の文で，前の動詞が過去形のknewなので，that以下の動詞も過去形にする。ここではsheのあとのbe動詞を過去形のwasにする。

ミス注意

think や know など（主節の動詞）が過去形のときは，that以下の動詞は「時制の一致」によって過去形になる。

**3** (1) before (2) because (3) after
(4) When (5) if (6) until
(7) while (8) As

**解説**

(1) 「～する前に」はbeforeで表す。roseはrise（昇る）の過去形。
(2) 「～なので」という理由はbecauseで表す。have a coldで「風邪をひいている」。
(3) 「～したあとに[で]」はafterで表す。brush one's teethで「歯を磨く」。
(4) 「～したとき」はwhenで表す。get homeで「家に着く」。
(5) 「もし～ならば」はifで表す。
(6) 「～するまで」はuntilで表す。「18歳まで」は「18歳になるまで」と考える。
(7) 「～する間」はwhileで表す。
(8) 「～するように」「～のとおりに」はasで表す。as you knowは「あなたも知っているように」。

**4** (1) so, that (2) so, that
(3) so (4) as, soon, as

**解説**

(1) 「とても…なので～」という意味は〈so … that ～〉で表す。
(2) 「とても…なので―は～できない」という意味は〈so … that ― can't ～〉で表す。
(3) so … that ～のthatは省略されることがある。この文はthatを省略しなければ，I was so tired that I went to bed early.となる。
(4) 「～するとすぐに」「～したとたんに」という意味はas soon as ～で表す。go out for dinnerは「夕食に出かける」。

## STEP03 実戦問題

本冊088ページ

**1** (1) not, but (2) not, only, but
(3) soon, as (4) or

**解説**

(1) 「AではなくてB」は，〈not A but B〉で表す。
(2) 「AだけでなくBも」は，〈not only A but (also) B〉で表す。問題文の日本語を「彼はよい歌い手であるだけでなく，よい踊り手でもある」と言いかえて考える。
(3) 「～するとすぐに」「～したとたんに」という意味はas soon as ～で表す。
(4) 「～しなさい，さもないと…」の意味は〈命令文, or … .〉の形で表す。この文のmissは「～を見そこなう[聞きそこなう]」といった意味。

**2** (1) Leave those books as they are
(2) Let's go shopping if it is sunny
(3) busy that I couldn't visit

**解説**

(1) 〈leave A B〉で「AをB（の状態）にしておく」の意味。「そのままに」は「それらがある（状態の）ように」と考えて，as they areと表す。
(2) 「もし～ならば」はifで表す。ifの節の中では，未来のことも現在形で表すことにも注意。
(3) 〈so … that ― can't ～〉で「とても…なので―は～できない」という意味を表す。会話の意味は，A「あなたの夏休みはどうでしたか」 B「あまりよくありませんでした。私はとても忙しかったので，祖母を訪ねることができませんでした」。

**3** (例) (1) It was raining when I left home. / When I left home, it was raining.
(2) Let's go home before it gets dark.
(3) Please wait here until he comes back.

**解説**

(1) 「～したとき」はwhenで表す。「家を出る」はleave home。whenの節は，文の最初においても後ろにおいてもよい。
(2) 「暗くならないうちに」は「暗くなる前に」と考える。「暗くなる」はit gets dark。beforeの節の中では，未来のことも現在形で表すので，×before it will get darkとはしない。
(3) 「～するまで」はuntilで表す。untilの節の中では，未来のことも現在形で表すので，×until he will come backとはしない。

**4** (1) チカ：ウ ボブ：イ
(2) 暖かくて晴れているから。

**日本語訳**

チカ：まあ，もう正午だわ。おなかが空いているから，昼食を食べに出かけましょう，ボブ。
ボブ：ごめん，でもまず宿題を終えないといけないんだ。
チカ：わかった。あなたが宿題を終えるまで待つわ。
ボブ：ありがとう。12時半までには終えると思うよ。
チカ：じゃあ，あなたが宿題をする間，私は本を読むわ。
ボブ：わかった。昼食を食べたあと，公園へ行こうよ。
チカ：それはいいアイデアね。暖かくて晴れているから，散歩をしたいわ。

解説 ▼

(1) チカがボブを昼食に誘うと，ボブは「まず宿題をしなければならない」と答えている。したがってボブがすることは**イ**「宿題をする」。そしてチカは，ボブが宿題をする間，**ウ**「本を読む」と言っている。

(2) チカの最後のせりふに It's warm and sunny so I'd like to take a walk. とあるので，「だから」を表す so の前にある理由の部分をまとめればよい。

**5** (1) ア　(2) ウ　(3) イ　(4) ア

読まれた英文 ▼

(1) I usually get up at seven in the morning, but I got up at eight this morning! So I couldn't have breakfast and I was late for school.

(2) I couldn't answer when my grandfather called me yesterday because I was taking a bath. I have to call him back today!

(3) I am so tired that I can't do my homework. But I have to finish it today. I will do it after I sleep for thirty minutes.

(4) Paul says that he will come to Japan next month. I'm glad that I can see him again! I will go and see him as soon as he arrives.

日本語訳 ▼

(1) 私はたいてい朝 7 時に起きますが，今朝は 8 時に起きました。だから，朝ご飯を食べることができず，学校に遅刻しました。

(2) 私は昨日，祖父が電話をしてきたとき，お風呂に入っていたため，出られませんでした。今日，折り返し祖父に電話をしなければなりません。

(3) 私はとても疲れているので，宿題をすることができません。しかし，私は今日それを終えなければなりません。30 分眠ったあとで宿題をします。

(4) ポールは来月，日本に来ると言っています。私はまた彼に会えるのがうれしいです。彼が到着したらすぐに会いに行きます。

解説 ▼

(1) 「たいてい 7 時に起きるが，今朝は 8 時に起きた」と言っているので，英文の内容と異なるのは**ア**。

(2) 「今日，折り返し祖父に電話をしなければならない」と言っているので，まだ祖父に電話をかけていないとわかる。したがって，英文の内容と異なるのは**ウ**。call ～ back は「折り返し～に電話する」。

(3) 「私は今日それ[宿題]を終えなければならない」と言っているので，英文の内容と異なるのは**イ**。

(4) 「ポールは来月日本に来る」と言っているので，英文の内容と異なるのは**ア**。

# 16 There is ～. の文

## STEP01 要点まとめ

本冊090ページ

01 is　02 are　03 were　04 will
05 Is　06 is　07 isn't
08 How, many　09 is, not

## STEP02 基本問題

本冊091ページ

**1** (1) There, is　(2) There, are
(3) There, is　(4) There, were
(5) There, was　(6) will, be

解説 ▼

(1) 「～がある」は，あとの名詞が単数なので，There is ～. で表す。

(2) あとの名詞が複数なので，There are ～. で表す。

(3) There is ～. は人についても使うことができる。このとき，意味は「～がいる」となる。

(4) 「～がいた」は，あとの名詞が複数なので，There are ～. の are を過去形にして，There were ～. で表す。

(5) 「～があった」は，あとの名詞が数えられない名詞 (snow) なので，There is ～. の is を過去形にして，There was ～. で表す。

(6) 「～があるでしょう」という未来の文は，あとの名詞が単数でも複数でも，助動詞 will を使って，There will be ～. で表す。

**2** (1) There, weren't　(2) Is, there
(3) Was, there　(4) How, many, are

解説 ▼

(1) There is ～. の否定文は，be 動詞のあとに not をおく。ここでは，あとの名詞が複数で，過去の文なので，be 動詞 were のあとに not をおく。ここは空所が 2 つなので，There のあとに were not の短縮形 weren't を続ける。

(2) There is ～. の疑問文は，be 動詞を there の前に出す。ここでは，あとの名詞が単数で，現在の文なので，be 動詞 is を there の前に出す。

(3) あとの名詞が単数で，過去の文なので，was を there の前に出す。

(4) 「何人いますか」と数をたずねるときは，〈How many ＋名詞の複数形〉で文を始める。あとに there are ～の疑問文の形である are there ～を続ける。

**3** (1) ア　　(2) イ

日本語訳 ▼

(1) 「図書館に英語の本はありますか」「はい，あります」
(2) 「あなたの学校にプールはありますか」「いいえ，ありません」

解説 ▼

(1) Are there ～? には，there を使って，Yes, there are. か No, there aren't[are not]. で答える。
(2) Is there ～? には，there を使って，Yes, there is. か No, there isn't[is not]. で答える。

## STEP03 実戦問題

本冊092ページ

**1** (1) エ　　(2) ウ　　(3) イ

日本語訳 ▼

(1) 昨夜，店に人は１人もいませんでした。
(2) この町にはすてきなレストランがたくさんあります。
(3) テーブルの上にりんごはいくつありますか。

解説 ▼

(1) あとに「人々」と複数の意味を表す名詞 people がきていることと，最後の last night から，weren't を選ぶ。
(2) あとに複数の名詞 restaurants がきていることから，are を選ぶ。
(3) 〈How many ＋名詞の複数形〉で数をたずねる疑問文なので，there are の疑問文の形である are there を選ぶ。

**2** (1) Is there a post office near here
(2) were no children in the park
(3) is a flower shop in front

日本語訳 ▼

(3) 「私は母の誕生日に何か買いたいのです」「駅前に花屋さんがあります。そこで美しい花が買えますよ」「それはいい考えですね」

解説 ▼

(1) あとの名詞が単数なので，「…に～がありますか」は〈Is there ＋名詞＋場所を表す語句？〉の形で表す。
(2) 「…に～がいませんでした」は，あとの名詞が複数なので，〈There were not ＋名詞＋場所を表す語句.〉の形で表すが，no があるので not は使わないで，There were no children ～. とする。
(3) 場所について「～の前に」は，in front of ～で表す。

**3** (例) (1) There are a lot of temples in Kyoto.
(2) There were two cats under the bench.
(3) How many high schools are there in this city?

解説 ▼

(1) 「お寺がたくさんあります」は「たくさんのお寺があります」と考える。あとの名詞が複数なので，「…に～があります」は〈There are ＋複数名詞＋場所を表す語句.〉の形で表す。「たくさんのお寺」は many temples でもよい。
(2) 「ねこが２匹いました」は「2 匹のねこがいました」と考える。過去の文なので There were を使う。「ベンチの下に」は under the bench。
(3) 「…には～がいくつありますか」は，〈How many ＋複数名詞＋ are there ＋場所を表す語句？〉の形で表す。

**4** (1) No, there isn't[is not].
(2) Yes, there is.

日本語訳 ▼

私の家は町のとても静かな地域にあります。私の家の近くには大きな店は１軒もありません。ファーストフードのレストランもありません。しかし，私の家から３分のところにすてきな公園があります。公園にはたくさんの木と大きな池があります。私はよく私の犬とその公園に行きます。

(1) ボブの家の近くにファーストフードのレストランはありますか。
(2) 公園には大きな池がありますか。

解説 ▼

(1) 本文の３文目から，「ない」とわかるので，No で答える。
(2) 本文の５文目から，「ある」とわかるので，Yes で答える。

**5** (1) a ×　b ○　c ×
(2) a ×　b ×　c ○

読まれた英文 ▼

(1) a There is a bike under the tree.
b There are a lot of fish in the river.
c There is a temple in front of the park.
(2) a There isn't a cat near the bed.
b There is a picture on the wall.
c There aren't any books on the desk.

日本語訳 ▼

(1) a 木の下に自転車があります。
b 川にはたくさんの魚がいます。
c 公園の前にお寺があります。
(2) a ベッドのそばにねこはいません。
b 壁に写真[絵]があります。
c 机の上に本はありません。

解説 ▼

(1) There is や There are のあとに続く名詞や，さらにそのあとに続く「場所を表す語句」をしっかり聞き取ること。
(2) There isn't 〜や There aren't 〜という否定文もあるので注意すること。

**6** (1) ウ　(2) ア

読まれた英文 ▼

(1) A: How many students are there in your class?
B: There are about forty.
A: Forty? That's a lot!
(2) Hello, everybody. This is the weather. There was a lot of rain yesterday, but today, the weather will be great. We will have a lot of sun.

日本語訳 ▼

(1) A：あなたのクラスには生徒は何人いるの。
B：約 40 人です。
A：40 人？ 多いわね。
(2) こんにちは，みなさん。天気予報です。昨日はたくさん雨が降りましたが，今日はすばらしい天気でしょう。日差しがたくさんあるでしょう。

解説 ▼

(1) forty（40）と fourteen（14），four（4）をしっかり聞き取ること。
(2) yesterday（昨日）と today（今日）や，天気を表す rain（雨）や sun（太陽，日差し）といった単語に注意すること。weather は「天気」の意味だが，ここでは「天気予報，気象情報」のことを表す。

# 17 不定詞の基本 3 用法・動名詞

## STEP01 要点まとめ

本冊094ページ

01 to　02 To　03 to　04 to
05 to　06 To, study　07 to　08 to
09 watching　10 Helping　11 collecting
12 playing　13 to run　14 talking
15 to get up　16 getting up

## STEP02 基本問題

本冊096ページ

**1** (1) to, take　(2) to, do
(3) To, study　(4) to, hear

解説 ▼

(1) 「〜するために」という目的は〈to ＋動詞の原形〉で表す。「散歩をする」は take a walk。
(2) 「〜するために」は〈to ＋動詞の原形〉。「宿題をする」は do one's homework。
(3) Why 〜? の質問に対して，「〜するためです」と答えるときにも，〈to ＋動詞の原形〉を使う。
(4) happy などの感情を表す形容詞のあとに〈to ＋動詞の原形〉がくると，「〜して」という意味で，前の形容詞が表す感情の原因を説明する働きをする。be happy to 〜は「〜してうれしい」。

**2** (1) to, study[learn]　(2) to, play
(3) to, rain　(4) tried, to

解説 ▼

(1) 「〜したい」は〈want to ＋動詞の原形〉。
(2) like は，〈to ＋動詞の原形〉と動名詞（ing 形）のどちらも目的語にとることができるが，ここは空所が 2 つあるので，to play を入れる。
(3) begin も〈to ＋動詞の原形〉と動名詞のどちらも目的語にとることができるが，ここは空所が 2 つあるので，to rain を入れる。
(4) 「〜しようと（努力）する」は〈try to ＋動詞の原形〉で表す。try の過去形は y を i にかえて ed をつける。

**3** (1) to, tell　(2) to, help　(3) to, read
(4) time, to, go　(5) to, eat

日本語訳 ▼

(1) 私はあなたに話すことがあります。
(2) アヤには彼女を助けてくれる友達がたくさんいます。
(3) 私は電車の中で読む本が欲しいです。

(4) もう帰宅する時間ですよ。
(5) 何か食べるものはありますか。

解説

(1) 形容詞的用法の不定詞はsomethingなどの代名詞も修飾する。「話す」はあとにyouが続くのでtellを入れる。〈tell you ～〉(あなたに～を話す)の「～」にあたるのがsomething。
(2) 名詞のあとに〈to +動詞の原形〉をおいて表す。
(3) 名詞のあとに〈to +動詞の原形〉をおいて表す。
(4) 「～する時間です」は〈It's time to +動詞の原形 ～.〉で表す。「帰宅する」はgo home。
(5) 疑問文で使われる代名詞anything(何か)のあとに〈to +動詞の原形〉をおいて表す。

**4** (1) studying (2) crying (3) using
(4) Watching (5) helping

解説

(1) likeは〈to +動詞の原形〉と動名詞のどちらも目的語にとることができる。ここは空所が1つなので,動名詞のstudyingを入れる。
(2)(3) 「～するのをやめる」はstop ～ingで表す。「泣く」はcry。
(4) 動名詞は主語になることもある。動名詞の主語は3人称単数扱いをするので,be動詞はisになっている。
(5) 前置詞のあとに動詞がくるときは動名詞にする。Thank you for ～ing.は「～してくれてありがとう」の意味。

**5** (1) playing (2) to see (3) making
(4) seeing (5) going (6) trying
(7) playing

解説

(1) enjoyは動名詞を目的語にとり,enjoy ～ingで「～して楽しむ」の意味になる。
(2) hopeは不定詞を目的語にとり,hope to ～で「～することを望む」の意味になる。
(3) finishは動名詞を目的語にとり,finish ～ingで「～し終わる」の意味になる。
(4) forgetは不定詞も動名詞も目的語にとることができるが,「～したことを忘れる」の意味は,動名詞を目的語にして,forget ～ingで表す。

ミス注意

forget ～ingは「～したことを忘れる」,forget to ～は「～することを忘れる」の意味。

(5) 前置詞(before)のあとに動詞がくるときは動名詞にする。
(6) give upは動名詞を目的語にとり,give up ～ingで「～するのをあきらめる」という意味になる。
(7) 前置詞(at)のあとにくる動詞は動名詞にする。be good at ～ingで「～するのが得意だ」。

**6** (1) イ (2) ア (3) ア

日本語訳

(1) 私は昨日,昼食を食べる時間がありませんでした。
(2) エマはこの前の日曜日,私に会いに来ました。
(3) たくさんの本を読むことは大切です。

解説

(1) 「昼食を食べる(ための)時間」。「～するための」という意味で,後ろから前の名詞を修飾するのは,形容詞的用法の不定詞。
(2) 不定詞は〈to +動詞の原形〉。ここは「～するために」という目的を表す副詞的用法の不定詞。come to ～は「～しに来る」の意味。
(3) 動名詞は3人称単数扱いをするので,動名詞が主語の現在の文では,あとの動詞は3単現の形になる。

## STEP03 実戦問題

本冊098ページ

**1** (1) to do her best
(2) want something hot to drink
(3) Walking every day makes you healthy

解説

(1) 「～しようとする」はtry to ～。「全力を尽くす」はdo one's best。
(2) 「～がほしいですか」はDo you want ～? で表す。形容詞がsomethingなどの代名詞を修飾するときは,形容詞は代名詞の後ろにくる。この代名詞をさらに不定詞が修飾するときは,不定詞は形容詞のあとにくる。

ミス注意

somethingを形容詞と不定詞が修飾するときは〈something +形容詞+ to +動詞の原形〉の語順。

(3) 動名詞を主語にする。「あなたを健康にする」は「AをBにする」という意味の〈make A B〉の形を使って,makes you healthyとする。

**2** (例) (1) I went to the library to borrow some books.
(2) I'm[I am] interested in making cakes.

解説 ▼

(1) 「本を何冊か借りに」は「何冊かの本を借りるために」と考えて，目的を表す副詞的用法の不定詞で表す。「図書館へ行く」は go to the library。「～を借りる」は borrow。

(2) 「～に興味がある」は be interested in ～。あとに動詞がくるときは動名詞にする。「ケーキを作る」は make cakes[a cake]。

**3** (例) I would like to wait because my friends say this hamburger shop is very good. (15 語)
I want to come again tomorrow because I don't like to wait so long. (14 語)

解説 ▼

絵が表している状況とハヤトの質問の意味を正確につかむことが大切。行列ができているハンバーガー店に来て，ハヤトは「あなたは何をしたい（どうしたい）ですか，ナンシー」とたずねている。What do you want to do? には，I want to ～. や I would like to ～. の形で具体的にどうしたいかを答える。そのあとに接続詞の because を使って理由を続けるとよい。解答例の意味は，「私の友人たちはこのハンバーガー店はとてもおいしいと言っているから，私は待ちたいです」/「私はそんなに長く待つことは好きではないので，明日また来たいです」。

**4** (1) ① My dream is to be a
② came to my room to say hello
③ Becoming a doctor isn't easy
(2) He wants to be a doctor.

日本語訳 ▼

私の夢は医師になることです。5 年前，私はたいへんな病気になり，手術を受けました。私は病院でこわかった。さびしかった。しかし，私の先生はとても親切でした。毎日，彼はあいさつをしに私の部屋に来ました。私たちはいろいろなことについて話して笑いました。2 週間後，私は健康になって，退院しました。

私の先生は私の英雄です。医師になることは簡単ではありませんが，私は夢を実現するためにベストをつくすつもりです。

解説 ▼

(1) ① 不定詞は be 動詞のあとにきて補語の働きもする。My dream is to be ～. で「私の夢は～になることです」の意味。
② say hello (to ～) で「(～に) あいさつする，よろしくと言う」の意味。to say hello は「あいさつをするために」という目的を表す副詞的用法の不定詞。
③ 動名詞を主語にする。

(2) 質問の意味は「ダイゴは何になりたいのですか」。答えの文の主語は He。主語が 3 人称単数なので，動詞に 3 単現の s をつけて wants とする。

**5** (1) c　(2) b

読まれた英文 ▼

(1) A: Ann, where are you? Hurry up. It's time to go.
a I went there.
b It's three o'clock.
c OK, I'm coming.

(2) A: Ann, do you have something cold to drink? I'm a little thirsty.
a Sure. How about spaghetti?
b Of course. Do you want tea or water?
c I think so, too. It's too cold today.

日本語訳 ▼

(1) A：アン，どこにいるんだ。急ぎなさい。もう行く時間だよ。
a 私はそこへ行きました。
b 3 時です。
c わかった。今行きます。

(2) A：アン，何か冷たい飲み物はある？ 少しのどがかわいているんだ。
a いいわよ。スパゲッティはどう？
b もちろんあるわよ。お茶と水とどちらがいい？
c 私もそう思うわ。今日はとても寒いもの。

解説 ▼

(1) 「もう行く時間だ」に対する適切な答えを選ぶ。呼んでいる人のところに「行く」ときは，go ではなく come を使って，I'm coming.（今，行きます）と応じる。

(2) thirsty は「のどがかわいている」。読まれた英文の something cold to drink は「何か冷たい飲み物」という意味。cold には「冷たい」と「寒い」の意味があるので，c の選択肢にひっかからないように注意する。

# 18 比較

## STEP01 要点まとめ

本冊100ページ

01 longer　02 longest　03 larger
04 largest　05 easier　06 easiest
07 bigger　08 biggest　09 more
10 most　11 taller, than　12 more, than
13 stronger, or　14 better, than　15 the, oldest
16 of　17 in　18 the, lightest
19 best　20 as, as　21 not, as, as

## STEP02 基本問題

本冊102ページ

**1** (1) older　(2) bigger　(3) easier
(4) better　(5) more, exciting

解説

(1) 「年上の」は，old を比較級にする。old の比較級は語尾に er をつける。
(2) 「より大きい」は，big を比較級にする。big の比較級は語尾の g を重ねて er をつける。
(3) 「よりやさしい」は，easy を比較級にする。easy の比較級は語尾の y を i に変えて er をつける。
(4) 「よりよい」は，good を比較級にする。good の比較級は better。不規則に変化する。
(5) 「よりわくわくする」は，exciting を比較級にする。exciting の比較級は，前に more をおく。

**2** (1) most, difficult　(2) highest
(3) fastest　(4) best
(5) most, beautiful　(6) hottest

解説

(1) 「いちばん難しい」は difficult を最上級にする。difficult の最上級は，前に most をおく。
(2) 「いちばん高い」は high を最上級にする。high の最上級は語尾に est をつける。
(3) 「いちばん速く」は fast を最上級にする。fast の最上級は語尾に est をつける。副詞の最上級は前に the をつけないこともある。
(4) 「いちばんじょうずな」は good を最上級にする。good の最上級は best。不規則に変化する。
(5) 「いちばん美しい」は beautiful を最上級にする。beautiful の最上級は，前に most をおく。
(6) 「いちばん暑い」は hot を最上級にする。hot の最上級は語尾の t を重ねて est をつける。

**3** (1) as, tall, as　(2) as, fast, as

解説

(1) 「…と同じくらい～」は as ～ as …で表す。「～」には原級（変化しないもとの形）がくる。身長を表すときには tall を使う。
(2) 「…ほど～ではない」は not as ～ as …で表す。「～」には形容詞のほか，副詞も入る。

**4** (1) ウ　(2) ア　(3) ウ　(4) ウ
(5) ウ　(6) イ

日本語訳

(1) この物語はあれより有名です。
(2) サヤカは私たち全員の中でいちばん熱心に勉強します。
(3) 彼女は私よりたくさんの本を持っています。
(4) この机は私の机ほど古くありません。
(5) 彼女は日本でもっとも人気のある歌手のうちの１人です。
(6) オーストラリアは日本の約 20 倍の大きさです。

解説

(1) あとの than（～よりも）から，比較級を選ぶ。famous の比較級は前に more をおく。
(2) 最上級の文で「～の中で」は，あとに us や all など複数を表す語がくるときは of を，場所や範囲を表す語がくるときは in を使う。
(3) あとの than I do から，比較級を入れる。more は many の比較級で「より多くの」の意味になる。
(4) あとの as から，as old を選ぶ。not as ～ as …で「…ほど～ではない」の意味。as と as の間には原級がくる。
(5) 〈one of the ＋最上級＋名詞の複数形〉で，「最も～なうちの１つ[1 人]」の意味を表す。
(6) 〈… times as ～ as〉で「…倍の～」の意味を表す。「…」には数字がくる（「2 倍」は two times ではなく twice とする）。about は「約」。

**5** (1) heavier than　(2) better than
(3) better than　(4) as well as
(5) (the) best in
(6) the busiest teacher in
(7) the most important thing of

日本語訳

(1) 彼のスマートフォンは私のよりも重いです。
(2) 私の新しい自転車はこれよりもよいです。
(3) 私は冬より夏のほうが好きです。
(4) エマはアヤと同じくらいじょうずに歌うことができま

す。

(5) サヤカは彼女のクラスの中でいちばんじょうずに英語を話します。
(6) ジョーンズ先生は私たちの学校でいちばん忙しい先生です。
(7) これはすべての中でいちばん重要なこと[もの]です。

解説 ▼

(1) heavyの比較級は語尾のyをiに変えてerをつける。「～よりも」はthan ～。
(2) 「よりよい」はgoodを比較級のbetterにする。「～よりも」はthan ～。
(3) 「BよりAのほうが好きだ」の意味は，〈like A better than B〉で表す。
(4) 「…と同じくらいじょうずに」はas well as …。
(5) 「いちばんじょうずに」はwellを最上級のbestにする。bestの前のtheは省略されることもある。「彼女のクラスの中で」はin her class。
(6) 「いちばん忙しい先生」はbusyを最上級にして，the busiest teacher。busyは語尾のyをiに変えてestをつける。「私たちの学校で」はin our school。
(7) 「いちばん重要なこと」はthe most important thing。importantの最上級は前にmostをおく。

## STEP03 実戦問題

本冊104ページ

**1** (1) the most popular in our town
(2) Pandas are the cutest of all
(3) He has as many CDs as
(4) This question is easier than any
(5) is not as big as this one

解説 ▼

(1) theは最上級のmost popularの前におく。「私たちの町で」はin our town。
(2) 「いちばんかわいい」はcuteの最上級を使ってthe cutestとする。「すべての動物の中で」はof all animals。
(3) 「…と同じくらい多くのCD」はas many CDs as …で表す。manyのあとにCDsがくることに注意。
(4) 「他のどの問題よりもやさしい」はeasier than any other question。この文は，This question is the easiest of all.（この問題はすべてのうちでいちばんやさしい）と同じ内容を表す。
(5) 「…ほど～ではない」はnot as ～ as …。「この家」は前にhouseという単語が出ているので，そのくり返しをさけてthis oneで表す。

**2** (例) (1) You should be more careful.
(2) Which is the best season to visit Kyoto?
(3) Who gets up (the) earliest in your family?
(4) Do you have a bigger[larger] bag?

解説 ▼

(1) 「～すべきだ」はshould。「もっと注意するべきです」は「もっと注意深くなるべきです」と考える。「もっと注意深い」は，carefulの前にmoreをおいて比較級にする。
(2) 「どれ」はwhichでたずねる。「いちばんよい季節」はthe best season。「京都を訪れるのにいちばんよい季節」は「京都を訪れるためのいちばんよい季節」と考え，不定詞の形容詞的用法to visit Kyotoをseason（季節）のあとにおく。
(3) 「早く起きる」はget up early。「いちばん早く」はearlyを最上級のearliestにする。副詞の最上級の場合，前のtheは省略されることもある。「あなたの家族の中で」はin your family。主語がwhoなので動詞はgetsと3単現の形にする。
(4) 「もっと大きい」を比較級biggerまたはlargerで表す。Is there a bigger[larger] bag?としてもよい。

**3** 選んだ交通手段：電車
決めた理由：時間があまりなく，電車のほうが速いから。

日本語訳 ▼

チカ：ボブ，映画館へは電車で行きたいですか，それともバスで行きたいですか。
ボブ：どちらのほうが安いですか。
チカ：バスです。しかし，電車のほうがずっと速いです。
ボブ：わかりました。私たちにはあまり時間がありません。映画は30分後に始まります。
チカ：そうですね。では，電車に乗りましょう。
ボブ：いちばん近い駅はどこですか。
チカ：ここから5分です。

解説 ▼

日本語訳参照。cheapは「安い」。形容詞のnearの最上級はnearest（いちばん近い）。

**4** (1) ウ　(2) ア，ウ　(3) ウ

読まれた英文 ▼

(1) "Car A" is more expensive than "Car B." But "Car A" is not as expensive as "Car C." "Car C" is the most expensive of the three cars.
(2) A: What's your favorite season, Masako?
B: I like fall the best because the weather is

nice. Also, the leaves are really beautiful.

(3) A: May I help you?
B: Yes, I like this shirt, but it's too big. Do you have a smaller size?
A: Sorry. That's the smallest one in this shop.

日本語訳 ▼

(1) 「車A」は「車B」より値段が高い。しかし,「車A」は「車C」ほど高くはない。「車C」は3台の車の中でいちばん高い。

(2) A：あなたのいちばん好きな季節は何ですか，マサコ。
B：天気がいいので秋がいちばん好きです。また，葉が本当に美しいです。

(3) A：いらっしゃいませ。
B：はい，このシャツが気にいったのですが，大きすぎます。もっと小さいサイズはありますか。
A：申し訳ございません。それが当店でいちばん小さいサイズです。

解説 ▼

(1) not as ～ as …は「…ほど～ではない」。
(2) マサコの応答をしっかり聞き取ること。
(3) May I help you?（いらっしゃいませ）と言っているのが店員で，それに答えているのが客，という関係をまずつかむ。客のせりふの後半のDo you have a smaller size? がカギになっている。

# 19 受動態

## STEP01 要点まとめ

本冊106ページ

01 is　02 am, by　03 was
04 was, by　05 Is, read, is　06 was, held
07 are, not, sold　08 will, be, finished
09 must, be, returned　10 is, being, prepared
11 is, looked, after

## STEP02 基本問題

本冊108ページ

**1** (1) is, used　(2) are, known
(3) was, built　(4) were, taken

解説 ▼

(1) 「～される」という受け身の文は，〈be動詞＋過去分詞〉で表す。現在の受け身の文のbe動詞は，主語によってis, am, areを使い分ける。useなど規則動詞の過去分詞は過去形と同じ形。useは語尾にdをつける。

(2) 「知られている」も受け身で表すが，主語が複数なのでbe動詞はareを使う。knowの過去分詞はknown。

(3) 「建てられた」は過去の受け身の文。主語が単数なので，be動詞はwas。buildはbuild－built－builtと変化する。過去分詞はbuilt。

(4) 「撮られた」は過去の受け身の文。主語が複数なのでbe動詞はwereを使う。takeはtake－took－takenと変化する。takeの過去分詞はtaken。

**2** (1) Is, read　(2) Was, made, by
(3) isn't, sold　(4) wasn't, taught
(5) was, written

解説 ▼

(1) 受け身の疑問文は，ふつうのbe動詞の文と同じで，be動詞を主語の前に出す。現在の受け身の文で，主語が単数なのでbe動詞はis。readはread[riːd]－read[red]－read[red]と変化する。つづりは同じだが発音が異なるので注意。過去分詞はread。

(2) 「このケーキはアヤによって作られたのですか」と考えて，過去の受け身の疑問文で表す。主語が単数なのでbe動詞はwas。makeはmake－made－madeと変化する。過去分詞はmade。「～によって」はby ～で表す。

(3) 受け身の否定文は，ふつうのbe動詞の文と同じで，be動詞のあとにnotをおく。現在の文で主語が単数なので，be動詞のisのあとにnotをおく。ここでは空所の数が2つなので，is notを短縮形isn'tにする。sellはsell－sold－soldと変化する。過去分詞はsold。

(4) 過去の受け身の否定文。ここも空所の数からwas notの短縮形wasn'tを入れる。teachはteach－taught－taughtと変化する。

(5) Whenのあとは疑問文の形。過去の受け身で主語が単数なので，〈was＋主語＋過去分詞〉の形を続ける。wasと，writeの過去分詞のwrittenを入れる。writeはwrite－wrote－writtenと変化する。

**3** (1) will, be　(2) is, called
(3) looked, after　(4) are, cut

解説 ▼

(1) 未来の受け身の文は〈will be ＋過去分詞〉の形。

(2) 現在の受け身の文。主語が単数なのでbe動詞はis。They call him Bill. というSVOCの文が受け身になって，by themが省略されている。

(3) 「～の世話をする」はlook after ～で，受け身にするときは2語で1語の動詞のように扱う。

**ミス注意**

look after は2語で1つの他動詞の働きをする句動詞なので，過去分詞の looked のあとの after を切り離すことはできない。

(4) 主語が複数の現在の受け身の文。「〜を切り倒す」は cut down 〜で，2語で1語の動詞のように扱う。cut は原形，過去形，過去分詞が同じ形で cut。

**4** (1) エ (2) エ (3) エ (4) イ
(5) ア (6) イ (7) ア (8) ウ

**日本語訳**

(1) このセーターは手で洗う[洗われる]べきです。
(2) あなた（たち）はコーディーの誕生日パーティーに招待されましたか。
(3) これらの機械はいつ作られましたか。
(4) 「だれがこの機械を発明しましたか」「それはエジソンによって発明されました」
(5) ちょうど今，昼食が準備されているところです。
(6) 私はそのニュースに驚きました。
(7) その山々は深い雪でおおわれています。
(8) 私は歌舞伎に興味があります。

**解説**

(1) 主語 sweater（セーター）と動詞 wash（洗う）の関係から，「セーターは洗われる」ものなので，受け身にする。should のあとの動詞は原形。ここは受け身なので be がくる。
(2) あとの invited から受け身の文と考える。主語が you なので be 動詞は were を選ぶ。
(3) あとの made から受け身の文にする。主語が複数なので，be 動詞は were を選ぶ。
(4) 主語が Who であとに目的語があり，答えの文が過去形なので，動詞の過去形を入れる。
(5) 受け身の進行形は〈be 動詞＋ being ＋過去分詞〉の形になる。
(6) be surprised at 〜で「〜に驚く」。
(7) be covered with 〜で「〜でおおわれている」。
(8) be interested in 〜で「〜に興味がある」。

**5** (1) cooked (2) What, language
(3) When, were (4) was held
(5) Were

**日本語訳**

(1) 「だれが今日の夕食を料理しましたか」「それは私の姉[妹]によって料理されました」
(2) 「ニュージーランドでは何語が話されていますか」「英語です」
(3) 「これらの窓はいつ割られましたか」「約1か月前です」
(4) 「その式典はどこで催されましたか」「それは京都で催されました」
(5) 「あなたは彼女の両親に紹介されましたか」「はい，されました」

**解説**

(1) 前の was とあとの by 〜から受け身の文と判断する。
(2) あとの答えから「何語」とたずねる。「何語」は what language という。
(3) あとの答えから「いつ」とたずねる過去の受け身の文にする。
(4) 受け身の疑問文には be 動詞の文と同じように be 動詞（ここでは過去形 was）を使って答える。
(5) 主語が you の過去の受け身の文なので，過去の be 動詞 were を入れる。

**6** (1) is loved by a lot of people
(2) was painted by Pablo Picasso

**日本語訳**

(1) この歌は多くの人々によって愛されています。
(2) この絵はパブロ・ピカソによって描かれました。

**解説**

(1) 現在の文なので現在の受け身にする。〈be 動詞＋過去分詞〉は，主語に合わせて is loved にする。あとにはもとの文の主語を by 〜の形で続ける。
(2) 過去の文なので過去の受け身にする。〈be 動詞＋過去分詞〉は，主語に合わせて was painted にする。

## STEP03 実戦問題

本冊110ページ

**1** (1) This computer is not used very
(2) her room is kept clean
(3) will be closed for a week

**解説**

(1) 「使われていない」は受け身の否定文〈be 動詞＋ not ＋過去分詞〉で表す。「あまり〜ない」は not 〜 very で表す。
(2) keep her room clean（彼女の部屋をきれいに保つ）を受け身にした文。受け身の文では is kept のすぐあとに clean がくることに注意。
(3) 未来の受け身は〈will be ＋過去分詞〉で表す。「1週間」は for a week。

**2** (1) was built　(2) was made by
(3) was written in English

日本語訳 ▼

(1) このお寺はどれくらい古いですか。
(2) だれがこのテーブルを作りましたか。
(3) その手紙は日本語で書かれていましたか。

解説 ▼

(1) 「建てられた」は過去の受け身。主語に合わせて be 動詞は was。build（建てる）の過去分詞は built。
(2) 「作られた」は過去の受け身。主語に合わせて be 動詞は was。make（作る）の過去分詞は made。「～によって」は by ～。
(3) 「書かれていた」は過去の受け身。主語に合わせて be 動詞は was。write（書く）の過去分詞は written。「英語で」は in English。

**3** (例) (1) This vase was made in 1570.
(2) Portuguese is spoken in Brazil.
(3) Nothing was left in the box.

解説 ▼

(1) this vase を主語にして，過去の受け身にする。make（作る）の過去分詞は made。「1570 年に」は in 1570。
(2) Portuguese を主語にして，現在の受け身にする。speak（話す）の過去分詞は spoken。「ブラジルでは」は in Brazil。
(3) nothing を主語にするので「nothing が箱の中に残されていた」という過去の受け身にする。nothing は単数扱いをするので，過去の be 動詞は was。leave（残す）の過去分詞は left。「箱の中に」は in the box。

**4** ア ○　イ ×　ウ ×
エ ○　オ ×

日本語訳 ▼

茶にはとても長い歴史があります。伝説によると，茶は 5000 年近く前に中国で初めて発見されました。のちに，それは日本に紹介[導入]され，13 世紀までに，茶を飲むことはその国で一般的になっていました。今日，茶は世界の人口の約半分の人によって飲まれています。それは世界でもっとも人気のある飲み物です。

解説 ▼

日本語訳参照。本文 3 行目の the country は日本のこと。

**5** (1) b　(2) a　(3) a　(4) c

読まれた英文 ▼

(1) What language is most spoken in China?
　a China is a big country.
　b Chinese is.
　c I can speak Chinese.
(2) Excuse me. Is this seat taken?
　a No. Nobody is sitting here.
　b Yes. You can take a picture.
　c Sorry, I'm busy right now.
(3) Did you write this story?
　a No, it was written by Sarah.
　b Yes. Sarah wrote it for me.
　c Sorry, you are right.
(4) How long can I borrow these library books?
　a Sorry, the books are not sold here.
　b The books are written in Japanese.
　c The books can be borrowed for two weeks.

日本語訳 ▼

(1) 中国では何語がいちばん話されていますか。
　a 中国は大きな国です。
　b 中国語です。
　c 私は中国語が話せます。
(2) すみません。この席はだれかすわっていますか。
　a いいえ。ここにはだれもすわっていません。
　b はい。あなたは写真を撮ることができます。
　c すみません。私は今，忙しいのです。
(3) あなたがこの物語を書いたのですか。
　a いいえ，それはサラによって書かれました。
　b はい。サラが私のためにそれを書きました。
　c すみません，あなたが正しいです。
(4) これらの図書館の本をどれくらいの間，借りられますか。
　a 申し訳ありませんが，それらの本はここでは売られていません。
　b それらの本は日本語で書かれています。
　c それらの本は 2 週間借りられます。

解説 ▼

(1) What language（何語）の部分をしっかり聞き取ること。
(2) Is this seat taken? は「この席は（だれかに）取られていますか」という意味。
(3) Did you write ～? の質問に，It was written by Sarah. と受け身で答えているので注意すること。b は Yes と答えているので間違い。
(4) How long を使った質問には期間などの長さを答える。答えの文で受け身が使われていることに注意。

# 20 現在完了形

## STEP01 要点まとめ

本冊112ページ

01 has, arrived
02 washed
03 Have, met[seen], have, haven't
04 have, not, eaten[had]
05 have, lived
06 have, been, to
07 Have, ever, played
08 have, never, eaten[had]
09 have, lived, for
10 How, long, have, known
11 have, not, slept
12 has, been, watching
13 Have, been, waiting
14 haven't, been, feeling

## STEP02 基本問題

本冊114ページ

**1** (1) have, just, cleaned (2) have, already, done
(3) haven't, finished, yet (4) Has, started, yet

解説 ▼

(1) 「(ちょうど) ～したところだ」は現在完了形の完了の文で表す。「ちょうど」は，have[has]と過去分詞の間に just を入れる。

(2) 「(もう) ～してしまった」は現在完了形の完了の文で表す。「もう」は，have[has]と過去分詞の間に already を入れる。do は do－did－done と変化し，過去分詞は done。

(3) 現在完了形（完了）の否定文は，〈have[has] not ＋過去分詞〉の形。finish は規則動詞。否定文の「まだ（～ない)」は文末に yet をおく。

(4) 現在完了形の疑問文なので，〈Have[Has]＋主語＋過去分詞～?〉の形。主語が単数なので has を使う。start は規則動詞。疑問文の「もう」は文末に yet をおく。

**2** (1) have, watched (2) Has, been
(3) never, visited (4) times, have, read

解説 ▼

(1) 「～したことがある」という経験は現在完了形の文で表す。現在完了形は，〈have[has]＋過去分詞〉なので，主語に合わせて have と，watch の過去分詞 watched を入れる。

(2) 主語が3人称単数の疑問文なので，〈Has ＋主語＋過去分詞～?〉で表す。be の過去分詞は been。have[has] been to ～で「～へ行ったことがある」。

(3) 「1度も～したことがない」という現在完了形（経験）の否定文は，〈have[has] never ＋過去分詞〉の形にする。visit は規則動詞。

(4) 「これまでに何回～したことがあるか」は How many times ～? のあとに現在完了形の疑問文の形を続ける。read[riːd] の過去分詞は read[red]。つづりは同じだが，発音が異なるので注意。

**3** (1) have, been (2) has, been
(3) have, lived (4) haven't, seen

解説 ▼

(1) 「ずっと～している」と，状態や動作が続いていることは現在完了形の継続の文で表す。現在完了形は，〈have[has] ＋過去分詞〉で表し，have と has は主語によって使い分ける。be 動詞は be － was [were] － been と変化する。過去分詞は been。

(2) 現在完了形の文は，主語が3人称単数のときは〈has ＋過去分詞〉の形にする。

(3) 主語が複数なので，〈have ＋過去分詞〉で表す。live は規則動詞。過去分詞は語尾に d をつける。

(4) 「ずっと～していない」は現在完了形（継続）の否定文。現在完了形の否定文は，have[has]のあとに not をおいて，〈have[has] not ＋過去分詞〉の形にする。ここでは空所の数から，have not を短縮形の haven't にする。see は see － saw － seen と変化する。see の過去分詞は seen。

**4** (1) ウ (2) イ (3) ウ

日本語訳 ▼

(1) 「あなたのお姉さん[妹]は今までに将棋をしたことがありますか」「はい，あります。彼女は数年前に初めて将棋をしました」

(2) 「電車は発車してしまいましたか」「いいえ，まだです。5分後に発車します」

(3) 「あなたはアンディーにその手紙を書きましたか」「いいえ，書いていません。まず電話をすべきかもしれません」

解説 ▼

(1) Has your sister ever played ～? は「あなたのお姉[妹]さんは今までに～をしたことがあるか」。あとの文から yes の答えにする。Has ～? の疑問文には，has を使って答える。

(2) 答えのあとに続く文が未来の文になっているので No で答えるが，No, it hasn't. がないので，同じ意味になる No, not yet.（いいえ，まだです）を選ぶ。in five minutes は「5分たったら，5分後に」。

(3) 答えのあとに続く文で「まず電話すべきかもしれない」と言っているので，No で答える。maybe は「ひょっとして～かもしれない」。first は「最初に，まず」。

**5** (1) ウ (2) イ (3) イ

解説 ▼

(1)(2) 動作について「ずっと〜している」は現在完了進行形〈have[has]＋been＋〜ing〉で表す。

(3) know などの進行形にしない動詞（状態を表す動詞）で「ずっと〜している」と言う場合は，現在完了形（継続）で表す。「10年前から知り合いです」は，「10年間ずっとお互いを知っている」と考える。each other は「お互い」。

**6** (1) has, finished (2) has, been

日本語訳 ▼

(1) ケンは2時間前に宿題をし始めました。彼はちょうどそれを終えたところです。

(2) ユキはこの前の金曜日に病気になりました。彼女はそのとき以来ずっと病気で寝ています。

解説 ▼

(1) 現在完了形（完了）を使って，「ちょうどそれを終えたところだ」という意味の文を作る。「〜を終える」は finish。

(2) 現在完了形（継続）を使って，「ずっと病気だ」という意味の文を作る。

## STEP 03 実戦問題

本冊116ページ

**1** (1) Have you ever played the violin
(2) The concert has not started yet
(3) I have never seen such a big hamburger
(4) I have wanted to see cherry blossoms
(5) has been using my smartphone for

解説 ▼

(1) 現在完了形の疑問文は〈Have[Has]＋主語＋過去分詞〜?〉の形。ever は過去分詞の前に入れる。「バイオリンを弾く」は play the violin。

(2) 現在完了形の否定文。「まだ（〜ない）」は文末に yet をおく。

(3) 現在完了形の否定文。「今までに〜ない」は never を使って〈have[has] never＋過去分詞〉の形で表す。「こんなに大きな〜」は such a big 〜。

(4) 現在完了形（継続）の文にする。「〜を見たい」は want to see 〜。

(5) 動作について「ずっと〜している」は現在完了進行形で表す。

**2** (例) (1) Have you ever watched this movie?
(2) Have you read the book yet?
(3) How long has your mother worked there?
(4) How many times have you been to Okinawa?

解説 ▼

(1) 「これまでに〜したことがあるか」は現在完了形（経験）の疑問文〈Have[Has]＋主語＋ever＋過去分詞〜?〉の形で表す。「見る」に see を使って Have you ever seen this movie? としてもよい。

(2) 「もう〜してしまったか」は現在完了形（完了）の疑問文〈Have[Has]＋主語＋過去分詞〜＋yet?〉の形で表す。疑問文の「もう」は文末に yet をおく。

(3) 期間は How long でたずねる。あとには現在完了形の疑問文の形を続ける。主語が3人称単数なので has を使うことに注意。

(4) 「何回」という回数は，How many times でたずねる。「〜へ行ったことがある」は have been to 〜。動詞として visit を使って，How many times have you visited Okinawa? としてもよい。

**3** (1) ① エ ③ ア
(2) I've[I have] wanted to go to Europe for a long time.

日本語訳 ▼

私は旅行が大好きです。私は韓国，中国，シンガポール，日本のようなアジアにある多くの国々を訪れたことがあります。しかし，私はヨーロッパへ行ったことが一度もありません。私は長い間ヨーロッパへ行きたいと思っていますが，まだその機会がありません。将来，行けたらいいと思います。

解説 ▼

(1) ① 文意から，否定文になる never を選ぶ。however は「しかしながら」。
③ 現在完了形の否定文の文末に yet が入る形。この yet は「まだ（〜ない）」の意味。

(2) 日本文と，与えられた have から，現在完了形（継続）の文にする。「〜へ行きたい」は want to go to 〜。「長い間」は for a long time。

**4** (1) 家を出たところ（だと言っている）。
(2) ゴルフ（をしたことがないと言っている）。

読まれた英文 ▼

(1) Hi, Mike. I've just left my home. I'm sorry, but I'll be late for the meeting. Please start without me.

(2) I like many kinds of sports. I play baseball, soccer and volleyball. I'm not a good

swimmer, but I like swimming, too. I've never played golf, so I'd like to try it this summer.

日本語訳 ▼

(1) こんにちは，マイク。私はちょうど家を出たところなの。悪いんだけど，会議に遅れるわ。私抜きで会議を始めてちょうだい。

(2) 私はいろいろな種類のスポーツが好きです。私は野球，サッカー，バレーボールをします。私は泳ぐのはうまくはありませんが，泳ぐことも好きです。私は一度もゴルフをしたことがないので，この夏にやってみたいと思います。

解説 ▼

(1) 現在完了形の部分（I've just left my home）を聞き取る。be late for ～は「～に遅れる」，without は「～なしで」。

(2) 現在完了形の部分（I've never played golf）を聞き取る。never は「一度も～ない」で，現在完了形（経験）の文で使われる。I'd like to ～. は「～したい」。

**5** (1) c　(2) b

読まれた英文 ▼

(1) Have you finished your homework yet?
 a Since yesterday.
 b No, I won't.
 c Yes, I have.

(2) How long have you lived in Japan?
 a I've been to Japan before.
 b I've lived in Japan for over five years.
 c I've already arrived in Japan.

日本語訳 ▼

(1) 宿題は終わったの？
 a 昨日からずっとです。
 b いいえ，私はしないでしょう。
 c はい，終わりました。

(2) どれくらい日本に住んでいますか。
 a 以前日本に行った[来た]ことがあります。
 b もう5年以上日本に住んでいます。
 c もうすでに日本に到着しています。

解説 ▼

(1) 現在完了形の疑問文にはふつう have を使って答える。

(2) 「どれくらい（長く）」と期間をたずねられているので，期間を答えている文を選ぶ。for over five years は「5年以上の間」。

# 21 不定詞のいろいろな文型

## STEP01 要点まとめ

本冊118ページ

01 how, to　02 to　03 what, to
04 to, get, up　05 for, to　06 tell, to
07 ask, to　08 want, to　09 to
10 not, to　11 walk　12 too, to
13 too, for, to　14 enough, to
15 enough, for, to

## STEP02 基本問題

本冊120ページ

**1** (1) how, to　(2) what, to
(3) when, to　(4) where, to

解説 ▼

(1) 「～のしかた」は〈how to＋動詞の原形〉で表す。

(2) 「何を～したらよいか」は〈what to＋動詞の原形〉で表す。

(3) 「いつ～したらよいか」は〈when to＋動詞の原形〉で表す。

(4) 「どこで～したらよいか」は〈where to＋動詞の原形〉で表す。

**2** (1) It, to　(2) to, watch　(3) for, to
(4) it, to　(5) of, to

解説 ▼

(1) 「～することは…だ」は，〈It is … to＋動詞の原形～.〉で表す。この it は仮の主語で，〈to＋動詞の原形～〉の部分が本当の主語の働きをしている。

(2) 前に It's …があるので，「テレビを見ること」は不定詞を使って，to watch TV とする。

(3) 「－にとって～することは…だ」は，〈It is … for － to ～.〉で表す。for －は，「そのあとの不定詞が表す動作をだれがするか」を表す「意味上の主語」になる。ここでは，for him は to speak English の意味上の主語になっている。

(4) 〈It is … to ～.〉の疑問文は，be 動詞の文と同じで，be 動詞を主語の it の前に出してつくる。ここでは，過去の文なので，be 動詞は was になっている。

(5) kind などの人の性質などを表す形容詞がくるときは，for ではなく of を使って，〈It is＋形容詞＋of － to ～.〉で表す。

**3** (1) asked, to　(2) told, stand
(3) you, to

解説 ▼

(1) 「(人) に～するように頼む」は,〈ask＋人＋to ～〉で表す。
(2) 「(人) に～するように言う」は,〈tell＋人＋to ～〉で表す。
(3) 「(人) に～してほしい」は,〈want＋人＋to ～〉で表す。

**4** (1) not to open
(2) tried not to laugh
(3) saw Emma stop
(4) I heard someone call

解説 ▼

(1) 「～すると約束する」は promise to ～。その to ～を否定するときは, to のすぐ前に not をおく。
(2) 「～しようとする」は try to ～。to ～の前に not をおいて否定すると,「～しないようにする」の意味になる。
(3) 「…が～するのを見る」は〈see … 動詞の原形〉で表す。「タクシーを止める」は stop a taxi。
(4) 「…が～するのを聞く」は〈hear … 動詞の原形〉で表す。「私の名前を呼ぶ」は call my name。

**5** (1) too, to　(2) enough, to
(3) too, tired　(4) enough, for

解説 ▼

(1) 「(あまりに) …すぎて～できない」は too … to ～で表す。
(2) 「親切にも～してくれる」は「十分に親切なので～する」と考えて, be kind enough to ～とする。
(3) 「(あまりに) …すぎて～できない」は too … to ～で表す。
(4) enough to ～を使う。「私は」の意味は,〈for＋人〉を to ～の前において表す。

**ミス注意**

too は形容詞[副詞]の前に, enough は形容詞[副詞]のあとにおく。

**6** (1) ウ　(2) ア　(3) ウ　(4) ア

日本語訳 ▼

(1) 私はサヤカに, 私といっしょにいてくれるよう頼みました。
(2) 私はあなたに, もう一度この手紙を読んでほしいです。
(3) 父は私に出かけないように言いました。
(4) あなたはだれかがこの部屋に入ってくるのを見ましたか。

解説 ▼

(1) 〈ask＋人＋to ～〉で「(人) に～するように頼む」の意味を表す。
(2) 〈want＋人＋to ～〉で「(人) に～してほしい」の意味を表す。
(3) 〈tell＋人＋to ～〉で「(人) に～するように言う」の意味を表す。to ～を否定するときは, すぐ前に not をおく。
(4) 〈see … 動詞の原形〉で「…が～するのを見る」の意味を表す。〈to＋動詞の原形〉との違いに注意。

## STEP 03 実戦問題

本冊122ページ

**1** (1) It is important for us to study
(2) tell me how to get to the library
(3) warm enough for us to swim
(4) asked me to go shopping
(5) may be too big to go

解説 ▼

(1) 「－にとって～することは…だ」は〈It is … for － to ～.〉で表す。
(2) 「どうやって～すればよいか」は how to ～を使う。「A に B を教える」は〈tell A B〉で表す。ここでは A に me が, B には〈how to ～〉がくる。
(3) 「十分…なので～できる」は〈… enough to ～〉で表す。ここでは to ～の前に for us をおいて「私たちは」の意味を加えている。
(4) 「(人) に～するように頼む」は,〈ask＋人＋to ～〉で表す。「買い物に行く」は go shopping。
(5) 「～するには…すぎる」は「(あまりに) …すぎて～できない」と考えて,〈too … to ～〉で表す。「～かもしれない」は may be ～。

**2** (例) (1) I don't know how to use this computer.
(2) It is difficult for me to read English books.
(3) Try not to be late again.
(4) I saw you run into the classroom.

解説 ▼

(1) 「～のしかた」は how to ～で表す。「このコンピューターの使い方」は how to use this computer となる。

(2) 「～することは－にとって…だ」は〈It is … for － to ～.〉で表す。動名詞を主語にして，Reading English books is difficult for me. としてもよい。
(3) 「～しないようにする」は not を to ～のすぐ前において try not to ～で表す。「遅刻する」は be late。
(4) 「…が～するのを見る」は〈see … 動詞の原形〉で表す。「～の中へ走っていく」は run into ～。

**3** (1) ① show me how to play
② He told me to play the guitar
(2) (ギターの / 大好きな歌の) 練習をする

日本語訳 ▼

私は今日ギターのレッスンがありました。先生は私の大好きな歌の弾き方を私に教えようとしました。その歌は難しかったので，私はうまく弾けませんでした。彼は私に毎日ギターを弾くように言いました。私は日記を書き終えたら，練習をするつもりです。来週のレッスンまでに上達しているといいと思います。

解説 ▼

(1) ① 〈show＋人＋how to ～〉で「(人) に～のしかたを教える」。
② 〈tell＋人＋to ～〉で「(人) に～するように言う」の意味になる。
(2) 最後から2番目の文に，「日記を書き終えたら練習する」とある。何を練習するかを，文章の内容から補うとよい。

**4** (1) エ　(2) イ

読まれた英文 ▼

(1) I have a big test tomorrow, but I'm too tired to study right now. I think I'll sleep first.
Question: What will the girl do first?
(2) I'm going to go to my friend's house after school. He wants me to help him with his homework.
Question: What will the boy do after school?

日本語訳 ▼

(1) 私は明日，大事なテストがありますが，とても疲れているので，今すぐには勉強できません。私はまず眠ろうと思います。
質問：少女はまず何をするでしょうか。
(2) 私は放課後，友達の家に行くつもりです。彼は私に宿題を手伝ってもらいたがっています。
質問：少年は放課後，何をしますか。

解説 ▼

(1) 選択肢は，**ア**「彼女は大事なテストがある」。**イ**「彼女はテストの勉強をする」。**ウ**「彼女は疲れるだろう」。**エ**「彼女は眠るだろう」。最後の文から，少女はこれからまず眠るつもりだとわかる。
(2) 選択肢は，**ア**「彼は学校へ行く」。**イ**「彼は友達を手伝う」。**ウ**「彼は部屋をそうじする」。**エ**「彼は家にいる」。手伝ってもらいたがっている友達の家へ行くのだから，**イ**が正解。

**5** (1) ウ　(2) ア

読まれた英文 ▼

(1) A: Bob, are you free tomorrow? I'm going to have a party, and I'd like you to come.
B: Oh, thank you, Kelly.
(2) A: Hello. This is Bob. Is Jack there?
B: Hi, Bob. Sorry, Jack is out right now. He'll be back in thirty minutes.
A: OK.

日本語訳 ▼

(1) A：ボブ，明日は暇？　パーティーをするので，あなたに来てもらいたいの。
B：ありがとう，ケリー。
(2) A：もしもし。こちらはボブです。ジャックはいますか。
B：こんにちは，ボブ。ごめんね，ジャックは今，外出しているの。30分後には戻るわ。
A：わかりました。

解説 ▼

(1) 選択肢は，**ア**「そこへ着くのに30分かかりました」。**イ**「明日は雨でしょう」。**ウ**「ぼくを招待してくれてありがとう」。**エ**「私たちはパーティーで楽しい時を過ごしました」。**ウ**の It's nice of you to ～. は「～するとは，あなたは親切だ[～してくれてありがとう]」という意味。
(2) 選択肢は，**ア**「彼に私に電話をかけ直すように言ってくれますか」。**イ**「彼をお願いします[彼と話せますか]」。**ウ**「伝言を残したいですか」。**エ**「彼はそれを聞くと喜ぶでしょう」。**ア**の〈tell＋人＋to ～〉は「(人) に～するように言う」。

# 22 名詞を修飾する句・節

## STEP01 要点まとめ

本冊124ページ

01 sleeping　02 sitting　03 broken
04 made　05 took　06 read
07 gave

## STEP02 基本問題

本冊125ページ

**1** (1) standing　(2) sitting
(3) woman, cleaning
(4) man, running
(5) falling, rain

解説 ▼

(1) 「〜している」という意味で名詞を修飾する働きをするのは現在分詞。stand を ing 形にする。あとに at the gate があるので,〈現在分詞＋語句〉が後ろから前の名詞を修飾する形になる。
(2) sit の ing 形は語尾の t を重ねて ing をつける。
(3) 修飾する現在分詞が語句を伴うときは,〈現在分詞＋語句〉は名詞のあとにくる。「女性」は lady でもよい。
(4) run の ing 形は n を重ねて ing をつける。running over there が前の主語の the man を修飾する形になる。
(5) 現在分詞が 1 語で名詞を修飾するときは，現在分詞は名詞の前におく。

**2** (1) painted　(2) made　(3) cooked, fish
(4) teacher, loved　(5) book, written

解説 ▼

(1) 「〜された」という意味で名詞を修飾する働きをするのは過去分詞。修飾する過去分詞が語句を伴うときは,〈過去分詞＋語句〉は名詞のあとにくる。painted by Sayaka（サヤカによって描かれた）が前の a picture（絵）を修飾している。
(2) made in Japan（日本で作られた）が前の dishes（お皿）を修飾する形。
(3) 過去分詞が 1 語で名詞を修飾するときは名詞の前におくので,「調理された魚」は cooked fish となる。調理された魚は「1匹の魚」ではなく数えられない「魚肉」と考えて，ふつうは冠詞の a をつけない。
(4) loved by many students（多くの生徒たちに愛されている）が前の a teacher（先生）を修飾する形にする。
(5) written in easy English（やさしい英語で書かれた）が前の a book（本）を修飾する形にする。write（書く）の過去分詞は written。

**3** (1) Aya, took　(2) book, I, read
(3) man, you, saw[met]

解説 ▼

(1) Aya took in Kyoto（アヤが京都で撮った）が前の the pictures（写真）を修飾する形にする。
(2) I read last night（私が昨夜読んだ）が前の The book（本）を修飾する形にする。この文全体の主語は The book で，動詞は was であることに注意。
(3) you saw[met] yesterday（あなたが昨日会った）が前の the man（男性）を修飾する形にする。

## STEP03 実戦問題

本冊126ページ

**1** (1) イ　(2) ウ　(3) イ
(4) ウ　(5) ウ

日本語訳 ▼

(1) 先週，私は雪でおおわれたあの山に登りました。
(2) 週末には公園中で遊んでいるたくさんの犬がいます。
(3) 女の子たちと話している少年はとてもうれしそうです。
(4) それは私があなたのためにできるすべてです。
＝私があなたのためにできるのはそれだけです。
(5) 私は英語で書かれた手紙を受け取りました。

解説 ▼

(1) 「雪でおおわれたあの山」のように,「〜された」という意味で前の名詞を修飾するのは過去分詞。
(2) 「公園中で遊んでいるたくさんの犬」のように,「〜している」という意味で前の名詞を修飾するのは現在分詞。
(3) talking with the girls（女の子たちと話している）が前の The boy（少年）を修飾している。文全体の主語は The boy で 3 人称単数なので，動詞は 3 単現の形の looks を選ぶ。

**ミス注意**
主語のあとにその主語を修飾する語句がくるときは，あとの動詞の形に注意。

(4) all を〈主語＋ can ＋動詞〜〉のまとまり（接触節）が後ろから修飾する形。
(5) written in English（英語で書かれた）という〈過去分詞＋語句〉が後ろから名詞 letter を修飾する形にする。

**2** (1) A boy called Alex came
(2) fish caught in this lake
(3) The girl painting a picture in the park
(4) The movie I saw yesterday was
(5) the number of languages used in the world

**解説**

(1) 「アレックスと呼ばれる」はcalled Alexで，主語のA boyを後ろから修飾する形にする。
(2) 「この湖で捕った魚」は「この湖で捕られた魚」と考え，〈過去分詞＋語句〉のcaught in this lakeが前の名詞fishを修飾する形にする。ここのfishは複数形（fishは単数形と複数形が同じ形）。
(3) 「公園で絵を描いている」という〈現在分詞＋語句〉のpainting a picture in the parkが，主語のThe girlを後ろから修飾する形にする。
(4) 「私が昨日見た」という〈主語＋動詞〜〉のI saw yesterdayが，主語のThe movieを後ろから修飾する形にする。そのあとに，文全体の動詞wasがくる。
(5) find outのあとには目的語の名詞がくることと，過去分詞のusedに注目して，「世界で使われている言語の数を調べようとしています」という文を組み立てる。〈過去分詞＋語句〉のused in the worldが，後ろからthe number of languagesを修飾する形になる。

**3** （例）(1) Who's[Who is] that boy playing the piano?
(2) I have a camera made thirty years ago.

**解説**

(1) 「ピアノを弾いている」を〈現在分詞＋語句〉のplaying the pianoで表し，「あの男の子」を後ろから修飾する形の文を作る。
(2) 「30年前に作られた」を〈過去分詞＋語句〉のmade thirty years agoで表し，「カメラ」を後ろから修飾する形の文を作る。

**4** ア ○　イ ○　ウ ×　エ ×

**日本語訳**

スミスさん：こんにちは。車を探しています。
店員：かしこまりました。新車をお望みですか，それとも中古車ですか。
スミスさん：中古車をお願いします。
店員：わかりました。これはいかがですか。これはドイツ製の車です。とても人気の車です。
スミスさん：すてきですね。でも私はもっと大きい車がほしいです。
店員：わかりました。では，あの黒いのはいかがですか。
スミスさん：はい。あれはよさそうですね。

**解説**

選択肢の訳は，**ア**「スミスさんは中古車がほしかった」，**イ**「まず，店員はドイツ製の車をスミスさんに見せた」，**ウ**「スミスさんはドイツ製の小さな車を買うことに決めた」，**エ**「スミスさんは店員が見せたすべての車を気に入らなかった」。

**5** (1) ○　(2) ×　(3) ×

**読まれた英文**

(1) A boy is looking at the falling rain.
(2) There is cooked fish on the table.
(3) A woman is holding a sleeping baby.

**日本語訳**

(1) 少年が降っている雨を見ています。
(2) テーブルの上に料理された魚があります。
(3) 女性が眠っている赤ちゃんを抱いています。

**解説**

(1) falling rainは「降っている雨」。
(2) cooked fishは「料理された魚」。金魚鉢の中の金魚は料理されていないので×。
(3) sleeping babyは「眠っている赤ん坊」。絵は赤ん坊が笑っているので×。

# 23 関係代名詞

## STEP01 要点まとめ

本冊128ページ

01 who　02 has　03 made　04 likes
05 took　06 uses　07 for　08 for
09 that　10 that　11 that

## STEP02 基本問題

本冊130ページ

**1** (1) who, lives　(2) which
(3) who, sings　(4) which, has

**解説**

(1) 先行詞（前の名詞）が「人」なので主格の関係代名詞whoを入れる。あとの動詞は先行詞の人称と数に合わせて，3単現の形にする。

(2) 先行詞が「物」で，あとに動詞が続くので，主格の関係代名詞の which を入れる。「who または which を使う」という指示文の指定がなければ that を使ってもよい。
(3) 先行詞が「人」なので who を入れる。あとの動詞は先行詞の人称と数に合わせて，3 単現の形にする。「歌がじょうずな」は「じょうずに歌う」と表す。
(4) 先行詞が「物」なので which を入れる。指示文の指定がなければ that を使ってもよい。あとの動詞は先行詞の人称と数に合わせて，3 単現の形にする。

**2** (1) which[that]　(2) who[that]
(3) which[that]　(4) which[that]

解説 ▼
(1) 先行詞が「物」で，あとに〈主語＋動詞〉が続くので，目的格の関係代名詞の which か that を入れる。この目的格の関係代名詞は省略されることが多い。
(2) 先行詞が「人」で，あとに〈主語＋動詞〉が続くので，目的格の関係代名詞の who[that]を入れる。書き言葉では，人を表す目的格の関係代名詞に whom が使われることもある。この目的格の関係代名詞は省略されることが多い。
(3) 先行詞が「物」で，あとに〈主語＋動詞〉が続くので，which か that を入れる。この目的格の関係代名詞は省略されることが多い。
(4) 先行詞が「物」で，あとに〈主語＋動詞〉が続くので，which か that を入れる。この目的格の関係代名詞は省略されることが多い。

**3** (1) ×　(2) ○　(3) ×　(4) ○

解説 ▼
(1) あとに speaks と動詞が続いているので，この関係代名詞は主格。主格の関係代名詞は省略できない。
(2) あとに I met there と〈主語＋動詞～〉が続いているので，この関係代名詞は目的格。目的格の関係代名詞は省略できる。
(3) あとに makes と動詞が続いているので，この関係代名詞は主格。主格の関係代名詞は省略できない。
(4) あとに I got yesterday と〈主語＋動詞～〉が続いているので，この関係代名詞は目的格。目的格の関係代名詞は省略できる。

**4** (1) ウ　(2) ア　(3) イ　(4) ア
(5) エ

日本語訳 ▼
(1) 彼は私が公園で会った男性です。
(2) これは私の父が大好きな歌です。
(3) これは私が今，持ち合わせているお金のすべてです。＝私は今，これだけしかお金を持ち合わせていません。
(4) 昨日，あなたのお姉[妹]さんたちと買い物に行った女の子は私の友達の 1 人です。
(5) 携帯電話を注意深く使わない携帯電話ユーザーがたくさんいます。

解説 ▼
(1) 先行詞が「人」で，あとに〈主語＋動詞～〉が続くので，目的格の関係代名詞 who を入れる。
(2) 先行詞が「物」で，あとに〈主語＋動詞〉が続くので，目的格の関係代名詞 which を入れる。
(3) 先行詞が「物」で，all が修飾しているので，関係代名詞は that を選ぶ。
(4) 先行詞 The girl を who から yesterday までの関係代名詞の節が修飾している形で，この The girl が文の主語。動詞は 3 人称単数の主語に合わせて，is を選ぶ。

ミス注意
主語と動詞の間に関係代名詞の節が入っているときは，直前の名詞の数や関係代名詞の節の時制にまどわされることが多いので，動詞の形に注意しよう。

(5) 先行詞 cellphone users が複数なので，who のあとは doesn't ではなく don't にする。cellphone は「携帯電話」。them は cellphones（複数の users が所有する携帯電話なので複数になる）を指す。

**5** (1) who can speak five languages
(2) which[that] my grandfather took
(3) who[that] everyone loves
(4) who lives in a small village
(5) which[that] I was looking for
(6) who[that] I often play tennis with

日本語訳 ▼
(1) 私は 5 か国語を話せる男性を知っています。
(2) これらは私の祖父が撮った写真です。
(3) 彼女はみんなが愛している作家です。
(4) タケシには小さな村に住んでいるおばがいます。
(5) これは私が探していた本です。
(6) 彼女は私がよくいっしょにテニスをする少女です。

解説 ▼
(1) 先行詞（a man）が「人」で，He は主格なので，He を who にかえる。who can speak five languages という関係代名詞の節を，先行詞 a man のあとに続ける。who の代わりに that を使うこともできる。

(2) 先行詞（pictures）が「物」で，pictures を受けた them が目的語なので，them を目的格の関係代名詞 which か that にかえて，which[that] my grandfather took という関係代名詞の節を先行詞のあとに続ける。この関係代名詞は省略できる。
(3) 先行詞（a writer）が「人」で，それを受けた her が目的語なので，her を目的格の関係代名詞 who か that にかえて，who[that] everyone loves を先行詞のあとに続ける。who[that] の代わりに whom を使うこともできる。この関係代名詞は省略できる。
(4) 先行詞（an aunt）が「人」で，She は主格なので，She を who にかえて，who lives in a small village を先行詞 an aunt のあとに続ける。who の代わりに that を使うこともできる。
(5) 先行詞（the book）のあとに which[that] I was looking for を続ける。この関係代名詞は省略できる。This is the book for which I was looking. と表すことも可能。
(6) 先行詞（a girl）が「人」で，それを受けた her が with の目的語なので，her を目的格の関係代名詞 who か that にかえて，who[that] I often play tennis with を先行詞のあとに続ける。who[that] の代わりに whom を使うこともできる。この関係代名詞は省略できる。書き言葉では，with を関係代名詞 whom の前に出して，with whom I often play tennis と表すこともある。

## STEP03 実戦問題

本冊132ページ

**1** (1) which she wrote last year is
(2) people who want to learn
(3) the girl that Ann is talking to

**解説**

(1) 「彼女が去年書いた」を関係代名詞の節にして，修飾する The book（本）のあとに続ける。文の主語 The book に対する動詞は is で，is popular（人気がある）という形になる。
(2) 「多くの人々」は many people。そのあとに「学びたいと思っている」を関係代名詞の節にして続ける。
(3) 「アンが話しかけている」が後ろから「女の子」を修飾する形にする。関係代名詞は that が使われているので，関係代名詞の節は that Ann is talking to と，前置詞で終わる形になる。

**2** (1) Did you read the comic book (which[that]) I gave you last week?
(2) The doctor (who[that]) I saw yesterday was very kind.
(3) This is the song which[that] made the singer famous.

**日本語訳**

(1) あなたは私が先週あなたにあげた漫画の本を読みましたか。
(2) 私が昨日会ったその医師はとても親切でした。
(3) これはその歌手を有名にした歌です。

**解説**

(1) 先行詞の the comic book（その漫画の本）は，追加する文の中では「私が先週あなたにその漫画の本をあげた」のように，目的語となる。先行詞（the comic book）が「物」で目的格なので，関係代名詞は which か that を使う。この関係代名詞は目的格なので省略できる。
(2) 先行詞の The doctor（その医師）は，追加する文の中では「私が昨日その医師に会った」のように，目的語となる。先行詞（The doctor）が「人」で目的格なので，関係代名詞は who か that を使う。書き言葉では whom を使うこともできる。この関係代名詞は目的格なので省略できる。「会う」は meet でもよい。
(3) 先行詞の the song（その歌）は，追加する文の中では「その歌はその歌手を有名にした」のように，主語となる。先行詞（the song）が「物」で主格なので，関係代名詞は which か that を使う。主格の関係代名詞は省略できない。「A を B にする」は〈make A B〉で表す。

**3** (例) (1) I have a friend who likes baseball.
(2) This is a sweater (which[that]) my mother made (for) me.

**解説**

(1) 「野球が好きな」が「友人」を修飾しているので，「私には友人がいます」に続けて，「その友人は野球が好きです」という文を関係代名詞でつなげる。先行詞が「人」で，あとの文では主語の働きをしているので，主格の関係代名詞 who を使って表す。who の代わりに that を使うこともできる。「～が好きだ」は like のほかに，be fond of を使って，I have a friend who is fond of baseball. としてもよい。
(2) 「母が私に作ってくれた」が「セーター」を修飾している。「セーター」は，修飾する文の中では，「母が私にセーターを作ってくれた」のように目的語となる。先行詞が「物」で目的格なので関係代名詞は which か that を使うが，省略することもできる。「A に B を作る」は〈make A B〉または〈make B for A〉で表す。

**4** (1) コンピューターを作っている会社（で働いている)。
(2) ウ

日本語訳 ▼

ボブ：きみのお父さんは何をしているの。
チカ：コンピューターを作っている会社で働いているわ。あなたのお父さんは？
ボブ：彼は architect だよ。
チカ：architectって何？
ボブ：architect というのは建物を設計する人のことだよ。
チカ：わあ。あなたのお父さんが設計した建物を見てみたいわ。
ボブ：この町のいくつかの家を設計したよ。
チカ：本当？ 1つ見せてくれる？
ボブ：いいよ。この近くに1つあるよ。行こう。

解説 ▼

(1) 2行目のチカの言葉 a company that makes computers を日本語で表す。
(2) 5行目のボブのせりふで，architect がどんな職業かが説明されている。

**5** (1) near, the, station
(2) movie, seen

読まれた英文 ▼

(1) A: I went to the new hamburger restaurant that opened near the station.
B: Oh, how was it?
A: The hamburgers were big and delicious.
(2) A: Do you like watching movies?
B: Yes.
A: What's the best movie that you've ever seen?
B: Hmm, that's a hard question. I really liked "The Last Letter."

日本語訳 ▼

(1) A：私は駅の近くに開店した新しいハンバーガーレストランに行ったよ。
B：で，どうだった？
A：ハンバーガーが大きくて，おいしかったよ。
(2) A：映画を見るのは好き？
B：好きだよ。
A：今まで見た中でいちばんよかった映画は何？
B：うーむ，難しい質問だね。「The Last Letter（最後の手紙)」は本当に好きだったな。

解説 ▼

(1) 質問文は「新しいレストランはどこにありますか」。最初の女性のせりふから「駅の近く」とわかる。
(2) 質問文は「The Last Letter とは何ですか」。2人の会話から，「男性が今までに見た映画の中でいちばんよかった映画」とわかる。

**6** (1) a (2) b

読まれた英文 ▼

(1) Do you know anybody who can speak Chinese?
a My friend speaks Chinese.
b No, he isn't Chinese.
c Yes, I know him well.
(2) John, the shirt you're wearing is nice.
a Sorry, it's not short.
b Thanks. It's new.
c Yes, the weather is nice.

日本語訳 ▼

(1) 中国語が話せる人をだれか知ってる？
a 私の友達が中国語を話します。
b いいえ，彼は中国人ではありません。
c はい，私は彼をよく知っています。
(2) ジョン，あなたの着ているシャツ，すてきね。
a ごめんなさい，短くありません。
b ありがとう。新品なんだ。
c ええ，天気はいいです。

解説 ▼

(1) anybody を関係代名詞の節が説明していることを聞き取る。
(2) you're wearing は前の the shirt を修飾している。shirt と short の聞き取りに注意。

# 24 間接疑問文・付加疑問文・否定疑問文

## STEP01 要点まとめ

本冊134ページ

01 where　02 what　03 she　04 you
05 do　06 Aren't　07 Don't　08 don't

## STEP02 基本問題

本冊135ページ

**1** (1) who, is　(2) Aya, lives
(3) you, want　(4) bike[bicycle], that, is
(5) what, this, is

**解説**

(1) 間接疑問文では，疑問詞のあとが〈主語＋動詞〉の語順になる。Who is that boy?（あの男の子はだれか）は，who that boy is となる。
(2) 間接疑問文では，疑問詞のあとが〈主語＋動詞〉の語順になるので，Where does Aya live?（アヤはどこに住んでいるか）は，where Aya lives となる。動詞 live が 3 単現の形になることに注意。
(3) 「あなたは何をほしがっているか」は，What do you want? だが，間接疑問文では，what you want となる。
(4) 「あれがだれの自転車か」は，Whose bike[bicycle] is that? で，間接疑問文ではこの is that を〈主語＋動詞〉の語順にして，whose bike[bicycle] that is とする。
(5) What is this?（これは何ですか）の is と this を入れかえて，what this is とする。

**2** (1) isn't　(2) doesn't　(3) didn't, you
(4) can't, he　(5) is, it

**解説**

(1) 前の文が It's（＝It is）と is の肯定文なので，is not の短縮形 isn't を入れる。
(2) 前の文が 3 単現の一般動詞の肯定文なので，does not の短縮形 doesn't を入れる。
(3) 前の文が過去の一般動詞の肯定文なので，did not の短縮形 didn't を使う。
(4) 前の文が can の肯定文なので，cannot の短縮形 can't を入れる。あとには，主語の Takeshi を代名詞にして he を続ける。
(5) 前の文が isn't と is の否定文なので，is を入れる。あとには，主語の this を代名詞にして it を続ける。

**3** (1) Aren't, Yes　(2) Don't, No
(3) Didn't, Yes

**解説**

(1) be 動詞の現在の否定疑問文。主語が you なので，Aren't で文を始める。答えの文は，あとに I am と肯定の内容が続くので，Yes で答える。あとが not のある否定の内容なら，No で答える。
(2) 一般動詞の現在の否定疑問文。主語が you なので，Don't で文を始める。あとに I don't と否定の内容が続くので，No で答える。
(3) 一般動詞の過去の否定疑問文。一般動詞なので，主語にかかわらず Didn't で文を始める。あとに he did と肯定の内容が続くので，Yes で答える。

**ミス注意**

否定疑問文の応答の Yes／No は，日本語の「はい」「いいえ」とは反対になることがあるので注意しよう。

## STEP03 実戦問題

本冊136ページ

**1** (1) ア　(2) エ　(3) ア

**日本語訳**

(1) 菊池さんは魚が好きではないですよね。
(2) あなたのお姉[妹]さんはこの本を読みましたね。
(3) 「あなたはスマートフォンを持っていないですね」「いいえ，持っています。私は先月，1 台買いました」

**解説**

(1) 前の文が 3 単現の一般動詞の否定文なので，〈does＋主語（代名詞）〉を入れる。
(2) この read は，主語が 3 人称単数で語尾に s がないので，過去形だとわかる。前の文が過去の一般動詞の肯定文なので，did not の短縮形 didn't を使って〈didn't＋主語（代名詞）〉の形にする。
(3) あとに「先月買った。(だから，スマートフォンは持っている)」という肯定の内容が続くので，Yes, I do. で答える。Yes と答えているのにあとに否定形が続く×Yes, I don't. や，その反対の×No, I do. などと答えることはない。

**2** (1) how I can get to the station
(2) which train I should
(3) what my classmates were doing after
(4) know how often they practice
(5) how many hours you have practiced to

解説 ▼

(1) 間接疑問文なので,〈疑問詞＋主語＋ can ＋動詞〉の語順にする。get to the station で「駅に着く」の意味。
(2) which train のあとに〈主語＋助動詞＋動詞〉が続くようにする。
(3) 「何をしているか」なので進行形を用いて，what ～ were doing とする。「放課後」は after school。
(4) 「どのくらい」は「何回くらい，どのくらいの頻度で」と考えて how often とし，あとに〈主語＋動詞〉を続ける。「知りたい」は want to know。
(5) スピーチコンテストのことで緊張しているという A に対して，「しっかり練習してきたのだから心配ない」と励ます対話。I know のあとに間接疑問文を続ければよい。how many hours（何時間）のあとに現在完了形 you have practiced（今まで練習してきた）を続ける。残った to で to make（～するために）の形にする。「私は今週金曜日の英語スピーチコンテストのことで少し緊張しています」「心配しないで。私は，あなたがスピーチをよりよくするために何時間練習してきたかを知っていますよ」「ありがとう。ベストを尽くします」。

**3** （例）(1) Do you know who this woman is?
(2) Yumi has two bikes[bicycles], doesn't she?
(3) Aren't you thirsty?

解説 ▼

(1) 「知っていますか」は Do you know で，あとに間接疑問文を続ける。間接疑問文は〈疑問詞＋主語＋動詞〉の語順にする。
(2) 「持っていますね」の意味を表すために，付加疑問文を用いる。前の文が Yumi has（ユミは持っている）という 3 単現の一般動詞の肯定文なので，付加疑問文は doesn't she? とする。
(3) 「のどがかわいている」は be thirsty。be 動詞の現在の否定疑問文で，主語が you なので，Aren't you ～? の形になる。

**4** イ

日本語訳 ▼

こんにちは，ボブ。元気？　あなたに手伝ってもらいたいのでメールを書いています。私はコンテストのためのスピーチを書きましたが，英語なので，文法が少し心配です。

このメールの最後にスピーチを書きました。テーマは環境汚染です。あなたの意見では，このスピーチは理解するのが難しいですか。どうしたらよりよくできるかを教えてもらえますか。

解説 ▼

ア　第 1 段落の 4 文目の内容と一致する。
イ　Chika は自分で書いたスピーチが理解しにくいかどうか Bob にたずねている。Bob がスピーチを書いたのではないから，英文の内容と一致しない。
ウ　第 2 段落の 1，2 文目に一致する。
エ　最後の文の内容に一致する。

**5** (1) ○　(2) ×　(3) ○　(4) ×

読まれた英文 ▼

(1) A: Do you know where Mom is?
B: I think she's at the supermarket. She should be back soon.
(2) A: Maria, this book is yours, isn't it?
B: Oh, yes. I lost it last week. Where did you find it?
A: It was in the gym.
(3) A: James, why are you at home? Don't you have soccer practice today?
B: No. We don't have practice this week. The coach wants us to rest.
(4) A: Naomi, you're from Osaka, aren't you?
B: Yes, I am, Larry. How did you know?
A: Your Japanese sounds different.

日本語訳 ▼

(1) A：お母さんがどこにいるか知ってる？
B：スーパーマーケットだと思うわ。もうすぐ帰ってくるはずよ。
(2) A：マリア，この本はきみのだよね。
B：ええ，そうよ。先週なくしたの。どこで見つけたの？
A：体育館の中にあったよ。
(3) A：ジェイムズ，どうして家にいるの？　今日はサッカーの練習はないの？
B：うん，ないよ。今週は練習はないんだ。コーチがぼくたちを休ませたいんだって。
(4) A：ナオミ，あなたは大阪の出身だよね。
B：ええ，そうよ，ラリー。どうしてわかったの？
A：あなたの日本語はちがうように聞こえるからだよ。

解説 ▼

(1) 問題文は「少女は，母親はスーパーマーケットにいると思っています」。少女の発言の最初の文から○。
(2) 問題文は「マリアは体育館で少年の本を見つけました」。少年が体育館でマリアの本を見つけたので×。

(3) 問題文は「ジェイムズは今日，サッカーの練習がありません」。ジェイムズのせりふから○。

(4) 問題文は「ナオミは大阪の出身ではありません」。最初のラリーの「大阪出身ですよね」という質問に，ナオミは，Yes, I am.（はい，そうです。）と答えているので×。

# 25 感嘆文・話法・仮定法

## STEP01 要点まとめ

本冊138ページ

01 How　02 What　03 told　04 he
05 liked　06 went, could　07 wouldn't
08 were　09 as, if[though], knew
10 had, would, have　11 had, studied

## STEP02 基本問題

本冊140ページ

**1** (1) How　(2) What　(3) How
(4) What

解説 ▼

(1) あとの形容詞に名詞が続かないので，Howを入れる。It is very hot today. を強調した文。

(2) あとに〈a＋形容詞＋名詞〉が続くので，What を入れる。That is a very beautiful bird. を強調した文。

(3) あとが busy という形容詞だけなので，How を入れる。They are very busy. を強調した文。

(4) あとに〈a＋形容詞＋名詞〉が続くので，What を入れる。あとに it is などの〈主語＋動詞〉が省略されている。

**2** (1) was　(2) told, liked
(3) asked, if[whether]　(4) told, to

日本語訳 ▼

(1) コーディーは「ぼくはとても疲れている」と言いました。

(2) アヤは私に「私は犬が好き」と言いました。

(3) 「あなたは自転車を持っていますか」とエマはアレックスに言いました。

(4) 「窓を開けなさい」とジョーンズ先生は私たちに言いました。

解説 ▼

(1) 主節（Cody said）の動詞が過去形のとき，that 以下の節の動詞も「時制の一致」によって過去形にする。am の過去形は was。

(2) 直接話法の〈say to＋人〉は〈tell＋人〉にする。ここは過去形なので，told にする。that 以下の動詞は，「時制の一致」によって過去形にする。

(3) 伝える内容が疑問文のときは，〈say to＋人〉は〈ask＋人〉にする。また，疑問文が疑問詞のない疑問文の場合，接続詞 if か whether を使って，〈ask＋人＋ if[whether]＋主語＋動詞～〉の形にする。

(4) 伝える内容が命令文のときは，〈tell[ask]＋人＋ to＋動詞の原形～〉の形にする。内容が命令か依頼かによって，tell と ask を使い分ける。〈tell[ask]＋人＋ to＋動詞の原形～〉は「（人）に～するように言う[頼む]」という意味。

**3** (1) had, would
(2) were, wouldn't
(3) I, could
(4) he, were

解説 ▼

(1) 現在の事実に反して「もし～なら，…だろう」というときは〈If＋主語＋過去形～, 主語＋助動詞の過去形＋動詞の原形….〉の仮定法過去の文で表す。それぞれ，have の過去形の had と，will の過去形の would が入る。

(2) 仮定法過去の文では，be 動詞の過去形は主語に関係なく were を使うが，主語が I や 3 人称単数のときは was を使うこともある。「～しないだろう」は would not を短縮形 wouldn't にして入れる。

(3) 「～であればいいのに」と現在実現できない願望を表すときは，〈I wish＋主語＋過去形～.〉の形にする。ここでは「～できたらいいのに」という願望なので，can の過去形 could を用いる。

(4) 「（実際にはそうではないのに）まるで～のように」の意味は〈as if＋主語＋過去形～.〉で表す。「彼は王様である」は He is a king. だから，ここでは as if he were a king とする。くだけた言い方では，were の代わりに was が用いられることも多い。

**4** (1) would, have
(2) had, run
(3) had, left[started]
(4) she, had

解説 ▼

(1) 過去の事実に反して「もし～だったら，…だっただろう」というときは，〈If＋主語＋ had＋過去分詞～, 主語＋助動詞の過去形＋ have＋過去分詞 ….〉の仮定法過去完了の文で表す。助動詞の過去形 would と have が入る。

(2) 過去の事実に反して「もし走っていたら」という意味は，run を用いて，If we had run と表す。このrun は過去分詞。

(3) 「～だったらよかったのになあ」と過去の事実に反することを表すときは，〈I wish ＋主語＋ had ＋過去分詞 ～.〉の形にする。ここでは「出発しておけばよかった」という願望なので，had left[started]という形にする。

**ミス注意**

現在の事実に反する願望は，〈I wish ＋主語＋過去形 ～.〉，過去の事実に反する願望は，〈I wish ＋主語＋ had ＋過去分詞 ～.〉の形。

(4) 「まるで勝ったかのように」と過去のことを言っているので，〈as if ＋主語＋ had ＋過去分詞〉で表す。ここでは as if she had won という形にする。

**5** (1) How (2) told (3) would
(4) had said (5) had (6) as if

**日本語訳**

(1) このケーキはなんて甘いんでしょう。
(2) サヤカは私に，私が正しいと言った。
(3) もし私が辞書を持っていたら，あなたに貸してあげるのに。
(4) もしあなたがそう言っていたら，彼女は怒ったでしょう。
(5) 飛ぶための翼があればいいのに。
(6) 彼女は私のことを知らないかのように話します。

**解説**

(1) あとに形容詞 sweet が続いているので，How の感嘆文にする。
(2) あとに目的語の me が続いているので，「(人) に～と言う」の意味を〈tell ＋人＋ that ～〉で表す。say のあとに「人」を続ける場合は〈say to ＋人〉と to が必要。この文を直接話法で表すと，Sayaka said to me, “You are right.” となる。
(3) If I had から仮定法過去の文と判断し，主節では助動詞の過去形 would を用いる。
(4) 主節の would have been から仮定法過去完了の文と判断し，If you had said と過去完了形を用いる。
(5) I wish のあとは仮定法になるので，have はこない。
(6) as if を選べば，「彼女は私のことを知らないかのように話す」となり，意味が通る。if では意味が通らない。

**6** (1) イ (2) イ (3) ア (4) イ
(5) ウ (6) ウ (7) ア

**日本語訳**

(1) これはなんて大きなりんごなのでしょう。
(2) タケシは，その次の日は忙しいだろうと私に言いました。
(3) 先生は私たちに，何をしているかをたずねました。
(4) もし私が金持ちなら，私はあの家を買うことができるのに，私には十分なお金がありません。
(5) もし私がもっと一生けんめい勉強していたら，私はその試験に合格していたかもしれないのになあ。
(6) 昨日あなたがパーティーに来ていたらよかったのに。
(7) 何も起こらなかったかのように彼女はほほ笑んでいます。

**解説**

(1) あとに a big apple と〈形容詞＋名詞〉が続くので，What を入れる。This is a very big apple. を強調した文。
(2) 主節（Takeshi told me）の動詞が過去形なので，that 以下の節の（助）動詞も「時制の一致」によって過去形にする。あとが busy だけなので be 動詞も補う必要がある。直接話法の文にすると，Takeshi said to me, “I will be busy tomorrow.”（タケシは私に「明日は忙しいだろう」と言いました）となる。
(3) ask（たずねる）があるので，疑問文の間接話法と考える。doing のあとに目的語がないので，「何を」に当たる疑問詞 what を用いる。直接話法の文にすると，The teacher said to us, “What are you doing?”（先生は私たちに「あなたたちは何をしているのですか」と言いました）となる。
(4) 〈If ＋主語＋過去形 ～, 主語＋助動詞の過去形＋動詞の原形 ….〉で「もし～なら，…だろう」という現在の事実に反したことをいう仮定法過去の文になる。実際は，金持ちではないので，あの家を買うことはできないという意味。
(5) 〈If ＋主語＋ had ＋過去分詞 ～, 主語＋助動詞の過去形＋ have ＋過去分詞 ….〉で「もし～だったら，…だっただろう」という過去の事実に反したことをいう仮定法過去完了の文になる。実際は，一生けんめい勉強しなかったので，その試験に合格しなかったという意味を表す。
(6) yesterday から，過去の事実に反する願望を表す I wish の文と考え，過去完了形 had come を使う。
(7) 「何も起こらなかったかのように彼女はほほ笑んでいる」と考えれば意味が通る。as if と同じ意味の as though を選ぶ。

## STEP03 実戦問題

本冊142ページ

**1** (1) What a small cat this is!
(2) Tom's sister told him (that) she wanted some water.
(3) My mother told me to be quiet.
(4) I wish I knew her name.

日本語訳 ▼

(1) これはなんて小さなネコなのでしょう。
(2) トムのお姉[妹]さんは，水がほしいと彼に言いました。
(3) 母は私に，静かにするように言いました。
(4) 彼女の名前を知っていたらいいのに。

解説 ▼

(1) what を使った感嘆文なので，〈What (a/an) ＋形容詞＋名詞＋主語＋動詞 !〉の形にする。この文で形容詞は small。
(2) 〈said to ＋人〉は〈told ＋人〉とする。引用符の中の主語 I を主節の主語に合わせて she とし，動詞 want を時制の一致で過去形 wanted とする。
(3) 命令文の間接話法なので，〈tell ＋人＋ to ＋動詞の原形～〉とする。
(4) 「私は彼女の名前を知りません」という文を，I wish を使って，「彼女の名前を知っていたらいいのに」という文にする。know の過去形を用いればよい。

**2** (1) me if I could use a computer
(2) her what flowers she liked
(3) wish I could speak Chinese

解説 ▼

(1) 「私に～かどうかをたずねる」は，ask me if [whether] ～。if[whether]のあとには〈主語＋動詞 ～〉の語順を続ける。
(2) 「どんな花」は what flowers で表す。asked her のあとは〈疑問詞＋主語＋動詞〉の語順を続ける。
(3) 「～だったらいいのになあ」は現在の事実に反する願望で，〈I wish ＋主語＋（助）動詞の過去形～.〉の形にする。

**3** (例) (1) How lucky you are!
(2) He said to me, "I'm interested in Japan."

解説 ▼

(1) 「なんて～でしょう」は〈How ＋形容詞[副詞](＋主語＋動詞)!〉で表す。「運がいい」は lucky。
(2) 「～に興味がある」は be interested in ～。解答例は，話した内容をそのまま伝える直接話法の文だが，これを間接話法の文にして，He told me (that) he was interested in Japan. としてもよい。

**4** (1) How cute you are
(2) do, you, want
(3) イ

日本語訳 ▼

「なんてきみはかわいいんだ！」
　それは，グレッグが新しく生まれた赤ん坊を見たときの最初の言葉でした。彼は腕に赤ん坊を抱え，誇らしく感じました。グレッグは今，父親になったのです。
「この世界へようこそ」と彼は新しい子どもに言いました。
　彼の妻は病院のベッドで横になっていました。彼女はほほ笑んで，子どもを何と名づけたいかとグレッグにたずねました。
　グレッグは「彼女をユカと名づけよう」と答えました。

解説 ▼

(1) 最後に「！」（感嘆符）があることと，選択肢に how があることから，how の感嘆文と判断する。how の感嘆文は〈How ＋形容詞＋主語＋動詞 !〉の形。
(2) だれがだれにどう言ったかをよく考えて，what he wanted to ～を，主語を you にして，現在の疑問文になおす。「彼女はほほ笑んで，グレッグに言いました，『あなたは子どもを何と名づけたいですか』」。この文の what は，〈name A B〉（A を B と名づける）の B（補語）の働きをしている。
(3) 日本語訳参照。

**5** (1) a　(2) c　(3) a

読まれた英文 ▼

(1) a I wish I had a hat.
b I wish it were sunny.
c I wish I had a bike.
(2) a How fast that dog is!
b What is that dog eating?
c What a big dog that is!
(3) a If I had a little more money, I could buy that book.
b If I had more time, I would go to the bookstore.
c If I had the book, I would lend it to you.

日本語訳 ▼

(1) a 帽子があればいいのになあ。
b 晴れていればいいのになあ。
c 自転車があればいいのになあ。

(2) a あの犬はなんて速いのだ。
b あの犬は何を食べているんだ。
c あれはなんて大きな犬なんだ。

(3) a もう少しお金があれば，あの本が買えるのになあ。
b もっと時間があれば，書店へ行くのになあ。
c その本があれば，あなたに貸してあげるのになあ。

解説 ▼

(1) 晴れているし，自転車に乗っているので，b・c は合わない。

(2) 感嘆文の what のあとは〈(a/an) ＋形容詞＋名詞〉がくる。

(3) 〈If ＋主語＋過去形〜, 主語＋助動詞の過去形＋動詞の原形….〉で「もし〜なら，…だろう」という仮定法過去の文。

# 使い分け編

## 1 名詞と冠詞

### STEP01 要点まとめ

本冊146ページ

01 students　02 apples　03 books
04 homework　05 glass [cup]
06 glasses [cups]　07 sheet [piece]
08 a　09 The　10 the　11 The
12 the　13 an　14 an　15 an
16 school　17 bus　18 breakfast

### STEP02 基本問題

本冊148ページ

**1** (1) men　(2) cats　(3) Mexico
(4) music　(5) rain　(6) a glass

解説 ▼

(1) those のあとなので複数形にする。man の複数形は men。

(2) 「私は〜が好きです」という文で，like のあとに数えられる名詞がくるときは，種類全体をまとめてさすので複数形にする。

(3) 1 語の国名にはふつう冠詞はつけない。

(4) music（音楽）は数えられない名詞。「1 つの曲」と数えるときは，a piece of music という。

(5) rain（雨）は数えられない名詞。複数形にはしない。

(6) 「ジュースを 1 杯」は「コップ 1 杯のジュース」と考える。「コップ 1 杯の〜」は a glass of 〜。juice などの数えられない名詞は，容器などを単位にしてその量を表す。glass はガラス製の「コップ」。cup は主に取っ手の付いた陶器やプラスチック製のものをいう。

**2** (1) a, The　(2) the, ×　(3) The, the
(4) an　(5) an　(6) ×
(7) ×, ×

解説 ▼

(1) 「犬を 1 匹」は「1 匹の犬」と考える。「1 匹の」は a で表す。前の文で出た犬を指して「その〜」と限定するときは，the を使う。

(2) 最上級の前には the をつける。国名の前には冠詞はつけない。

(3) 「机の上の赤いの[かばん]」は，話している人同士で，どの机のことか，どのかばんのことかがわかるので，どちらにも the を使う。

(4) book は数えられる名詞で，冠詞の a を入れるが，interesting のように母音で始まる語の前では，an になる。
(5) hour は h を発音せず，母音で始まるので，an をつける。入れる語句の指定がなければ one も可。
(6) 冠詞は my や my father's などの「～の」を表す語といっしょには使わない。

**ミス注意**

冠詞と名詞・代名詞の所有格はいっしょには使わないので，× a my father's camera とは言わない。

(7) go to school（登校する），by bike（自転車で）といった表現では冠詞をつけない。

## STEP 03 実戦問題

本冊149ページ

**1** (1) students (2) money (3) cups
(4) teeth (5) history (6) countries
(7) dishes

**日本語訳**

(1) 彼女のクラスには 30 人の生徒がいます。
(2) 私の兄[弟]は少しもお金を持っていませんでした。
(3) ミラーさんは毎朝，コーヒーを 2 杯飲みます。
(4) あなたは毎晩，歯を磨かなければなりません。
(5) 岡田先生は私たちに歴史を教えています。
(6) あなたは今までに何か国に行ったことがありますか。
(7) テーブルの上にはたくさんの（料理の）皿がありました。

**解説**

(1) 前の thirty から student を複数形にする。
(2) money は数えられない名詞。
(3) 前の two から cup を複数形にする。
(4) 「歯を磨く」は複数の歯を磨くので，tooth を複数形にする。tooth は teeth と不規則に変化する。
(5) 教科名は数えられない名詞。
(6) how many のあとには数えられる名詞の複数形がくる。country は y を i に変えて es をつける。
(7) dish は数えられる名詞で，前に a lot of があるので複数形にする。dish は es をつける。

**2** (1) glasses (2) time (3) paper
(4) eyes

**解説**

(1) glass は単数形では「ガラス」や「コップ」の意味だが，複数形では「めがね」の意味にもなる（複数の「コップ」の意味にもなる）。
(2) 「時間」は time で，数えられない名詞。
(3) 「紙」は paper で，数えられない名詞。「1 枚の紙」は a piece[sheet] of paper で表す。「何枚かの紙」は some pieces of paper となり，paper は複数形にはならない。
(4) 「青い目をしている」は「青い目を持っている」と考える。「目」は 2 つあるので eyes と複数形にする。

**3** ① the ② hour ③ children
④ songs

**日本語訳**

私たちの学校はこの町の人々のためにコンサートを開きます。それは 11 月 3 日にあります。日本では祝日です。コンサートは午後 2 時に始まります。約 1 時間 30 分の長さです。学校の吹奏楽部と合唱部が見られます。私たちは多くの人が来てくれることを望んでいます。また，子どもたちといっしょに何曲か歌を歌って楽しむ予定なので，多くの子どもたちにも来てほしいと思います。

**解説**

① 「午後の[に]」と言うときは，in the afternoon と the をつける。「午前の[に]」なら，in the morning。
② 案内の「日時」のところに，14:00～15:30 とあるので，コンサートの時間は 1 時間 30 分。「1 時間」を表す hour を入れる。hour は母音で始まるで，空所の前に an がある。
③ 案内の「子どもたちも大歓迎！」に注目して，child（子ども）の複数形を入れる。child の複数形は不規則に変化して children となる。
④ 案内に「いっしょに歌を歌いましょう！」とあるので，「歌」を表す語が入る。前に some があるので，song に s をつけて複数形 songs とする。

# 2 代名詞・形容詞・副詞

## STEP01 要点まとめ

本冊150ページ

**01** some **02** some **03** any **04** any
**05** something **06** anything **07** anything
**08** many **09** much **10** A, lot, of
**11** a, lot, of **12** a, few **13** a, little
**14** all **15** every **16** each
**17** the, other **18** another **19** others
**20** the others

## STEP02 基本問題

本冊152ページ

**1** (1) any (2) something (3) any
(4) much (5) many (6) A few
(7) a little (8) All (9) Each

**解説**

(1) 否定文なので any を使う。〈not any ＋数えられる名詞の複数形〉で「1つも[1人も]〜ない」の意味になる。

(2) 肯定文で「何か」の意味を表すのは something。something, anything などを修飾する形容詞は，あとにおかれることに注意。

(3) 疑問文なので any を使う。〈any ＋数えられる名詞の複数形〉で，「1つでも[1人でも]〜か」の意味になる。

(4) money は数えられない名詞なので much を使う。〈not much ＋数えられない名詞〉で「あまりたくさん〜ない」の意味になる。

(5) children は数えられる名詞の複数形なので many を使う。children は child（子ども）の複数形。

(6) 「少しの」の意味を表す場合，数えられる名詞の前では a few を使う。women は woman（女性）の複数形。

(7) coffee は数えられない名詞なので，a little で「少しの，少量の」の意味を表す。

(8) 〈all the ＋数えられる名詞の複数形〉で「(特定の)〜のすべて」の意味を表す。〈×each the ＋名詞〉という形では用いられない。each of 〜を用いて Each of the students has a bike. とすれば，「生徒たちはそれぞれ自転車を持っています」の意味になる。

(9) ×every of 〜という形は用いられないので，Each を選ぶ。主語の each は単数扱いなので，それを受ける動詞が has と3単現の形になることに注意。

**2** (1) the other (2) another, The others
(3) others

**解説**

(1) 2つのうちの「残りのもう1つ」の意味は the other で表す。One 〜, the other ….（1つは〜，もう1つは…）のように使われることが多い。

(2) 最初に話した「テニス好きの少年」に対して「(不特定の) 別の1人」と言うときには another を使う。さらに，その2人以外の「残り全員」の意味は the others で表す。

(3) Some 〜, others ….の形で「〜する人もいれば，…する人もいる（←いくらかは〜で，他のいくらかは…)」という意味を表す。決まり表現として，訳し方といっしょに覚えておこう。

## STEP03 実戦問題

本冊153ページ

**1** (1) much (2) student, likes
(3) another (4) anything

**解説**

(1) time（時間）は数えられない名詞なので much を使う。not much 〜で「あまり多くの〜がない」の意味を表す。

(2) every は「どの〜も」の意味を表し，あとの名詞は student と単数形にする。その主語を受ける動詞は likes と3単現の形になる。

(3) ここでは「不特定のもう1匹の（ハムスター)」という意味になるので，another が適切。one は hamster を指す。

(4) 否定文で「何も（〜ない)」の意味を表すのは anything。

**2** (1) My mother read all these novels
(2) There are a lot of old temples in
(3) I have a few Chinese friends

**解説**

(1) 「これらの小説をすべて」は「すべてのこれらの小説」と考えて，all these novels とする。×these all novels としないよう語順に注意。

(2) a lot of 〜で「たくさんの〜」の意味を表す。

(3) 「中国人の友達が少し」は「少数の中国人の友達」と考えて，a few Chinese friends とする。

**3** (例) (1) There is[There's] a little tea in the glass.
(2) There are not[There aren't] any flowers in the vase.
(3) Some people like baseball, and others like soccer.

解説 ▼

(1) 「お茶が少し」は「少量のお茶」と考える。「お茶」はteaで，数えられない名詞なので，a littleを使う。「コップ」はガラス製であればglass。取っ手の付いた陶器やプラスチック製のものなどであればcupとする。
(2) 否定文で「1つも[1本も]〜ない」の意味は〈not any＋数えられる名詞の複数形〉で表す。複数形のflowersに対応してThere areとすることに注意。また，not anyの代わりにnoを使って，There are no flowers in the vase.と言うこともできる。
(3) 「〜する人もいれば，…する人もいる」の意味はSome 〜, others ….の形で表す。

# 3 前置詞・接続詞

## STEP01 要点まとめ

本冊154ページ

01 for　02 during　03 while
04 from, to　05 since　06 until　07 by

## STEP02 基本問題

本冊155ページ

**1** (1) for　(2) during　(3) while
(4) during　(5) while　(6) For

解説 ▼

(1) あとに「15分間」という具体的な数字がきているので，前置詞forを使う。
(2) あとに「夏休み」という特定の期間を表す語句がきているので，前置詞duringを使う。
(3) あとに「あなたが買い物している」という〈主語＋動詞〉がきているので，接続詞whileを使う。
(4) あとに「冬」という特定の期間を表す語句がきているので，前置詞duringを使う。
(5) あとに「(私が) ジョギングをしている」という〈主語＋動詞〉がきているので，接続詞whileを使う。
(6) あとに「2週間」という具体的な数字がきているので，前置詞forを使う。

**2** (1) from, to　(2) by　(3) since
(4) until　(5) until　(6) since

解説 ▼

(1) 「〜から…まで」の意味はfrom 〜 to …で表す。toの代わりにuntilを使うこともある。
(2) 「〜までに」という〈期限〉はbyで表す。
(3) 「〜から (今まで)」の意味で現在完了形とともに用いられるのはsince。
(4)(5) 「〜までずっと」と動作や状態の継続を表すのはuntil。
(6) 「〜から (今まで)」の意味で現在完了形とともに用いられるのはsince。ここではあとに〈主語＋動詞〉がきて，接続詞として用いられている。

## STEP03 実戦問題

本冊156ページ

**1** (1) ア　(2) エ　(3) エ　(4) ア

解説 ▼

(1) 「私はあなたの漫画の本を日曜日の午前中 (　　) 返します」という意味から，「〜までに」という期限を表す by が適切。

(2) 「私は4月12日（　　）忙しいでしょう」という意味から，「～までずっと」を表す until が適切。

(3) 「私はときどき，おじが仕事に出ている（　　），おじの赤ちゃんの世話をします」という意味から，「～する間」を表す接続詞 while が適切。

(4) 「私はこの夏休みの（　　），中国語を学びます」という意味から，「～の間」を表す during が適切。

**2** (1) I have to get home by five

(2) We practice soccer from 8:00 a.m. to 11:00 a.m. on

(3) have been friends since

解説

(1) 「～までに」という期限の意味を by で表す。「家に帰る」は「家に着く」と考えて get home とする。get to home としないように注意。

(2) 「～から…まで」を from ～ to …で表す。「毎週末の」は on weekends とする。

(3) 「子どものときから」は「私たちが子どもだったときから」と考えて，接続詞 since を使って表す。「今までずっと友達です」という意味なので，現在完了形になる。

**3** (例) (1) I studied English for three hours yesterday.

(2) Mr. Jones has lived in Japan since 2018.

(3) I will have a piano lesson until two tomorrow.

解説

(1) 「3時間の間」という意味で，あとに具体的な数字がきているので，for three hours とする。

(2) 「2018年から（今まで）」は since 2018 で表し，「住んでいます」は現在完了形 have lived の形にする。

(3) 「2時までずっと」という意味なので，until で表す。「ピアノのレッスンがある」は have a piano lesson とする。

**4** ウ

日本語訳

**お客様ご案内**

お客様，

ダンシング・ホース・インへようこそ！

***当館について***

ダンシング・ホース・インは，300年以上前にグリーン・カントリーに建てられました。それ以来，丘と湖のあるこの美しい場所を訪れる皆さんを，私どもは温かくお迎えしてきました。私どもは，私どもの菜園で地元の野菜をみずから栽培しています。私どもは当館のレストランで誇りをもってその野菜をご提供しています。

***朝食***

朝食はダイニングルームで午前7時30分から午前10時までお召し上がりいただけます。もし7時30分より前に朝食をお召し上がりになりたい場合は，私どもにお申し付けください。

***チェックイン／チェックアウト***

チェックイン：午後3時より。正午12時以降はお荷物をお預けいただけます。

チェックアウト：午前11時より前にお部屋をご出発ください。

***インターネット***

ダイニングルームとレストランで無料のインターネットをご提供しています。

***レストラン***

私どもの有名な「ダンシング・ホース・レストラン」で正午12時から午後11時まで，すばらしい時間をお過ごしいただければと思います。正午12時から午後8時まで毎日，ランチまたはディナーをそこでお召し上がりいただけます。

***客室***

お部屋とベッドを毎日清掃いたします。交換されたいタオルは，浴室の床に置いておいてください。水のボトル，コーヒー，お茶はお部屋でご自由にお飲みください。

ダンシング・ホース・インをお選びいただき，ありがとうございます。ご滞在をお楽しみください！

解説

ア 「グリーン・カントリーの地元の人々が，彼らの菜園で採れた野菜をレストランで売っている」。野菜は宿の人々自身が栽培してレストランで提供していると書かれているので，本文の内容に合わない。

イ 「午前7時30分より早く朝食を食べるためには，午前11時より前に部屋を出る必要がある」。午前7時30分より早く朝食を食べたい場合は，宿の人に言えばよいと書かれているので，本文の内容に合わない。

ウ 「午後7時にレストランでインターネットを使ったりディナーを食べたりすることができる」。インターネットはレストランで使えるということと，レストランでは正午12時から午後8時まで食事ができるということが本文に書かれている。その2つを合わせて考えれば，午後7時には，レストランでインターネットも使えるし，ディナーも食べられると判断できるので，本文の内容に合う。

エ 「きれいなタオルを毎日ほしいのであれば，タオルをベッドの上に置いておかなければならない」。交換したいタオルは浴室の床に置いておけばよいと書かれているので，本文の内容に合わない。

# 4 動詞・助動詞 ①

## STEP01 要点まとめ

本冊158ページ

01 go　02 come　03 take　04 bring
05 Look　06 watched　07 see　08 Listen
09 hear　10 speak　11 talked　12 said
13 Tell　14 teaches　15 tell
16 showed　17 has　18 have　19 having
20 got　21 got　22 getting　23 take
24 took　25 makes　26 made

## STEP02 基本問題

本冊160ページ

**1** (1) coming　(2) Take　(3) watching
(4) listening to　(5) hear　(6) told
(7) said　(8) taught

解説 ▼

(1) 「夕食の用意ができた」と言っている相手のほうへ「行く」という場合は，相手を中心に考えて come を使う。
(2) これから出かけて自分や相手のいる場所から離れることになるので，「持っていく」は take で表す。
(3) 「テレビで（番組を）見る」「テレビを見る」というときはふつう watch を使う。
(4) 「意識して耳をかたむける」という意味なので，listen to を使う。
(5) 「(自然に) 耳に入る，聞こえる」という意味なので，hear を使う。
(6) 〈tell＋人＋情報〉で，「(人) に（情報）を伝える，話す」の意味になる。
(7) 直接話法で，「(考えや言葉を) 言う，述べる」というときは say を使う。
(8) 「(学問や技術を) 指導する」の意味は teach で表す。ここでは「将棋のやり方」という技術を教えるという内容になっている。

**2** (1) having　(2) made　(3) getting
(4) take

解説 ▼

(1) have の基本的な意味は「～を持っている」で，ここでは「食べる」の意味を表す。「食べているところでした」なので，過去進行形にする。
(2) 〈make A B〉で「A を B にする」の意味を表す。make の基本的な意味は「～を作る」。
(3) 〈get＋形容詞[過去分詞]〉の形で「(ある状態) になる」の意味を表す。get の基本的な意味は「～を手に入れる」。
(4) 〈It takes＋時間の長さ＋to ～.〉の形で「～するのに…時間がかかる」の意味を表す。take の基本的な意味は「～を取る」「～を持っていく，連れていく」。

## STEP03 実戦問題

本冊161ページ

**1** (1) have, getting　(2) get　(3) make
(4) talk, listen to

日本語訳 ▼

(1) 私は朝食を食べませんでした。おなかが空いてきています。
(2) あなたの靴はすてきですね。どこでそれを買ったのですか。
(3) 「あのビルでは何を作っていますか」「コンピューターです」
(4) はい，皆さん。私は今からとても大切なことを話します。私の言うことを注意深く聞いてください。

解説 ▼

(1) have breakfast で「朝食を食べる」の意味を表す。get hungry は「おなかが空く」。
(2) get の基本的な意味は「～を手に入れる」。ここでは「～を買う」の意味になる。
(3) ビルの中ですることで，答えが「コンピューターです」ということから，make（～を作る）を選ぶ。この文の主語 they は「あのビルで働いている人々」といった意味。
(4) talk about ～で「～について話す」の意味を表す。また，3 文目は carefully（注意深く）に注目すれば，「意識して耳をかたむける」の意味の listen to が適切とわかる。

**2** (1) said, hear　(2) took　(3) got, made

解説 ▼

(1) 直接話法で，「(考えや言葉を) 言う，述べる」というときは say を使う。後半は，「(自然に) 耳に入る，聞こえる」の意味なので hear が適切。
(2) 「タクシーに乗る」は take a taxi。
(3) get で「～を手に入れる」→「～を受け取る」の意味を表す。後半は，〈make A B〉で「A を B にする」の意味になる。「それ（＝メールをもらったこと）は彼女を幸せにした」→「メールをもらって彼女はうれしくなった」と考える。

**3** (例) (1) Would you tell me the way to the library?
(2) Have you ever seen a koala?
(3) Would you speak more slowly?
(4) I take a lunch to school every day.
(5) Please look at the picture on the wall.

解説 ▼

(1) 日本語では「教える」でも，単に「情報を伝える」の意味では tell を使う。teach は「(学問や技術を)指導する」の意味。また「道を教える」という場合でも，実際に連れて行くときや，地図を見せて教えるときには，show を使う。「～していただけますか」は Would you ～? や Could you ～? で表す。
(2) この文の「コアラを見る」は，「(自然に) 目に入る，見える」といった意味なので see を使う。「今までに～したことがあるか」は現在完了形で表す。
(3) ここでは相手のあるなしにかかわらず，「話す」という動作に重点があるので，speak を使う。「もっとゆっくり」は slowly の比較級で表す。「～していただけますか」は Would you ～? / Could you ～? とする。
(4) 今いるところから離れて「持っていく」という場合には take を使う。「毎日（習慣的に）～する」は現在形で表す。「お弁当」は a box lunch としてもよい。
(5) ここの「見る」は「(何かを見ようとして) 目を向ける」の意味なので，look at が適切。「かべにかかっている」は前置詞 on を使って on the wall とする。

# 5 動詞・助動詞 ②

## STEP01 要点まとめ

本冊162ページ

01 arrived, at [got, to]　02 looking, at
03 came, in　04 put, on　05 put, on
06 Call, back　07 plays　08 is, playing
09 go　10 lost　11 have, lost　12 was
13 was, able, to　14 could　15 I'll
16 going, to　17 must　18 have, to
19 should　20 better

## STEP02 基本問題

本冊164ページ

**1** (1) to　(2) at　(3) on
(4) take　(5) pick you up

解説 ▼

(1) listen to ～で「～を聞く」の意味を表す。
(2) look at ～で「～を見る」の意味を表す。なお，look for ～だと「～を探す」の意味になる。
(3) turn on ～ / turn ～ on で「(明かりやテレビなど) をつける」の意味を表す。なお，turn off ～ / turn ～ off は「(明かりやテレビなど) を消す」，turn up ～ / turn ～ up は「(明かりの強さやテレビの音量など) を上げる」の意味になる。
(4) take off ～ / take ～ off で「～を脱ぐ」の意味を表す。
(5) pick up ～ / pick ～ up で「～を車で迎えに行く」の意味を表す。目的語が代名詞 (you, me, him, her など) の場合，〈動詞＋代名詞＋副詞〉の語順になる。

**2** (1) is studying　(2) goes　(3) lost
(4) was

解説 ▼

(1) 「今，勉強している最中である」という意味なので，現在進行形で表す。
(2) ふだんの習慣や，いつも繰り返ししている動作なので，現在形で表す。
(3) yesterday とともに使われ，「昨日さいふをなくした」と過去のことを言っているので，過去形で表す。yesterday なしで I have lost my wallet. であれば，「私はさいふをなくした（今もなくしたまま)」という意味になる。
(4) 主節の動詞 said が過去形なので，時制の一致で，that 以下の動詞も過去形にするのが原則。日本語の

「忙しい」に惑わされないこと。

**3** (1) should (2) was able to (3) I'll
(4) have to

解説 ▼

(1) 「〜したほうがよい」という提案・アドバイスはshouldで表す。had betterだと「そうしたほうが身のためだ」という警告的な響きのある強い言い方になる。
(2) 過去のあるときに実際に「〜することができた」という意味はwas able toで表す。couldは「できる可能性[能力]があった」という意味で，1回限り「できた」ということを表すときには使わない。
(3) 電話が鳴っているのを聞いて「今その場で決めたこと」なので，willで表すのが適切。be going toは「〜するつもりです」のように前もって心に決めていた予定を言うときに使う。
(4) 学校の規則など周りの客観的な状況のせいで「〜しなければならない」と言いたいときは，have toで表すのが適切。mustは話し手自身が「〜しなければならない」と思っていることを表すときによく使う。

## STEP03 実戦問題

本冊165ページ

**1** (1) for (2) on, off (3) to, about
(4) back

解説 ▼

(1) wait for 〜で「〜を待つ」の意味を表す。
(2) get on 〜で「(乗り物など) に乗る」，get off 〜で「(乗り物など) を降りる」の意味を表す。目的語なしで「乗る」「降りる」の意味を表すこともでき，後半のget off at the second bus stopは目的語のない使い方になっている。
(3) speak to 〜で「〜に話しかける」，talk about 〜で「〜について話す」の意味を表す。後半のwhat he was talking aboutで，talk aboutの目的語は前のwhat。「彼が何について話しているか」という意味の間接疑問になっている。
(4) call backで「(電話を) かけ直す」の意味を表す。

**2** (1) better (2) has, broken
(3) put, it, on

解説 ▼

(1) 「〜しないとだめだ，〜したほうが身のためだ」といった警告的な響きのある強い意味はhad betterで表す。
(2) 「今でも壊れたままだ」という過去とつながりのある現在の状態を表しているので，現在完了形を使う。
(3) 「(衣類など) を身に着ける，着る，かぶる」の意味はput on 〜 / put 〜 onで表すが，目的語が代名詞の場合はput it onの語順になる。

**3** (例) (1) They are[They're] going to visit China next month.
(2) I go to school by bus every day.
(3) You must[have to] study English harder.
(4) She could[was able to] play the piano when she was a child.

解説 ▼

(1) 「〜するつもりです」のように前もって心に決めている予定はbe going toで表す。
(2) ふだんの習慣や，いつも繰り返ししている動作は現在形で表す。「通っています」という日本語に惑わされて現在進行形にしないこと。
(3) 「〜しなければならない」の意味はmustまたはhave toで表す。
(4) 子どものころに「ピアノを弾くことができる可能性[能力]があった」という意味なので，couldまたはbe able toで表す。

# 入試予想問題

本冊 166 ページ

**1** (1) ウ　(2) エ

読まれた英文 ▼

(1) This bird can be seen in Africa. It can't fly in the sky, but can run very fast.
(2) We often take this with us when we take a trip. We use it to take pictures.

日本語訳 ▼

(1) この鳥はアフリカで見られます。空を飛ぶことはできませんが，とても速く走ることができます。
(2) 私たちは旅行するときによくこれを持っていきます。写真を撮るために使います。

解説 ▼

(1) アフリカで見られ，飛べないが速く走れる鳥はダチョウ。最初の文の can be seen は助動詞を使った受動態。2 文目では，can と can't の聞き分けと，あとに続く動詞の意味に注意する。
(2) 2 文目の to take picures に注目する。目的を表す不定詞の副詞的用法で「写真を撮るために」という意味なので，カメラを選ぶ。

**2** (1) イ　(2) ア

読まれた英文 ▼

(1) A: We had no school yesterday. What did you do?
B: I went to the city gym to practice basketball.
A: How often do you go to the gym?
B: (チャイム)
(2) A: Here is my address and phone number.
B: Oh, please write your e-mail address, too.
A: OK. Do you have anything to write with?
B: (チャイム)

日本語訳 ▼

(1) A：私たちは昨日，学校がありませんでした。何をしましたか。
B：バスケットボールを練習するために市立体育館に行きました。
A：その体育館へはどれくらいよく行くのですか。
(2) A：私の住所と電話番号です。
B：あっ，メールアドレスも書いてください。
A：わかりました。何か書くものを持っていますか。

解説 ▼

(1) How often ～? は頻度（回数，割合）をたずねる文なので，「月に 1 回」という意味の**イ**を選ぶ。**ア**は「自転車で」，**ウ**は「2 時間」，**エ**は「友達といっしょに」の意味で合わない。
(2) anything to write with は不定詞の形容詞的用法で，前置詞 with が最後にきた形。write with a pen（ペンで書く）というように，筆記用具を表す。「このペンを使ってください」という意味の**ア**が正解。同じ「何か書くもの」でも，anything to write on なら，紙などを表す。**イ**は「この紙に書きなさい」，**ウ**は「コンピューターを使いましょう」，**エ**は「私にメールを送りなさい」で，いずれも不適切。

**3** (1) イ　(2) ウ

読まれた英文 ▼

A: It's cold today, isn't it?
B: Really? Do you think so?
A: Yes, I do! Aren't you cold?
B: No, I'm not.
A: Why? It's very cold!
B: Well, I like winter. I don't care about the cold. Skiing and skating are my favorite sports.
A: What do you do in summer?
B: I spend a lot of time in the pool. I really don't like hot weather in summer, but I like swimmimg.
Question:
(1) Isn't the girl feeling cold?
(2) What does the girl do in summer?

日本語訳 ▼

A：今日は寒いですね。
B：本当ですか。そう思いますか。
A：はい！　あなたは寒くないのですか。
B：はい，寒くはありません。
A：どうして？　とても寒いですよ！
B：ええと，私は冬が好きなのです。寒さが気になりません。スキーとスケートが大好きなスポーツです。
A：夏には何をするのですか。
B：多くの時間をプールで過ごします。夏の暑い天候は本当に好きではないのですが，泳ぐことは好きなんです。
質問：
(1) 少女は寒く感じていないのですか。
(2) 少女は夏に何をしますか。

解説 ▼

(1) 現在進行形の否定疑問文。会話の最初のほうのやり取りで，少年の Aren't you cold? に No, I'm not.

と答えているので，No の答えを選ぶ。否定疑問文に対する応答では，「はい」と「いいえ」が日本語と逆になることがあるので注意。また，質問文の出だしの Isn't を聞き逃さないこと。does[doesn't] を使っては答えない。

(2) 会話の最後のやり取りから，**ウ**の「彼女は泳ぎに行きます」を選ぶ。**ア**の「彼女はスキーに行きます」と**イ**の「彼女はスケートに行きます」は，どちらも冬にするスポーツなので不適切。**エ**の「彼女は海へ行きます」は，少女が「プールで多くの時間を過ごす」と言っているので合わない。

**4** (1) イ　(2) エ　(3) ア　(4) ウ
(5) イ　(6) エ

日本語訳 ▼

(1) あなたは今日，少し疲れて見えます。
(2) 私が帰宅したとき，私の姉[妹]は勉強していました。
(3) 中国はアメリカ合衆国と同じくらいの大きさです。
(4) ジョンはちょうど自分の部屋をそうじし終えたところです。
(5) 私の両親は 9 月 11 日に日本を出発しました。
(6) 私はねこを 4 匹飼っています。1 匹は黒くて，残りはすべて白です。

解説 ▼

(1) 空所のあとに a little tired（少し疲れた）とあるので，形容詞 tired を補語にとる look を選ぶ。〈look＋形容詞〉で，「～に見える」という意味を表す。
(2) 空所のあとは「私が帰宅したとき」という過去の意味。それに合うのは，「私の姉[妹]は勉強していた」という過去進行形。
(3) as と as の間には，形容詞や副詞の原級（変化しないもとの形）がくる。
(4) finish（終える）のあとの動詞は，動名詞（ing 形）になる。不定詞はこない。
(5) September だけなら in September とするが，September 11th と日付なので on を選ぶ。
(6) 3 つ以上のものの中の「残り全部」と言うときは，the others を用いる。

**5** (1) ① イ　② エ
(2) (c)
(3) Because she can go skiing.

日本語訳 ▼

私はクラスメートにどの季節がいちばん好きかをたずねました。このグラフはその結果を表しています。私たちのクラスでは，夏がいちばん人気があります。13 人の生徒が夏が好きです。それは夏に長い休みがあるからだと思います。秋は春よりも人気があります。秋は読書やスポーツに最適な季節だと思います。冬はスキーに行けるので，私の大好きな季節ですが，3 人の生徒しか冬が好きではありません。

解説 ▼

(1) ①前の the と文末の in our class から，最上級の文と判断する。popular（人気がある）の最上級は，前に most をおく。
②「最もよい」という意味を表す good の最上級 best を入れる。
(2) 3-4 文目から(a)は「夏」，最後の文から(d)は「冬」。「春」は(b)か(c)のどちらかだが，6 文目に「秋は春よりも人気があります」とあるので，(c)が「春」とわかる。
(3) 「ユキはなぜ冬が好きなのですか」という問い。最後の文の前半に注目して，「なぜなら彼女はスキーを楽しむことができるからです」と答える。英文の主語 I を she(＝Yuki) に変えることに注意。Why ～? に対して「～だから」と理由を答えるときは，接続詞 because を用いる。

**6** (1) me, to　(2) spoken, in
(3) how, to

解説 ▼

(1) 「(私が) 食器を洗いましょうか」と相手に申し出る文を，「あなたは私に食器を洗ってほしいですか」という文にする。Do you want me to ～? は，会話では「～しましょうか」と同じような意味でよく使われる。
(2) 「カナダでは人々は英語とフランス語を話します」という文を，「カナダで話されている言語は英語とフランス語です」という文にする。〈過去分詞＋語句〉の spoken in Canada が，後ろから主語の The languages を修飾する形にする。
(3) 「私はこの機械を使うことができません」という文を，how to ～を使って「私はこの機械の使い方を知りません」という文にする。

**7** (1) you give me something cold to drink
(2) help you if you're busy this
(3) don't remember how much it was

日本語訳 ▼

(1) 「今日は暑いです。私に何か冷たい飲み物をくれませんか」「いいですよ。オレンジジュースがいくらかあります」
(2) 「あなたが今日の午後忙しければ，私はあなたを手伝いましょう」「ありがとう。私はそれを聞いてうれしいです」

**(3)** 「私はあなたのジャケットが好きです[あなたのジャケットはいいですね]。高くはありませんでしたか」「ええと，私はそれがいくらだったか覚えていません」

**解説 ▼**

**(1)** 最初の It's hot today. と B の応答から，冷たい飲み物を頼む文だと見当をつける。依頼を表す Will you のあとに，〈give＋人＋物〉を続ける。「物」にあたる「何か冷たい飲み物」は，〈something＋形容詞 cold＋不定詞の形容詞的用法 to drink〉で表す。

**(2)** 最初の I'll と（　）内の if に注目にして，「もし…なら，私は～しましょう」という文にする。if の節の中では現在形の you're（＝you are）を使うことにも注意。

**(3)** I don't remember のあとに，間接疑問を続ける。how much のあとは，〈主語＋be 動詞〉の it was という語順になる。

**8** (例) **(1)** What are you going to do tomorrow?

**(2)** I don't have to do my homework today.

**(3)** It is[It's] good for our health to get up early.

**解説 ▼**

**(1)** going が与えられているので，疑問詞 What で始まる be going to の疑問文を考える。「あなたは明日，何をするつもりですか」という文を書けばよい。

**(2)** have が与えられているので，「～する必要はない」という意味を表す don't have to ～を使う。「(自分の) 宿題をする」は，do my homework で表す。

**(3)** It に着目して，It is … to ～. の文を考える。「早く起きることは私たちの健康にとってよい」という文を書く。「～にとってよい」は good for ～で表す。

**9** **(1)** ① lost　② written

**(2)** ③ エ　④ ア　⑤ ウ

**(3)** 鉛筆入れ，(何冊かの) ノート，辞書

**(4)** Ⓐ gym　Ⓑ blue　Ⓒ bus company

**日本語訳 ▼**

ミカ：何を探しているの，ケビン。

ケビン：かばんが見つからないんだ！　もしかするとなくしたかもしれないよ。どこに忘れたのかな？　バスの中かな？

ミカ：落ち着いて。それについて考えてみましょう。あなたはここ，体育館にバスで来たのね？　バスに乗っていたとき，かばんは持っていた？

ケビン：そう思うけど，よくわからない。

ミカ：あなたのかばんはどんなものなの？

ケビン：青くて，犬の絵があるんだ。

ミカ：中には何が入っていたの？

ケビン：鉛筆入れとノートが何冊か入っていた。ノートにはぼくの名前が書かれている。あっ，辞書もあった。それがないと日本語が勉強できないよ！

ミカ：わかった。私がバス会社に電話してみるね。

（数分後）

ミカ：ケビン，あなたはなんてラッキーなの！　かばんを見つけたわよ。

ケビン：えっ，本当？　どうもありがとう！　どこにあったの？

ミカ：バスにあったと言っていたわ。

**解説 ▼**

**(1)** ①直前に I have の短縮形 I've があるので現在完了形と判断して，過去分詞にする。lose（なくす，失う）は不規則動詞で，過去分詞は lost。過去のある時点でなくして，今も見つかっていない状態を表す。

②直前の be 動詞 is から，現在進行形か受動態が考えられるが，主語が My name なので受動態と判断できる。write を過去分詞の written にする。

**(2)** ③「～なしでは」という意味の without が適切。

④バス会社に電話することは，前もって決めていた予定ではなく，その場で決めたことなので，will を使う。be going to は使わない。

⑤〈形容詞＋主語＋be 動詞！〉が続いているので，How で始まる感嘆文とわかる。lucky は「幸運な」という意味の形容詞。

**(3)** ケビンの 4 番目の発言から，鉛筆入れとノート数冊，それと辞書が入っていたことがわかる。犬の絵はかばんに描かれているものなので，答えに含まれない。

**(4)** Ⓐ「ケビンとミカは今どこにいますか」という問い。ミカの2番目の発言に「ここ，体育館」とあるので，「彼らは体育館にいます」と答える。

Ⓑ「ケビンのかばんは何色ですか」という問い。ケビンの 3 番目の発言でかばんの特徴を説明しているので，色を表す blue を答える。

Ⓒ「ミカはどのようにケビンのかばんを見つけましたか」という問い。ミカの 5 番目の発言に「バス会社に電話してみるね」とあり，その結果かばんが見つかっているので，「バス会社に電話しました」と答える。なお，ミカの最後の発言 They said ～. の they は，ここでは「バス会社の人々」をさす。

**10** (1) not, able　(2) イ
(3) ③ told　④ working
⑤ met　⑥ thought
(4) 自分の助けを必要としている人々のために働くこと。
(5) ウ
(6) ⓐ difficult　ⓑ make
ⓒ decided　ⓓ forget

**日本語訳 ▼**

マオは15歳の中学生です。ある日，授業で，彼女の先生はクラスに将来の夢について書く宿題を出しました。その授業のあと，彼女の友達は自分たちの夢について話していました。しかし，彼女は何も言うことができませんでした。マオは悲しい気持ちになりました。彼女は将来，何をしたいのかわかりませんでした。

その週末，マオと母親はピアノコンサートに行きました。コンサートホールで，マオは犬を見て驚きました。コンサートの間，犬は床の上に静かに座っていました。

「あの犬は何？」彼女は母親にたずねました。

「あれは盲導犬よ。盲導犬はここのようなコンサートホールに入ることができるの。また，一部のホテル，博物館，レストランなどにも入ることができるのよ」と彼女の母親は答えました。

彼女たちが帰宅すると，マオはその犬のことを父親に話しました。彼は「犬の訓練学校で訓練士として働いている友人がいるんだ。もしその学校を訪れて彼と話したいのなら，彼に頼めるよ」と言いました。マオは興味があったので，行くことに決めました。

次の土曜日，マオと父親はその学校に行きました。そこで，彼女は父親の友人の佐藤さんに会いました。学校を回ったあと，マオは佐藤さんにたずねました。「どうして犬の訓練士になったのですか？　犬が好きだからですか？」

「もちろん犬は好きだよ。でも，それが理由ではないんだ」と佐藤さんは答えました。「犬を訓練するのは簡単な仕事じゃなくて，犬に何かを教えることは長い時間がかかるんだよ。だから，犬が好きだというだけで犬の訓練士になることはできないんだ」

「今までに（仕事を）やめようと考えたことはありますか」

「いや，ないよ。私の助けを必要としている人がたくさんいるんだ。そういった人々のために働きたいんだよ。それが私にとっていちばん大切なことなんだ。多くの人が，盲導犬が人生を変えてくれたと言っている。彼らが幸せなら，私も幸せな気持ちになるんだ」

マオは「だから自分の仕事が大好きなんですね？」とたずねました。佐藤さんはほほ笑んで，「うん，私は自分の仕事が大好きだよ。そして仕事に誇りを持っているんだ」と言いました。マオは佐藤さんの言葉に感動しました。

マオと父親が学校を出る前に，マオは佐藤さんにほほ笑んで，「どうもありがとうございました。今日はお話しできてよかったです。まだ将来どんな仕事をしたいかわかりませんが，あなたのような人になりたいと思います。私もあなたのように多くの人々を手助けしたいです」と言いました。彼女の父親と佐藤さんもほほ笑みました。

**解説 ▼**

(1) 下線部①の could not ～ anything は，「何も～できなかった」という意味。was と to に着目して can ＝ be able to の関係を利用する。
(2) 「コンサート」という特定の期間について，「～の間（ずっと）」という意味を表すので，during が適切。
(3) ③直後の her father about ～に注目して，tell の過去形 told を入れる。〈tell＋人＋about ～〉で，「～について（人）に話す」という意味。talk はあとに to か with が必要なので，ここにはあてはまらない。
④空所の前が「友人」，空所のあとが「犬の訓練学校で訓練士として」という意味なので，work（働く）の ing 形（現在分詞）である working を入れると意味がつながる。現在分詞が語句を伴って，前の名詞を修飾する形。
⑤犬の訓練学校に行ったという内容の文に続けて，There（そこで）で始まっていることに着目する。空所のあとには人を表す語句があるので，meet（会う）の過去形 met が入る。
⑥ give up は「あきらめる，（仕事を）やめる」という意味。「あなたは今までに（仕事を）やめることを考えたことがありますか」とすると意味がつながる。経験をたずねる現在完了形の疑問文で，think の過去分詞 thought が入る。
(4) 直前の文の I want to work for those people. を受けて「それが最も大切」と言っているが，ここでは those people の内容を具体的に表すことが必要。those people はその前の文の (many) people who need my help（私の手助けを必要としている（多くの）人々）を指す。who は主格の関係代名詞で，who 以下がどんな人々かを説明している。
(5) **ア**「マオの母親はコンサートホールで盲導犬を見たとき驚きました」。第2段落の2文目から，盲導犬を見て驚いたのはマオとわかる。
**イ**「マオの父親はマオに，盲導犬について佐藤さんに説明するように言いました」。犬の訓練士である佐藤さんが，自分の仕事をマオに話している。
**ウ**「マオは佐藤さんと話して，彼が自分の仕事に誇りを持っていることを知りました」。最後から2番目の段落の内容と合う。
**エ**「マオは犬の訓練学校で楽しめなかったので，1人でそこを去りました」。マオは訓練学校で佐藤さ

んの話に感動している。「1人で去った」も，最後の段落の1文目と合わない。

**(6)** ⓐ Training dogs isn't an easy job. という佐藤さんの発言に着目して，easy（簡単な）の反意語 difficult（難しい）を入れる。

ⓑ空所のあとには〈人＋形容詞〉が続いているので，make を入れて「人を～にする」という文にする。

ⓒ完了を表す現在完了形の否定文。本文の最後の段落の I still don't know what job I want to do. から，マオはまだ将来の仕事を決めていないとわかるので，decide（決める）の過去分詞を入れる。

ⓓ空所のあとは「彼[佐藤さん]が今日私に教えてくれたこと」という意味。マオは佐藤さんの言葉に感動し，佐藤さんのようになりたいと言っていることから，forget（忘れる）を入れて，「決して忘れない」とすると意味がつながる。

**日本語訳 ▼**

私は今日，父と犬の訓練学校に行きました。私はそこで佐藤さんと会いました。彼は犬の訓練士です。私たちは盲導犬と彼の仕事についてたくさん話しました。佐藤さんは自分の仕事は難しいと思っていますが，本当に仕事を楽しんでいます。彼は多くの人々を幸せにしたいと思っています。私は彼の言葉を聞いたとき感動しました。彼は親切で，私のすべての質問に答えてくれました。彼はすばらしい人です。私はまだ将来の仕事を決めていませんが，彼のようになりたいです。私は彼が今日私に教えてくれたことを決して忘れないでしょう！

⑨

GAKKEN
PERFECT
COURSE